AF533914

DEADPOOL

DIE WETTE

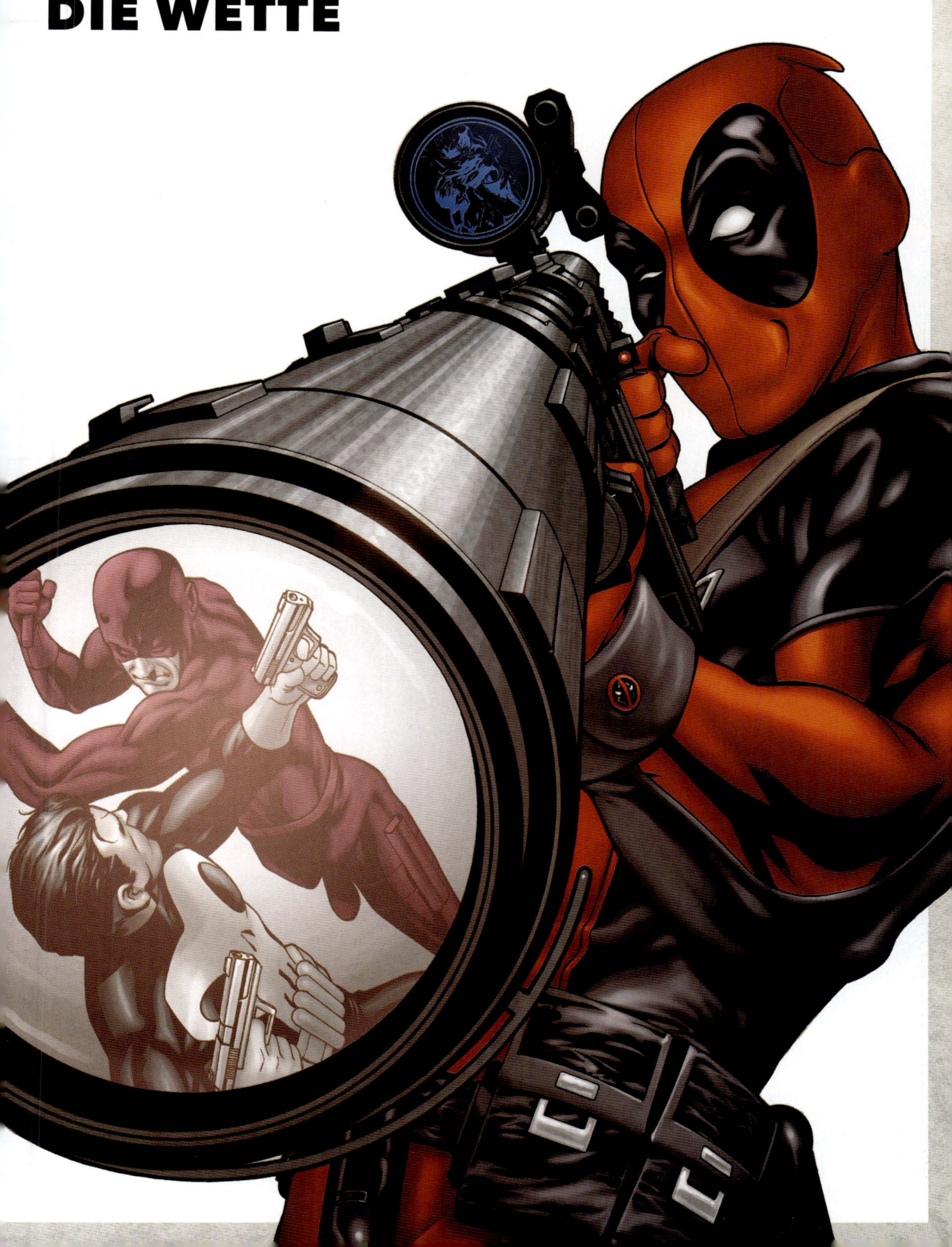

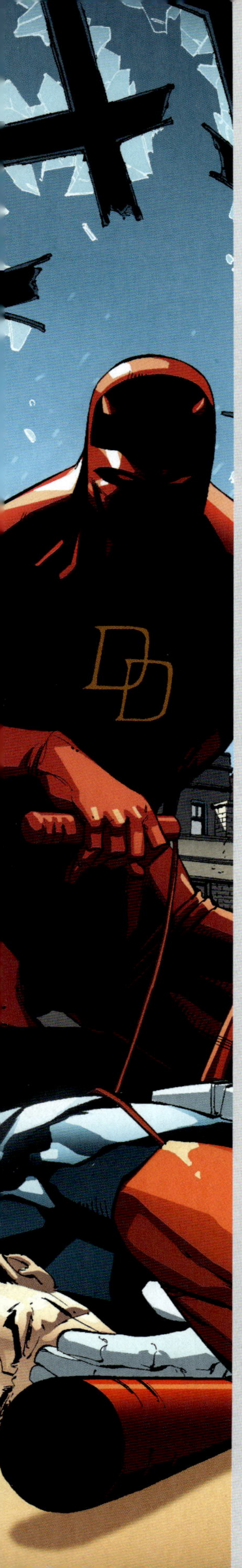

INHALT

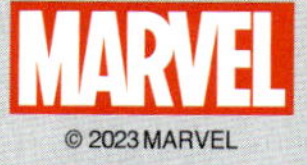

DEADPOOL
DIE WETTE

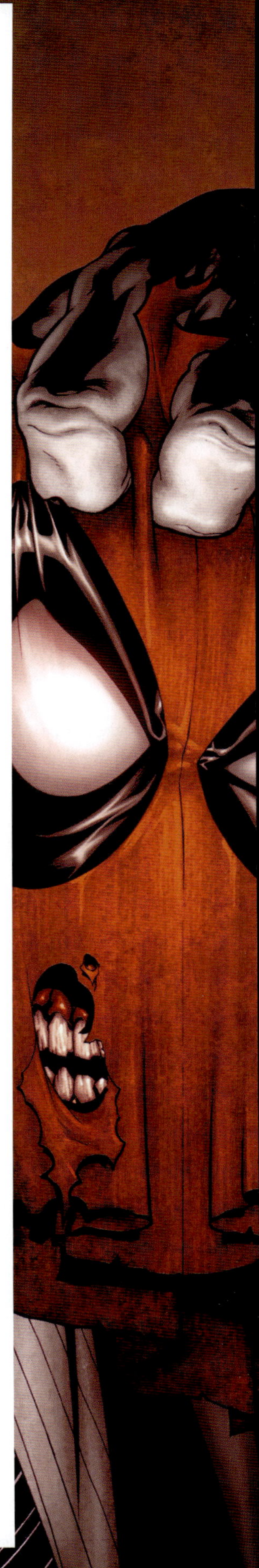

MIKE BENSON
ADAM GLASS (3-5)
STORY

CARLO BARBERI
ZEICHNUNGEN

SANDU FLOREA
TUSCHE

MARTE GRACIA
FARBEN

STUDIO RAM
FRANCESCA SALVATORI
LETTERING

REINHARD SCHWEIZER
ÜBERSETZUNG

AXEL ALONSO
JODY LeHEUP
REDAKTION USA

C. B. CEBULSKI
CHEFREDAKTEUR USA

MARVEL MUST-HAVE: DEADPOOL – DIE WETTE erscheint bei **PANINI COMICS**, Schloßstraße 76, D-70176 Stuttgart. Druck: Lito Terrazzi Industria Grafica. Pressevertrieb: Stella Distribution GmbH, D-22297 Hamburg. Direkt-Abos auf **www.paninicomics.de.** Anzeigenverkauf: BLAUFEUER VERLAGSVERTRETUNGEN GmbH, info@blaufeuer.com. Es gelten die Anzeigenpreise gemäß der Mediadaten 2023. Geschäftsführer **Hermann Paul**, Publishing Director Europe **Marco M. Lupoi**, Finanzen/Logistik **Felix Bauer**, Marketing Director **Holger Wiest**, Marketing **Fabio Cunetto**, Vertrieb **Alexander Bubenheimer**, PR/Presse **Steffen Volkmer**, Publishing Manager **Lisa Pancaldi**, Redaktion **Harald Gantzberg**, **Matthias Korn**, **Anja Seiffert**, **Kristina Starschinski**, **Ilaria Tavoni**, **Daniela Uhlmann**, **Thomas Witzler**, Übersetzung **Bernd Kronsbein**, **Reinhard Schweizer**, Proofreading **Pia Oddo**, Lettering **Studio RAM**, **Francesca Salvatori**, grafische Gestaltung **Marco Paroli** (coordinator), **Cinzia Morando**, **Barbara Sarti**, Art Director **Alessandro Gucciardo**, Redaktion Panini Comics **Annalisa Califano**, **Beatrice Doti**, Prepress **Cristina Bedini**, **Daniela Guidetti**, **Andrea Lusoli**, Repro/Packager **Alessandro Nalli** (coordinator), **Anna Boselli**, **Mario Da Rin Zanco**, **Valentina Esposito**, **Luca Ficarelli**, **Linda Leporati**. Deutsche Edition bei Panini Verlags-GmbH unter Lizenz von Marvel Characters B.V. Cover von **Mike McKone**, *Deadpool: Suicide Kings* (2009) 1.

Bibliografische Information der Deutschen Nationalbibliothek
Die Deutsche Nationalbibliothek verzeichnet diese Publikation in der Deutschen Nationalbibliografie; detaillierte bibliografische Daten sind im Internet über dnb.d-nb.de abrufbar.

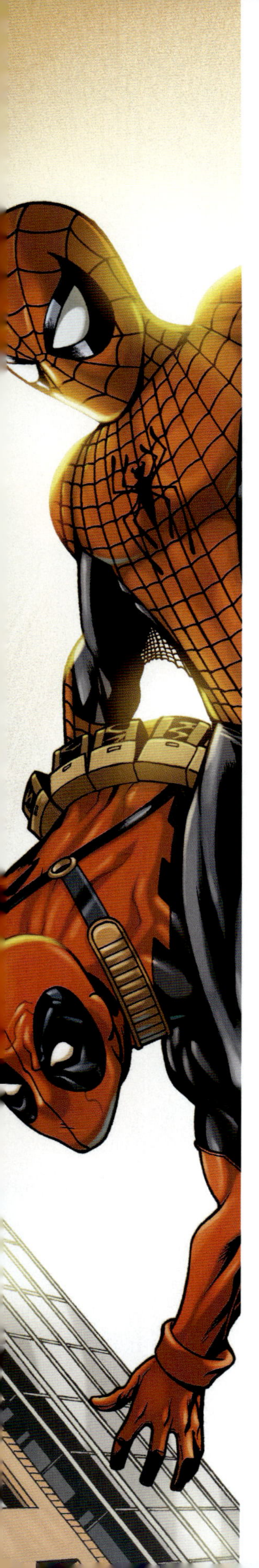

POOL-BILLARD

Zu Beginn war das Marvel-Universum ein kohärenter Ort. Die Zahl der Helden und Schurken war überschaubar. Gastauftritte von Kollegen gehörten zum guten Ton und waren unter Lesern gerne gesehen. **Stan Lee** legte Wert auf eine einheitliche Kontinuität in den diversen Serien, alles musste sich ins große Ganze integrieren. Alleine dadurch unterschied sich Marvel von anderen US-Comic-Verlagen, denn jeder war Teil einer großen Familie und wusste über die Figuren Bescheid. Teamwork-Titel wie *Marvel Team-Up* oder *Marvel Two-in-One* verstärkten den Effekt. Doch mit der Zeit wuchs der Heldenkosmos über die ursprünglich gesteckten Ziele hinaus. Die Folge: Jedes Grüppchen kochte sein eigenes Süppchen. Die Abenteuer der **Avengers**, **X-Men** oder **Fantastic Four** wurden gewaltiger, kosmischer. Crossover und Großevents erfüllten das Verlangen nach Spektakel. Doch die einsamen Wölfe, Außenseiter und Antihelden guckten zum Teil in die Röhre oder blieben außen vor. Gefühlt gab es Welten in Welten. Irgendwann führte das Haus der Ideen marketingwirksam Klassifizierungen ein. Das Geschehen spielte immer noch in einer Realität, aber nun gab es den Avengersblock, das Mutantenuniversum etc. Die Einteilung half Fans, sich auf ihre Lieblinge zu konzentrieren, doch das Miteinander litt weiter. Dabei funktioniert der Trick mit Vitamin B nach wie vor auch auf den bunten Seiten.

2009 hatte **Deadpool** eine längere Talsohle durchschritten. Nach einem ersten verhaltenen Hype in den 1990ern war der Söldner mit der großen Klappe hart auf der Schnauze gelandet. Die Leserschaft hatte ihm die Gunst entzogen und ihn damit in die dritte oder vierte Reihe degradiert. Das Fan-Magazin *Wizard* stufte den Quälgeist 2008 nur auf Platz 182 der 200 besten Comic-Charaktere aller Zeiten ein. Doch es ging langsam wieder voran. Zum einen hatte ihn Autor **Daniel Way** 2008 als Gegner von **Wolverine** einer breiten Öffentlichkeit präsentiert und anschließend eine neue Serie mit der Quasselstrippe gestartet. Zum anderen war ihm eine Gastrolle im Blockbuster *Wolverine: Origins* vergönnt. Zwar wurde er im Film völlig verhunzt dargestellt, aber das schien das Interesse am kauzigen Killer nur zu beflügeln. Eine kleine, feine Anhängerschaft hatte ihm eh stets die Treue gehalten. Marvel erkannte das Gebot der Stunde und begann, den regenerierenden Degenerierten zu pushen. Zwei Comic-Neulinge wurden mit dem Verfassen einer Miniserie betraut. Was gab es schon zu verlieren?

Mike Benson und **Adam Glass** erkannten, dass Deadpool etwas kollegiale Hilfe nicht schaden könnte. Und so setzten sie nicht nur auf einen, sondern gleich mehrere Gäste, um auch die Leser anderer Titel zum Erwerb zu motivieren. Ihr Plan ging auf. Obwohl Deadpool bereits seit 1991 existiert, hatte er zuvor nur wenig Kontakt mit Marvels populärsten „Urban Heroes" – die Kategorie für die Einzelgänger und Streetfighter des Verlags. Neben **Spider-Man**, dem freundlichen Netzschwinger von nebenan, **Daredevil**, dem blinden Beschützer von Hell's Kitchen, und dem **Punisher**, der psychotischen Geißel des organisierten Verbrechens, tauchte auch **Inez Temple** alias **Outlaw** auf. Die superstarke Mutantin mit dem großen Herzen verdingte sich zeitweise ebenfalls als Söldnerin. Was jedoch wirklich überraschte: Wie gut **Wade Wilsons** verrückte Ader mit anderen Helden harmoniert. Das Ergebnis: ein grandioser Deadpool-Paukenschlag, der die Basis für unzählige Team-ups legte.

Thomas Witzler

DIE WETTE, TEIL 1

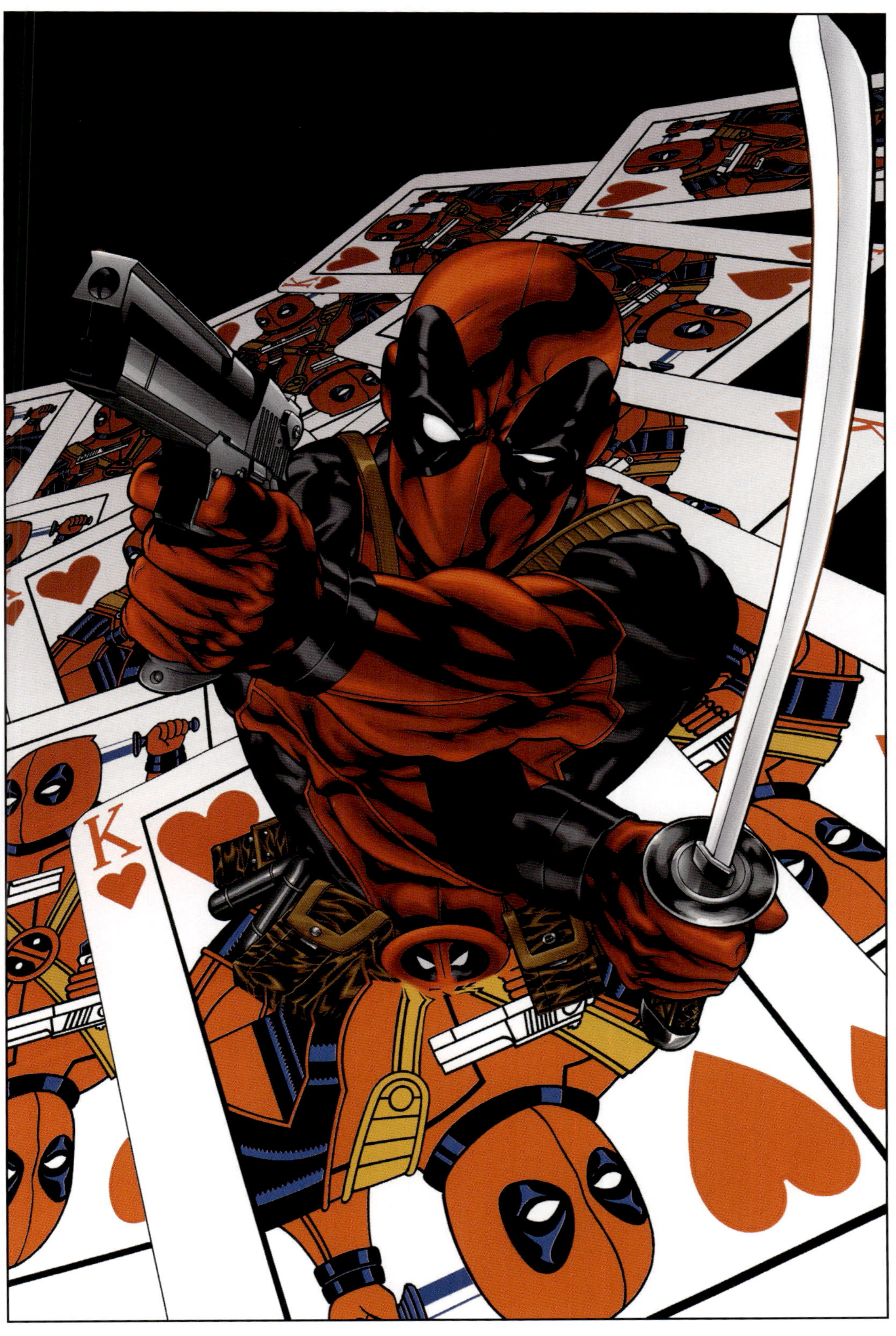

Deadpool: Suicide Kings (2009) 1
Cover von **MIKE McKONE**

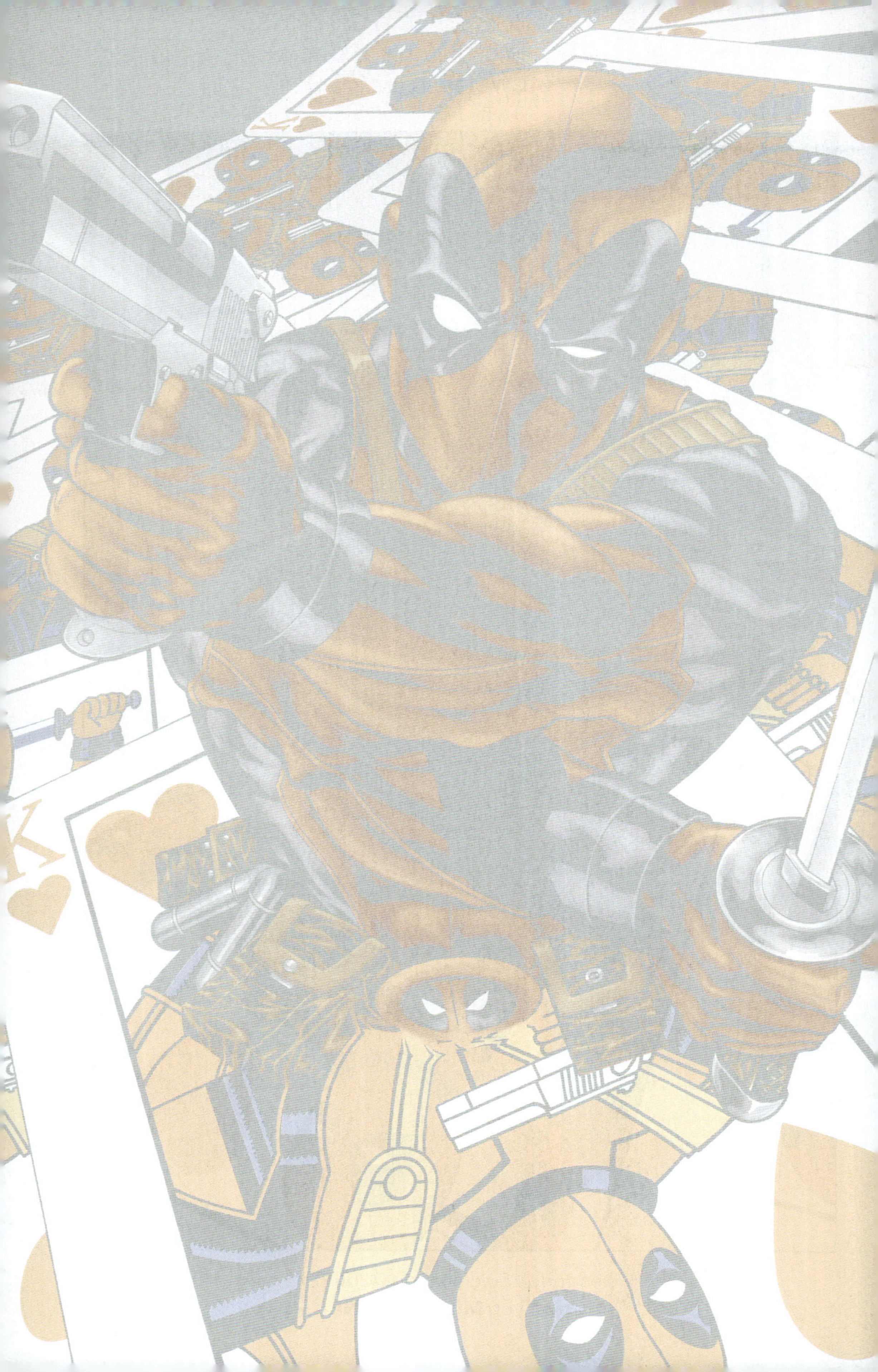

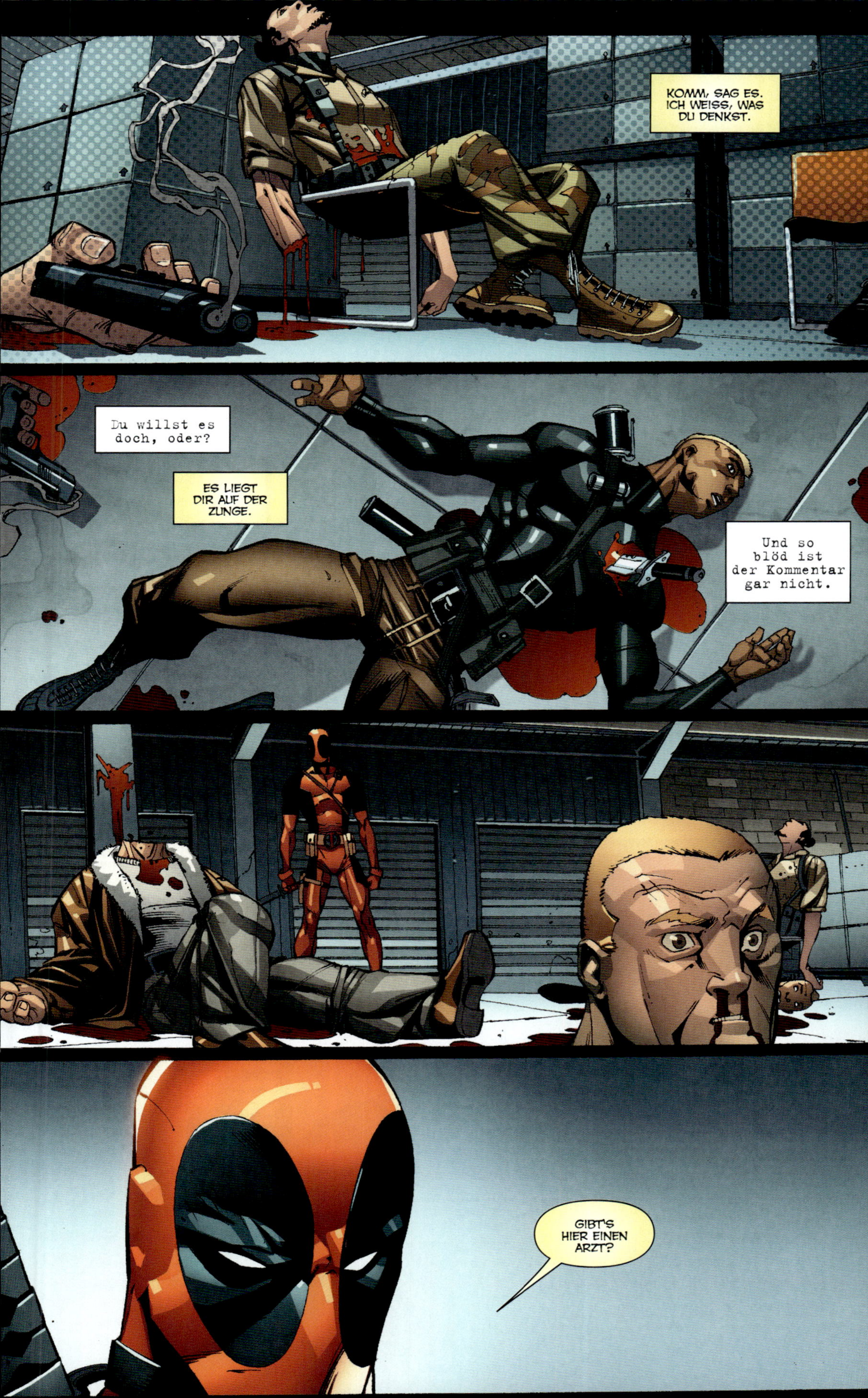
KOMM, SAG ES. ICH WEISS, WAS DU DENKST.
Du willst es doch, oder?
ES LIEGT DIR AUF DER ZUNGE.
Und so blöd ist der Kommentar gar nicht.
GIBT'S HIER EINEN ARZT?

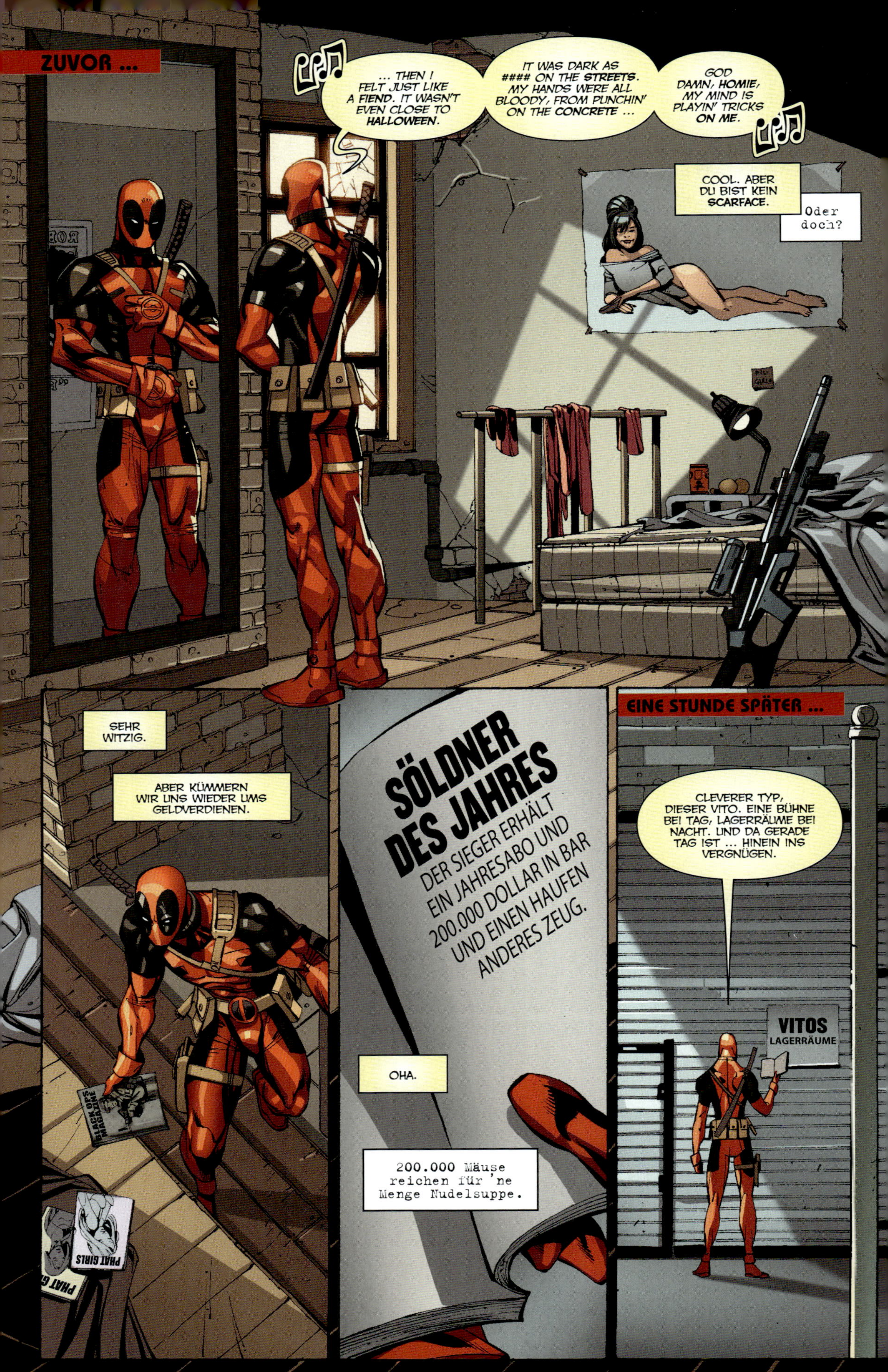
ZUVOR ...
... THEN I FELT JUST LIKE A FIEND. IT WASN'T EVEN CLOSE TO HALLOWEEN.
IT WAS DARK AS #### ON THE STREETS. MY HANDS WERE ALL BLOODY, FROM PUNCHIN' ON THE CONCRETE ...
GOD DAMN, HOMIE, MY MIND IS PLAYIN' TRICKS ON ME.
COOL. ABER DU BIST KEIN SCARFACE.
Oder doch?
SEHR WITZIG.
ABER KÜMMERN WIR UNS WIEDER UMS GELDVERDIENEN.
BLACK OPS MAGAZINE
PHAT GIRLS
SÖLDNER DES JAHRES
DER SIEGER ERHÄLT EIN JAHRESABO UND 200.000 DOLLAR IN BAR UND EINEN HAUFEN ANDERES ZEUG.
OHA.
200.000 Mäuse reichen für 'ne Menge Nudelsuppe.
EINE STUNDE SPÄTER ...
CLEVERER TYP, DIESER VITO. EINE BÜHNE BEI TAG, LAGERRÄUME BEI NACHT. UND DA GERADE TAG IST ... HINEIN INS VERGNÜGEN.
VITOS LAGERRÄUME

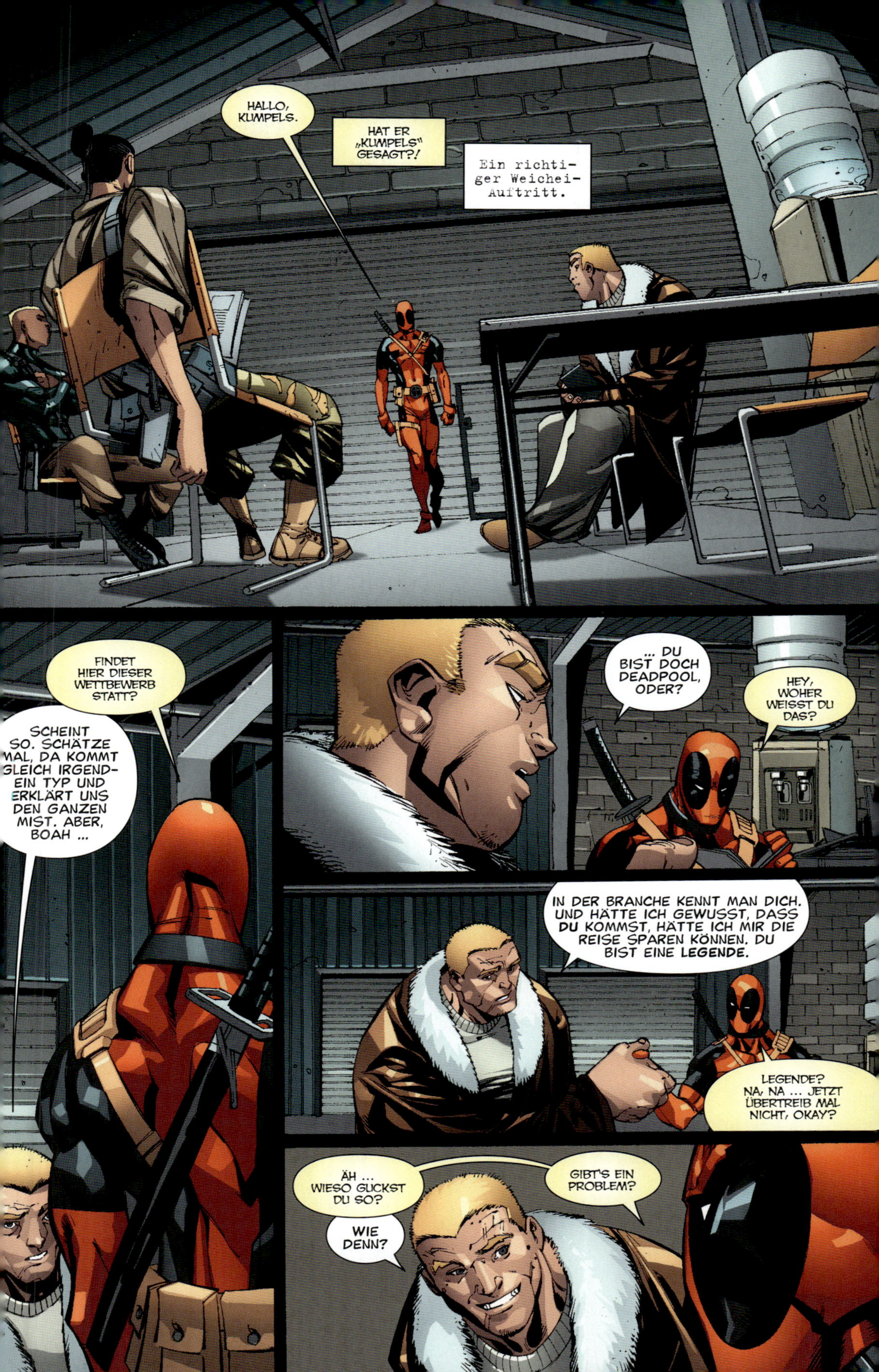
HALLO, KUMPELS.
HAT ER „KUMPELS" GESAGT?!
Ein richtiger Weichei-Auftritt.
FINDET HIER DIESER WETTBEWERB STATT?
SCHEINT SO. SCHÄTZE MAL, DA KOMMT GLEICH IRGENDEIN TYP UND ERKLÄRT UNS DEN GANZEN MIST. ABER, BOAH ...
... DU BIST DOCH DEADPOOL, ODER?
HEY, WOHER WEISST DU DAS?
IN DER BRANCHE KENNT MAN DICH. UND HÄTTE ICH GEWUSST, DASS DU KOMMST, HÄTTE ICH MIR DIE REISE SPAREN KÖNNEN. DU BIST EINE LEGENDE.
LEGENDE? NA, NA ... JETZT ÜBERTREIB MAL NICHT, OKAY?
ÄH ... WIESO GUCKST DU SO?
WIE DENN?
GIBT'S EIN PROBLEM?

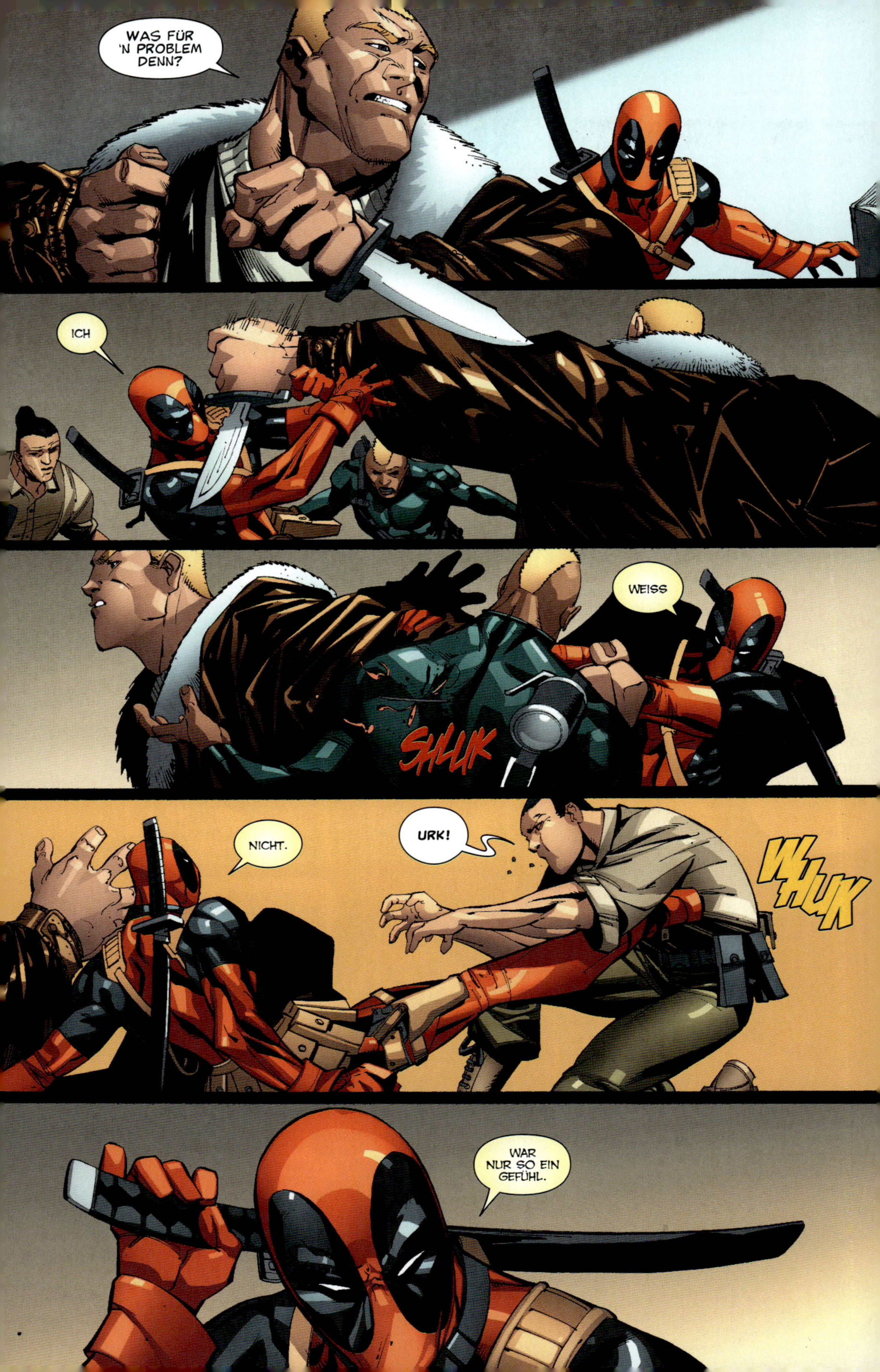
WAS FÜR 'N PROBLEM DENN?
ICH
WEISS
SHLUK
NICHT.
URK!
WHUK
WAR NUR SO EIN GEFÜHL.

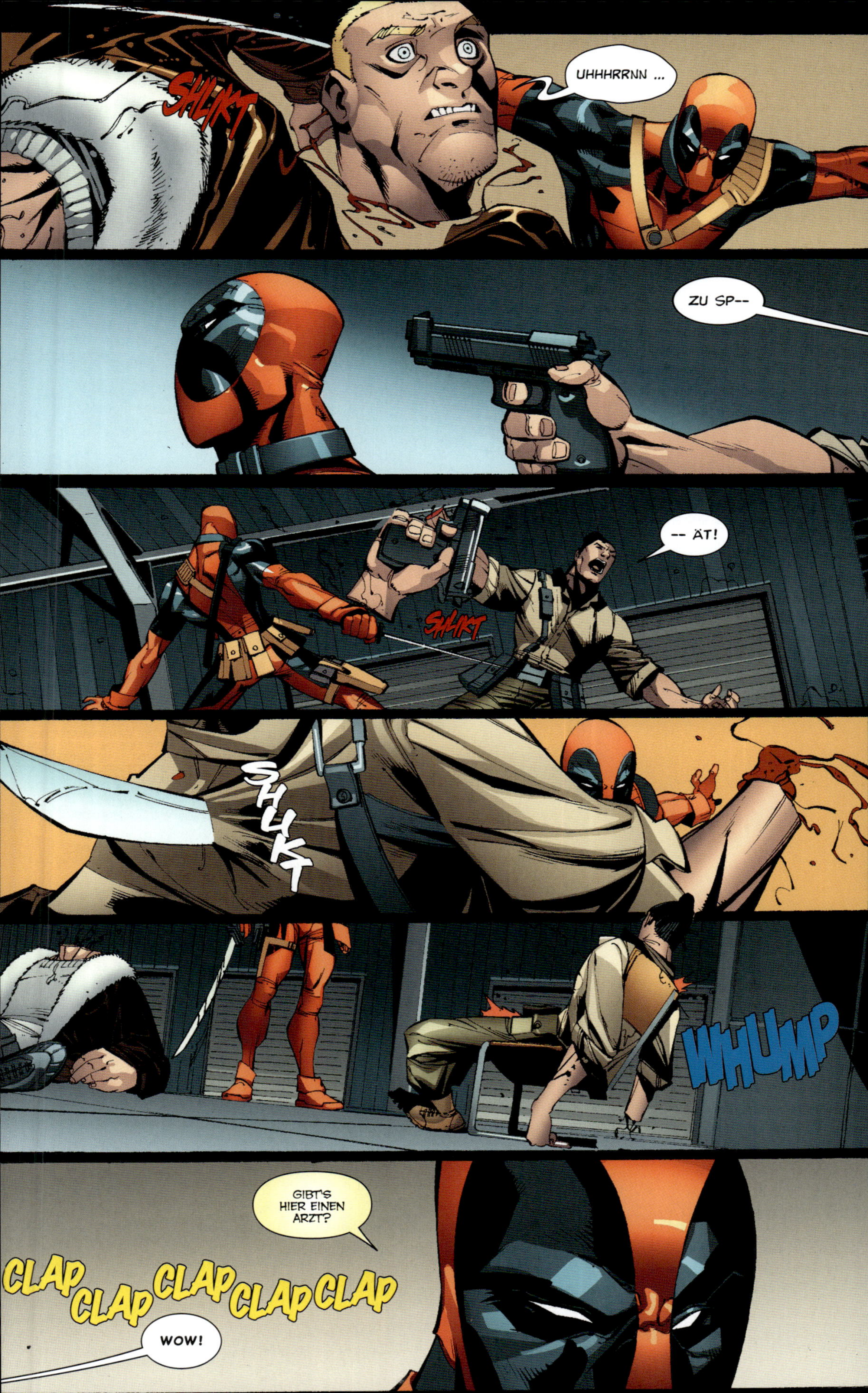
SHLIKT
UHHHRRNN ...
ZU SP--
-- ÄT!
SHLIKT
SHLIKT
WHUMP
GIBT'S HIER EINEN ARZT?
CLAP CLAP CLAP CLAP CLAP
WOW!

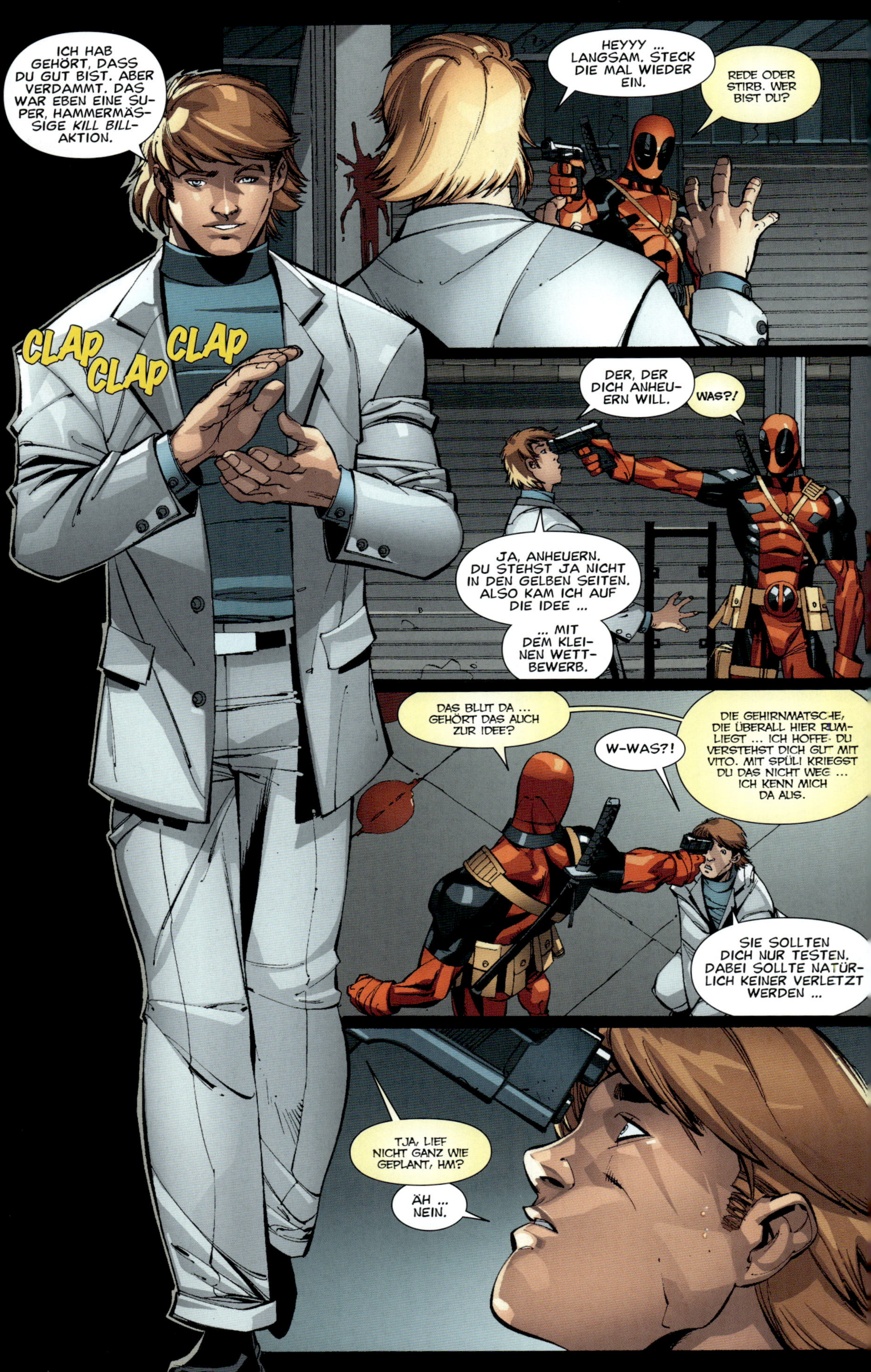
ICH HAB GEHÖRT, DASS DU GUT BIST. ABER VERDAMMT. DAS WAR EBEN EINE SUPER, HAMMERMÄSSIGE KILL BILL-AKTION.
CLAP CLAP CLAP
HEYYY ... LANGSAM. STECK DIE MAL WIEDER EIN.
REDE ODER STIRB. WER BIST DU?
DER, DER DICH ANHEUERN WILL.
WAS?!
JA, ANHEUERN. DU STEHST JA NICHT IN DEN GELBEN SEITEN. ALSO KAM ICH AUF DIE IDEE ...
... MIT DEM KLEINEN WETTBEWERB.
DAS BLUT DA ... GEHÖRT DAS AUCH ZUR IDEE?
W-WAS?!
DIE GEHIRNMATSCHE, DIE ÜBERALL HIER RUMLIEGT ... ICH HOFFE DU VERSTEHST DICH GUT MIT VITO. MIT SPÜLI KRIEGST DU DAS NICHT WEG ... ICH KENN MICH DA AUS.
SIE SOLLTEN DICH NUR TESTEN. DABEI SOLLTE NATÜRLICH KEINER VERLETZT WERDEN ...
TJA, LIEF NICHT GANZ WIE GEPLANT, HM?
ÄH ... NEIN.

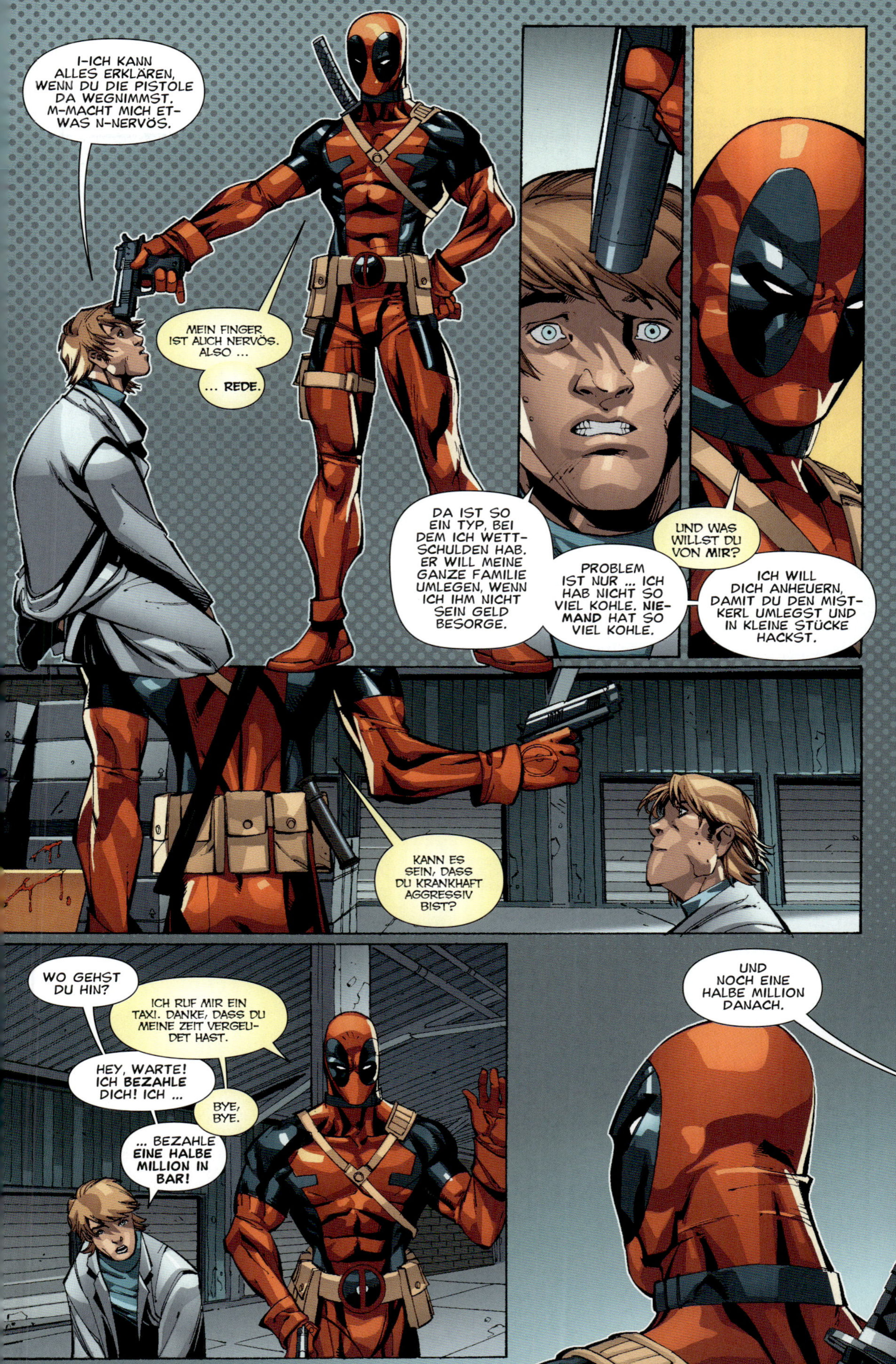
I-ICH KANN ALLES ERKLÄREN, WENN DU DIE PISTOLE DA WEGNIMMST. M-MACHT MICH ETWAS N-NERVÖS.
MEIN FINGER IST AUCH NERVÖS. ALSO ...
... REDE.
DA IST SO EIN TYP, BEI DEM ICH WETTSCHULDEN HAB. ER WILL MEINE GANZE FAMILIE UMLEGEN, WENN ICH IHM NICHT SEIN GELD BESORGE.
PROBLEM IST NUR ... ICH HAB NICHT SO VIEL KOHLE. NIEMAND HAT SO VIEL KOHLE.
UND WAS WILLST DU VON MIR?
ICH WILL DICH ANHEUERN, DAMIT DU DEN MISTKERL UMLEGST UND IN KLEINE STÜCKE HACKST.
KANN ES SEIN, DASS DU KRANKHAFT AGGRESSIV BIST?
WO GEHST DU HIN?
ICH RUF MIR EIN TAXI. DANKE, DASS DU MEINE ZEIT VERGEUDET HAST.
HEY, WARTE! ICH BEZAHLE DICH! ICH ...
BYE, BYE.
... BEZAHLE EINE HALBE MILLION IN BAR!
UND NOCH EINE HALBE MILLION DANACH.

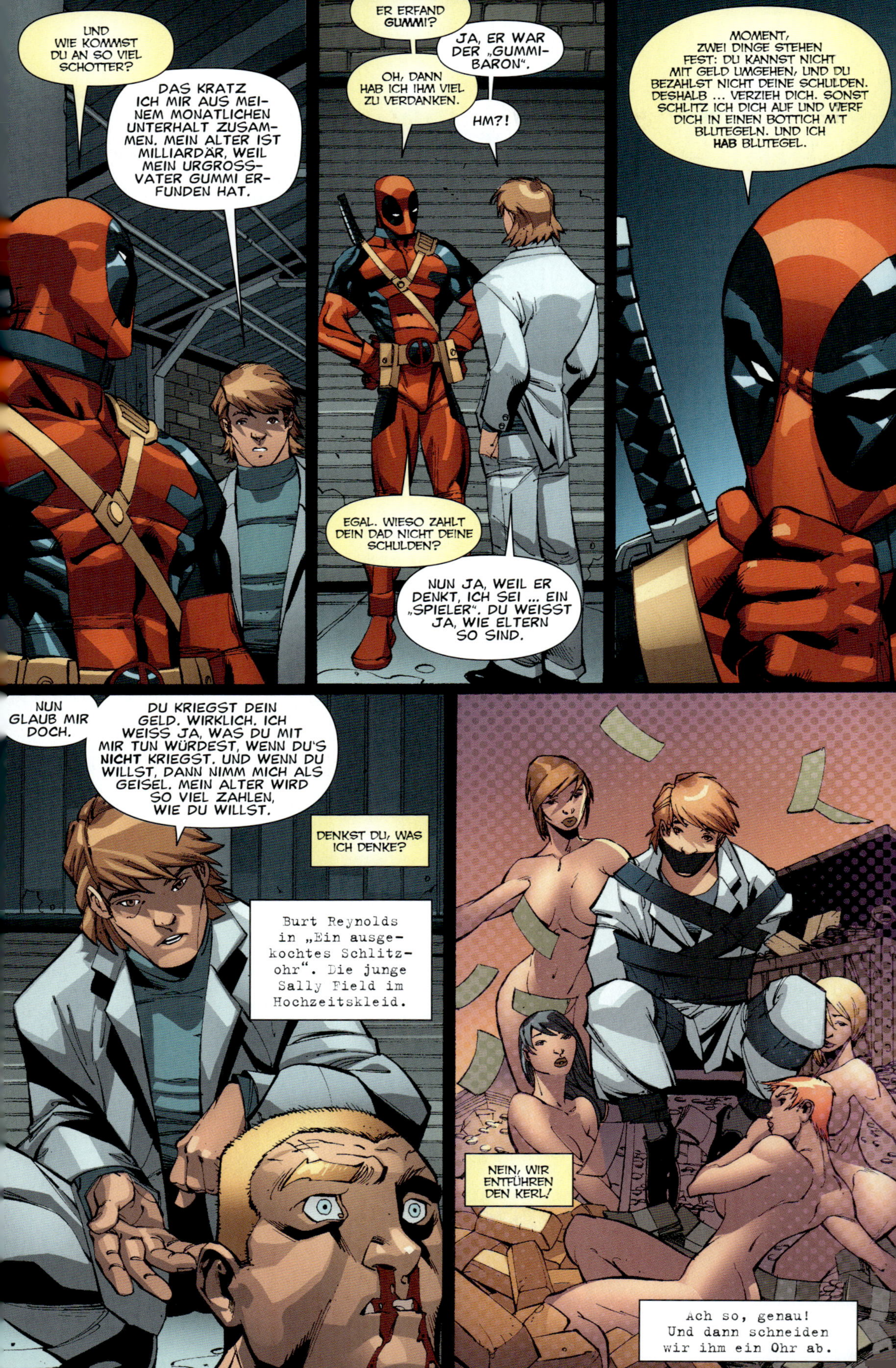
UND WIE KOMMST DU AN SO VIEL SCHOTTER?
DAS KRATZ ICH MIR AUS MEINEM MONATLICHEN UNTERHALT ZUSAMMEN. MEIN ALTER IST MILLIARDÄR, WEIL MEIN URGROSSVATER GUMMI ERFUNDEN HAT.
ER ERFAND GUMMI!?
JA, ER WAR DER „GUMMI-BARON“.
OH, DANN HAB ICH IHM VIEL ZU VERDANKEN.
HM?!
EGAL. WIESO ZAHLT DEIN DAD NICHT DEINE SCHULDEN?
NUN JA, WEIL ER DENKT, ICH SEI ... EIN „SPIELER“. DU WEISST JA, WIE ELTERN SO SIND.
MOMENT, ZWEI DINGE STEHEN FEST: DU KANNST NICHT MIT GELD UMGEHEN, UND DU BEZAHLST NICHT DEINE SCHULDEN. DESHALB ... VERZIEH DICH. SONST SCHLITZ ICH DICH AUF UND WERF DICH IN EINEN BOTTICH MIT BLUTEGELN. UND ICH HAB BLUTEGEL.
NUN GLAUB MIR DOCH.
DU KRIEGST DEIN GELD. WIRKLICH. ICH WEISS JA, WAS DU MIT MIR TUN WÜRDEST, WENN DU'S NICHT KRIEGST. UND WENN DU WILLST, DANN NIMM MICH ALS GEISEL. MEIN ALTER WIRD SO VIEL ZAHLEN, WIE DU WILLST.
DENKST DU, WAS ICH DENKE?
Burt Reynolds in „Ein ausgekochtes Schlitzohr“. Die junge Sally Field im Hochzeitskleid.
NEIN, WIR ENTFÜHREN DEN KERL!
Ach so, genau! Und dann schneiden wir ihm ein Ohr ab.

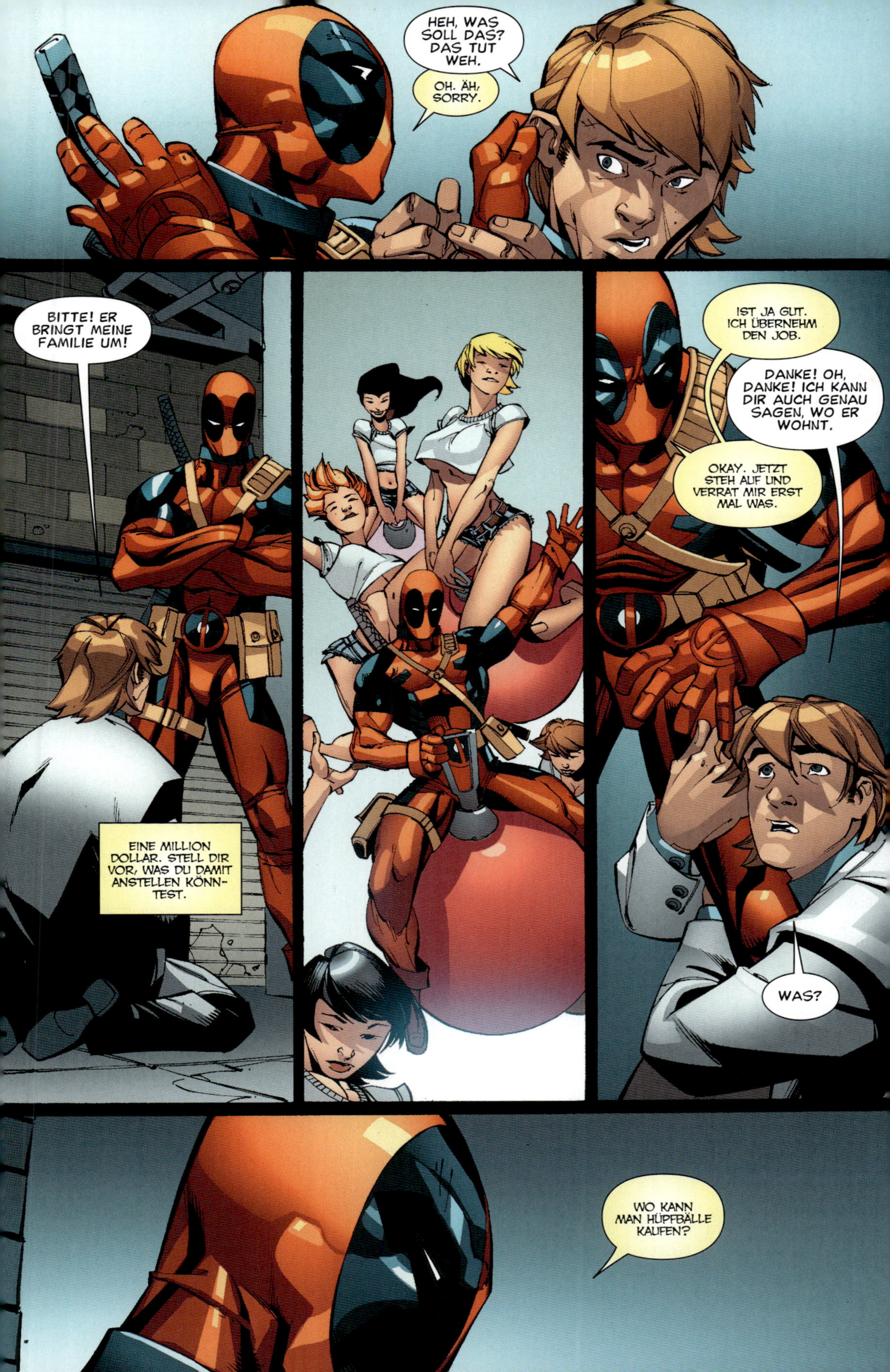
HEH, WAS SOLL DAS? DAS TUT WEH.
OH. ÄH, SORRY.
BITTE! ER BRINGT MEINE FAMILIE UM!
EINE MILLION DOLLAR. STELL DIR VOR, WAS DU DAMIT ANSTELLEN KÖNN-TEST.
IST JA GUT. ICH ÜBERNEHM DEN JOB.
DANKE! OH, DANKE! ICH KANN DIR AUCH GENAU SAGEN, WO ER WOHNT.
OKAY. JETZT STEH AUF UND VERRAT MIR ERST MAL WAS.
WAS?
WO KANN MAN HÜPFBÄLLE KAUFEN?

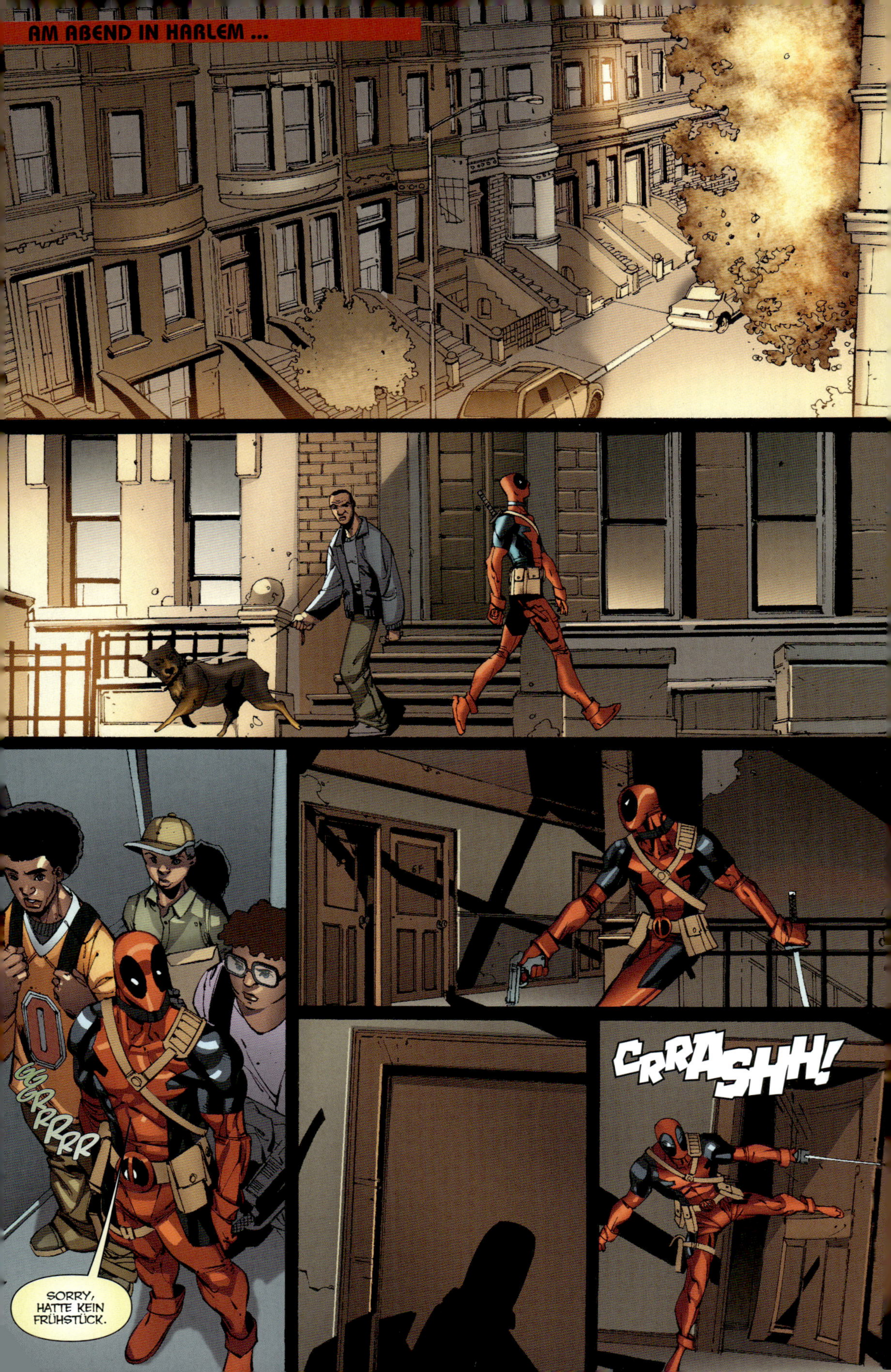
AM ABEND IN HARLEM ...
GGRRRRR
SORRY, HATTE KEIN FRÜHSTÜCK.
CRRASHH!

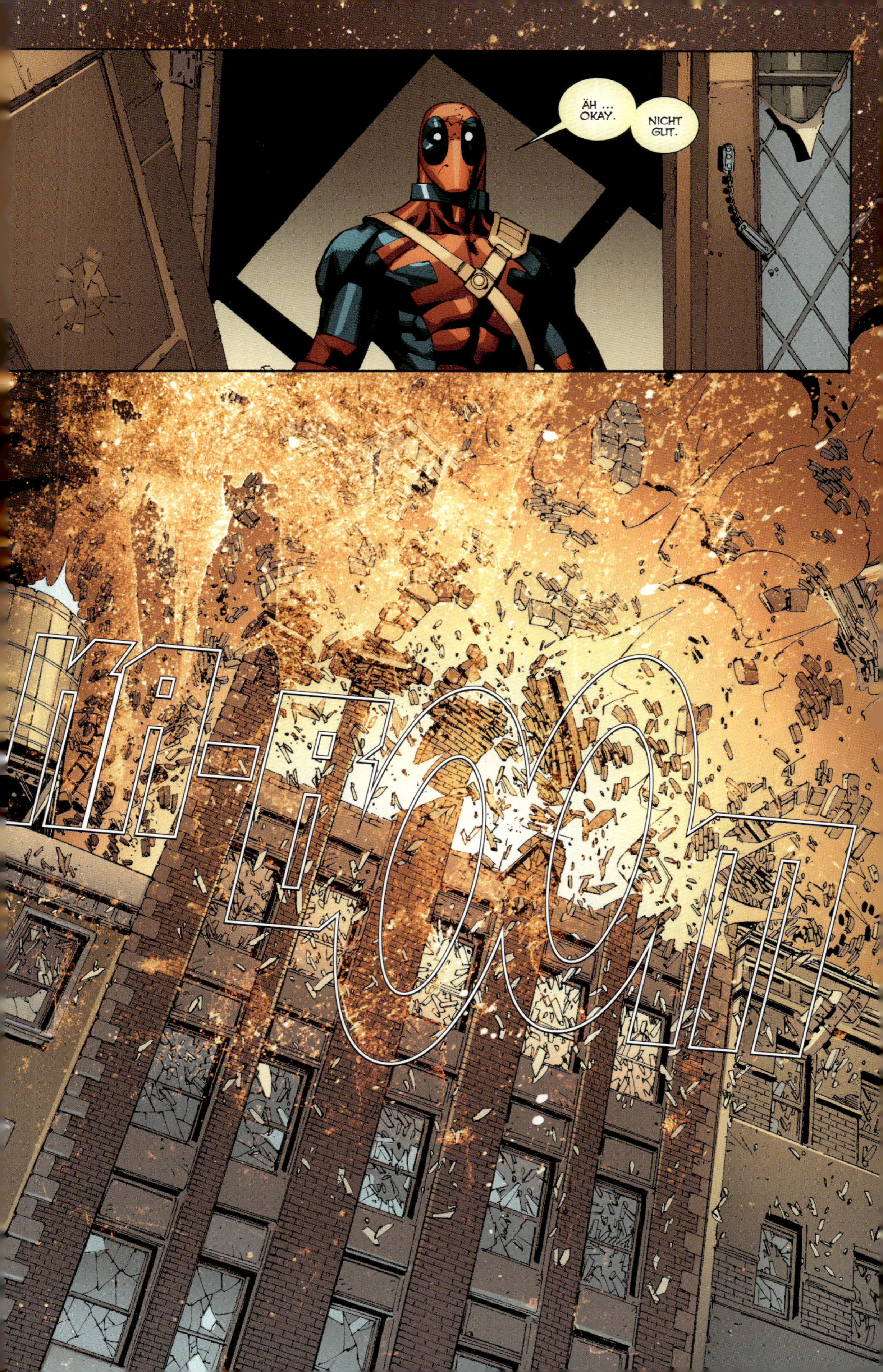
ÄH ... OKAY.
NICHT GUT.
KA-BOOM

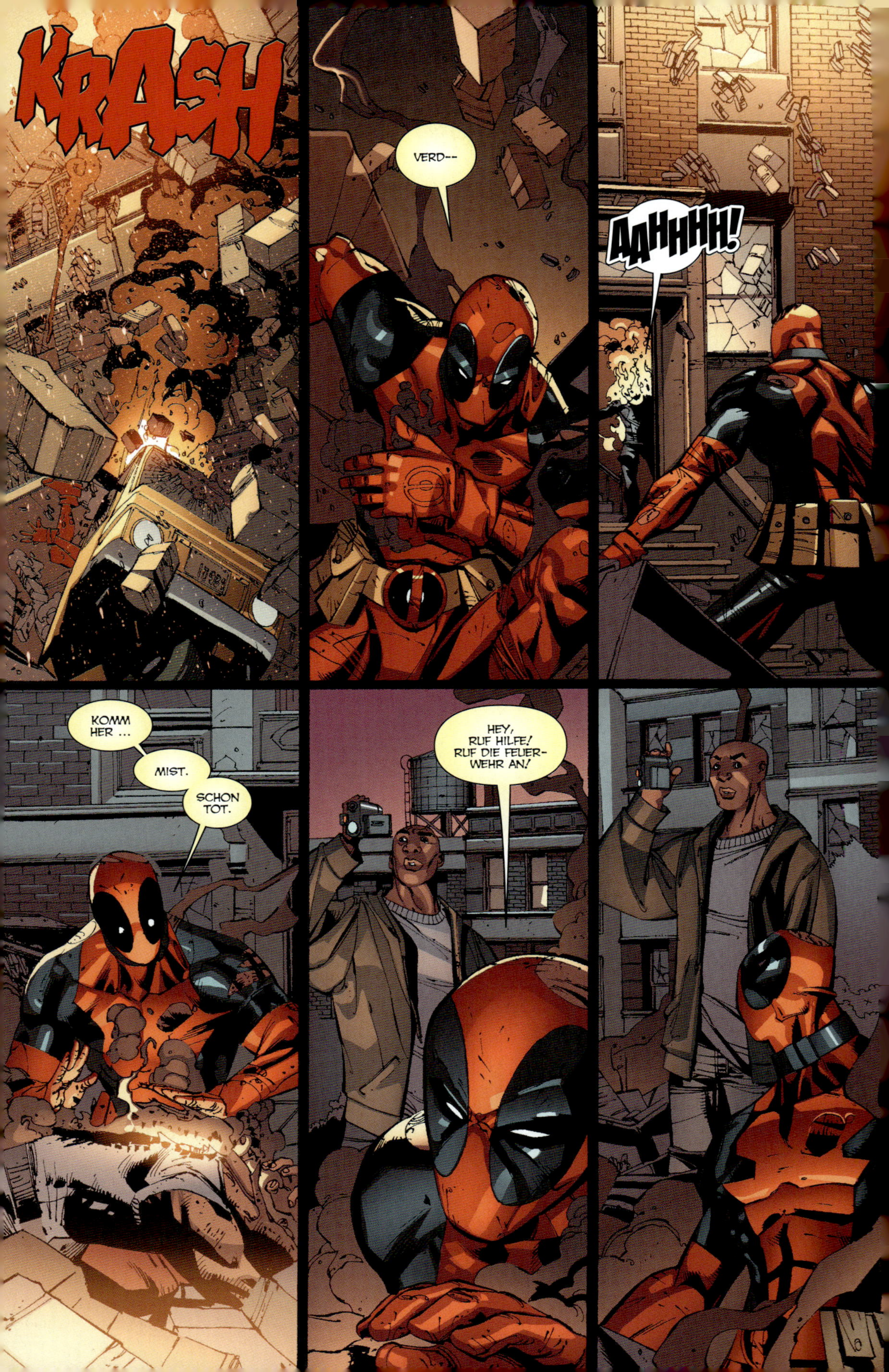
KRASH
VERD--
AAHHHH!
KOMM HER ...
MIST.
SCHON TOT.
HEY, RUF HILFE! RUF DIE FEUER-WEHR AN!

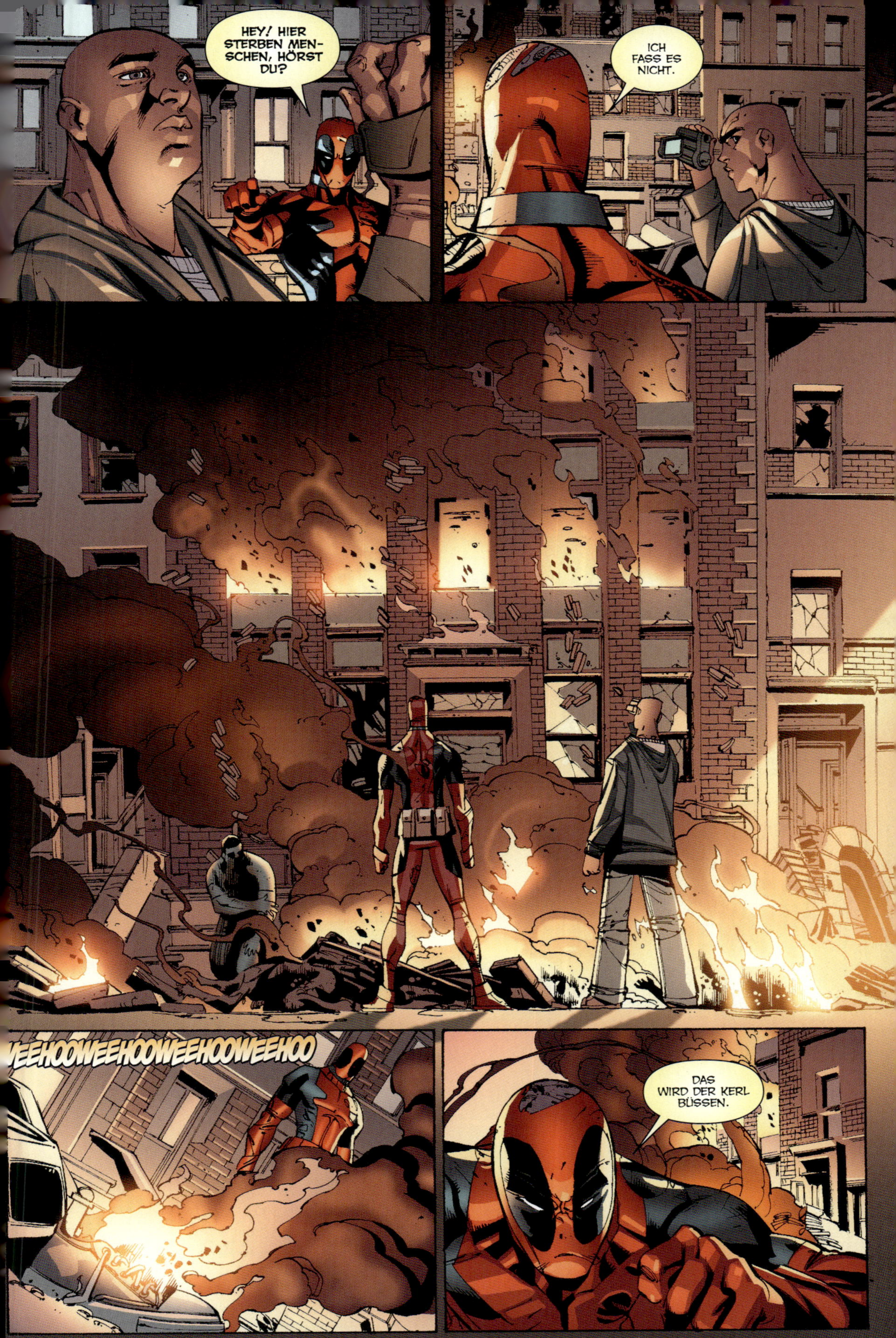
HEY! HIER STERBEN MEN-SCHEN, HÖRST DU?
ICH FASS ES NICHT.
WEEHOOWEEHOOWEEHOOWEEHOO
DAS WIRD DER KERL BÜSSEN.

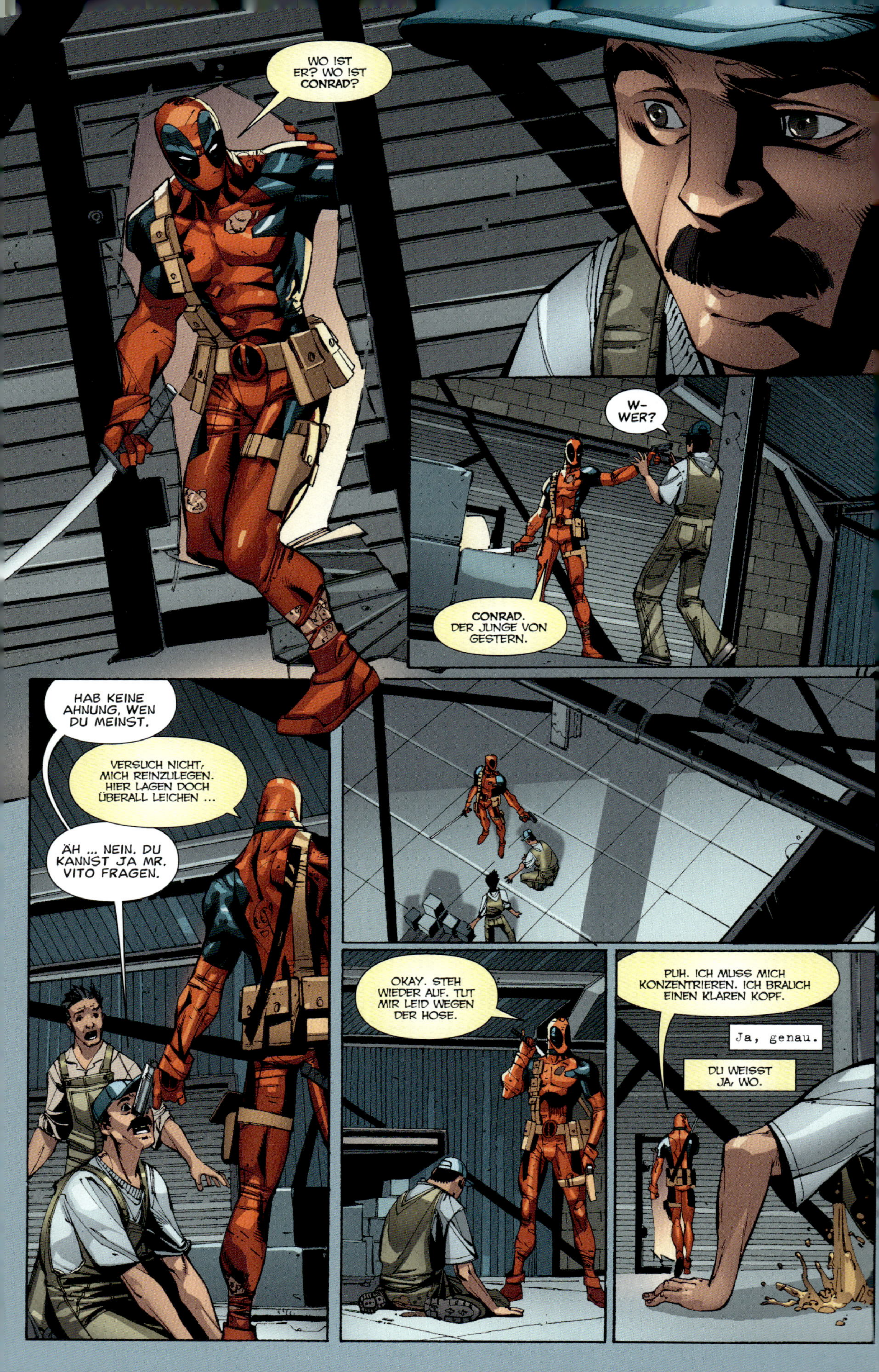
WO IST ER? WO IST CONRAD?
W-WER?
CONRAD. DER JUNGE VON GESTERN.
HAB KEINE AHNUNG, WEN DU MEINST.
VERSUCH NICHT, MICH REINZULEGEN. HIER LAGEN DOCH ÜBERALL LEICHEN ...
ÄH ... NEIN. DU KANNST JA MR. VITO FRAGEN.
OKAY. STEH WIEDER AUF. TUT MIR LEID WEGEN DER HOSE.
PUH. ICH MUSS MICH KONZENTRIEREN. ICH BRAUCH EINEN KLAREN KOPF.
Ja, genau.
DU WEISST JA, WO.

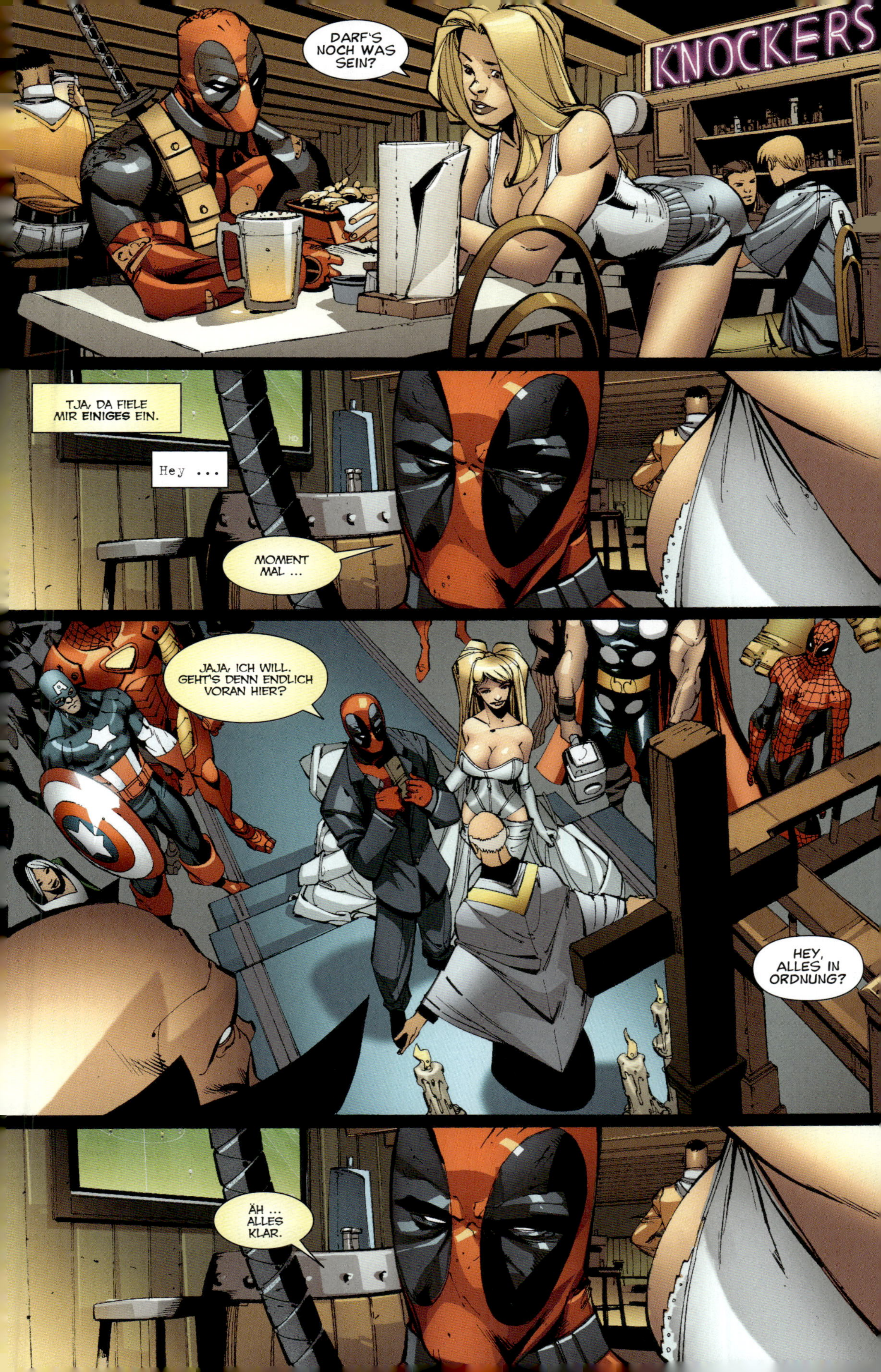
KNOCKERS
DARF'S NOCH WAS SEIN?
TJA, DA FIELE MIR EINIGES EIN.
Hey ...
MOMENT MAL ...
JAJA, ICH WILL. GEHT'S DENN ENDLICH VORAN HIER?
HEY, ALLES IN ORDNUNG?
ÄH ... ALLES KLAR.

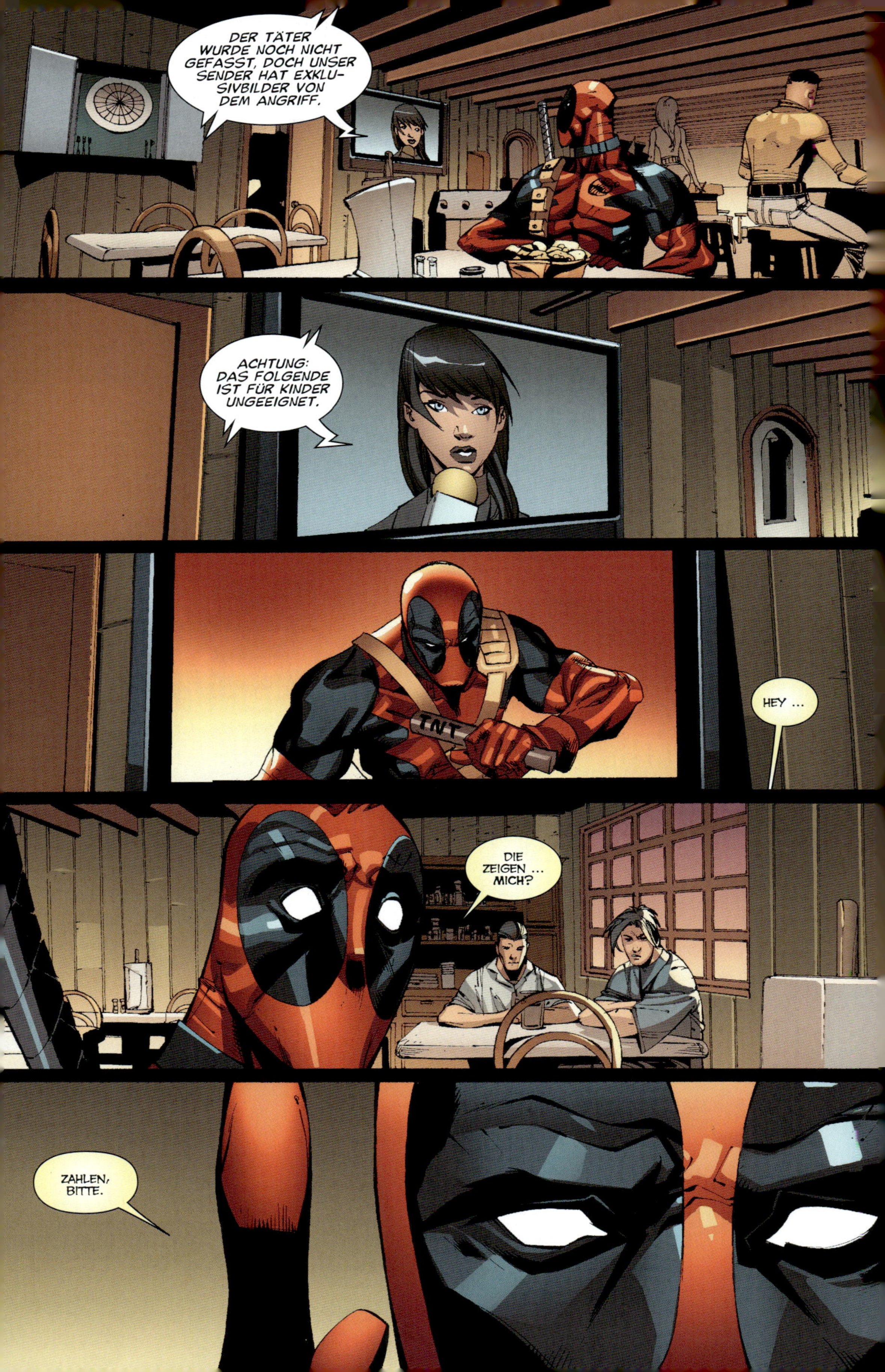
DER TÄTER WURDE NOCH NICHT GEFASST, DOCH UNSER SENDER HAT EXKLU-SIVBILDER VON DEM ANGRIFF.
ACHTUNG: DAS FOLGENDE IST FÜR KINDER UNGEEIGNET.
TNT
HEY ...
DIE ZEIGEN ... MICH?
ZAHLEN, BITTE.

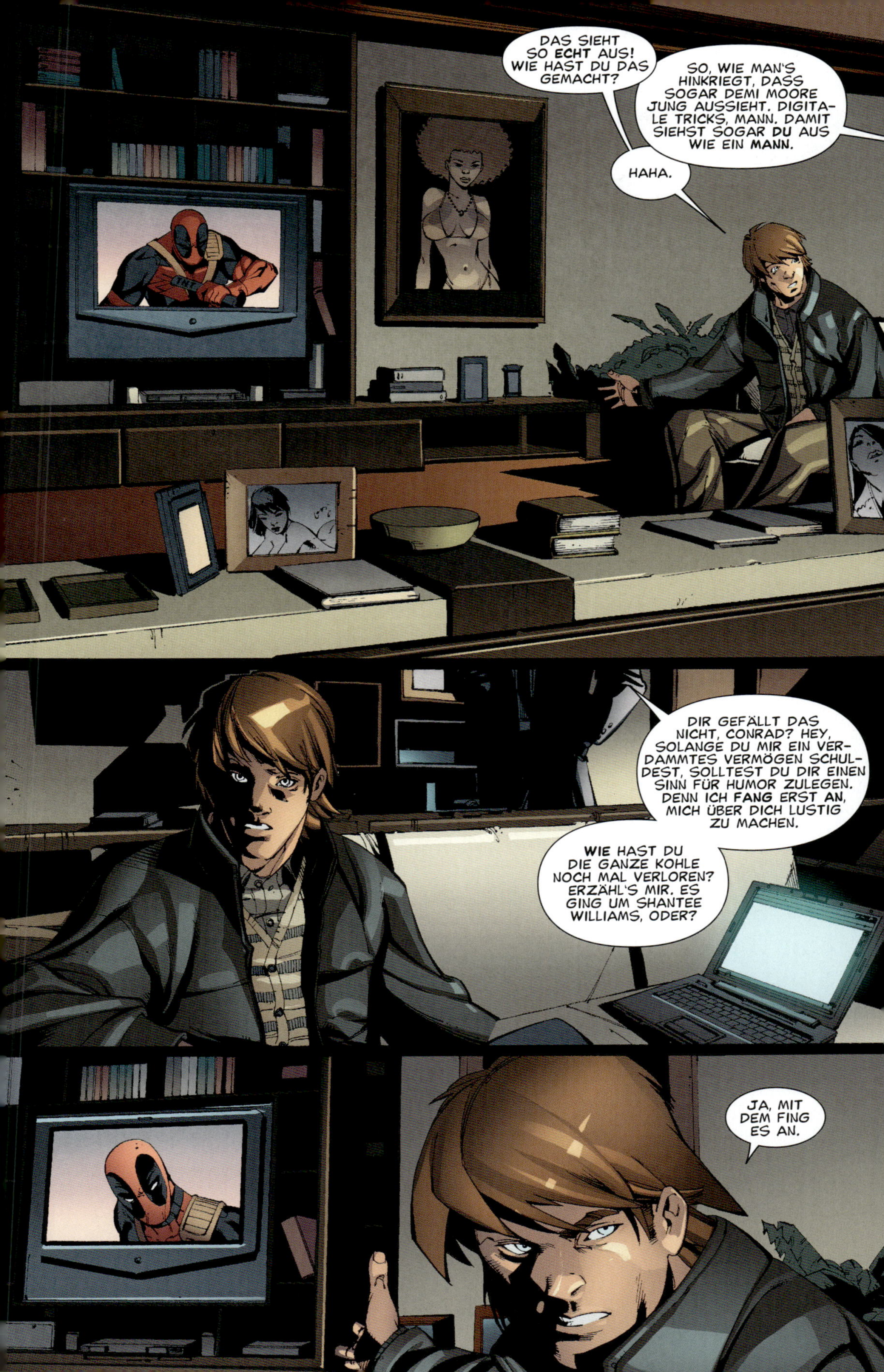
DAS SIEHT SO ECHT AUS! WIE HAST DU DAS GEMACHT?
SO, WIE MAN'S HINKRIEGT, DASS SOGAR DEMI MOORE JUNG AUSSIEHT. DIGITALE TRICKS, MANN. DAMIT SIEHST SOGAR DU AUS WIE EIN MANN.
HAHA.
TNT
DIR GEFÄLLT DAS NICHT, CONRAD? HEY, SOLANGE DU MIR EIN VERDAMMTES VERMÖGEN SCHULDEST, SOLLTEST DU DIR EINEN SINN FÜR HUMOR ZULEGEN. DENN ICH FANG ERST AN, MICH ÜBER DICH LUSTIG ZU MACHEN.
WIE HAST DU DIE GANZE KOHLE NOCH MAL VERLOREN? ERZÄHL'S MIR. ES GING UM SHANTEE WILLIAMS, ODER?
JA, MIT DEM FING ES AN.

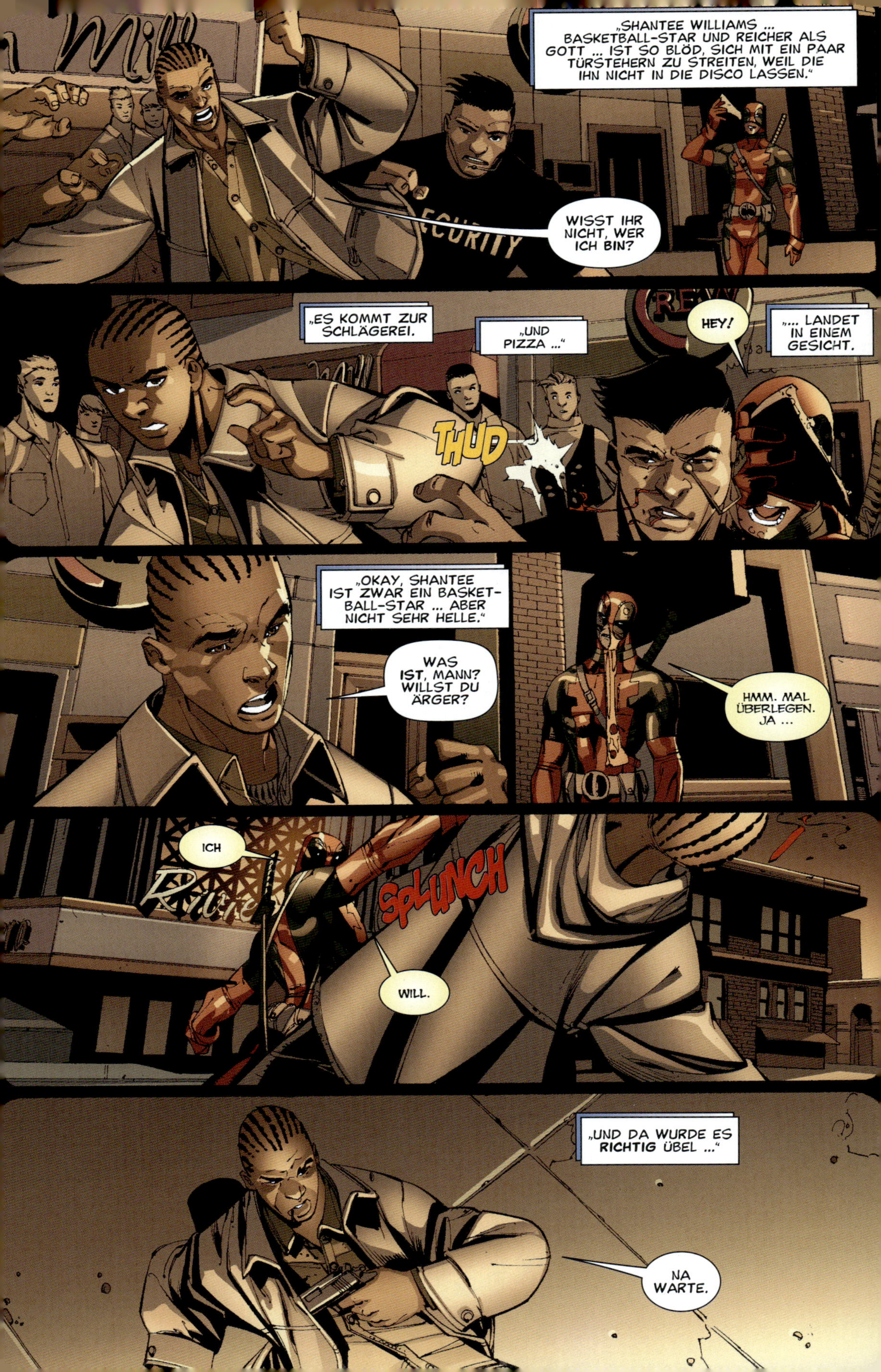
„SHANTEE WILLIAMS ... BASKETBALL-STAR UND REICHER ALS GOTT ... IST SO BLÖD, SICH MIT EIN PAAR TÜRSTEHERN ZU STREITEN, WEIL DIE IHN NICHT IN DIE DISCO LASSEN."
WISST IHR NICHT, WER ICH BIN?
„ES KOMMT ZUR SCHLÄGEREI.
„UND PIZZA ..."
THUD
HEY!
„... LANDET IN EINEM GESICHT.
„OKAY, SHANTEE IST ZWAR EIN BASKET-BALL-STAR ... ABER NICHT SEHR HELLE."
WAS IST, MANN? WILLST DU ÄRGER?
HMM. MAL ÜBERLEGEN. JA ...
ICH
SPLUNCH
WILL.
„UND DA WURDE ES RICHTIG ÜBEL ..."
NA WARTE.

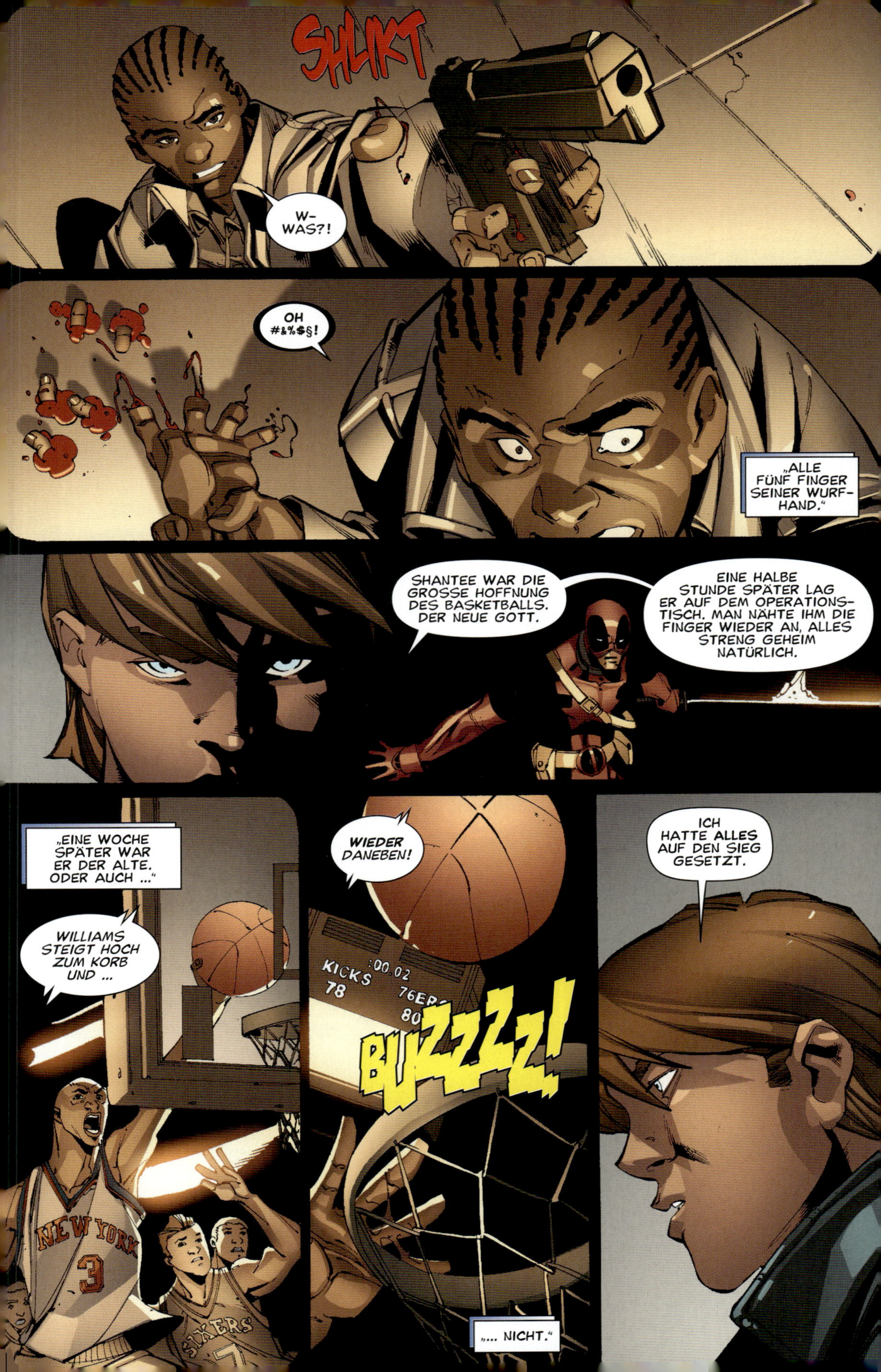
SHLIKT
W-
WAS?!
OH
#&%$§!
„ALLE FÜNF FINGER SEINER WURFHAND."
SHANTEE WAR DIE GROSSE HOFFNUNG DES BASKETBALLS. DER NEUE GOTT.
EINE HALBE STUNDE SPÄTER LAG ER AUF DEM OPERATIONSTISCH. MAN NÄHTE IHM DIE FINGER WIEDER AN, ALLES STRENG GEHEIM NATÜRLICH.
„EINE WOCHE SPÄTER WAR ER DER ALTE. ODER AUCH ..."
WILLIAMS STEIGT HOCH ZUM KORB UND ...
WIEDER DANEBEN!
KICKS :00.02
78
76ERS
80
BUZZZZ!
„... NICHT."
ICH HATTE ALLES AUF DEN SIEG GESETZT.

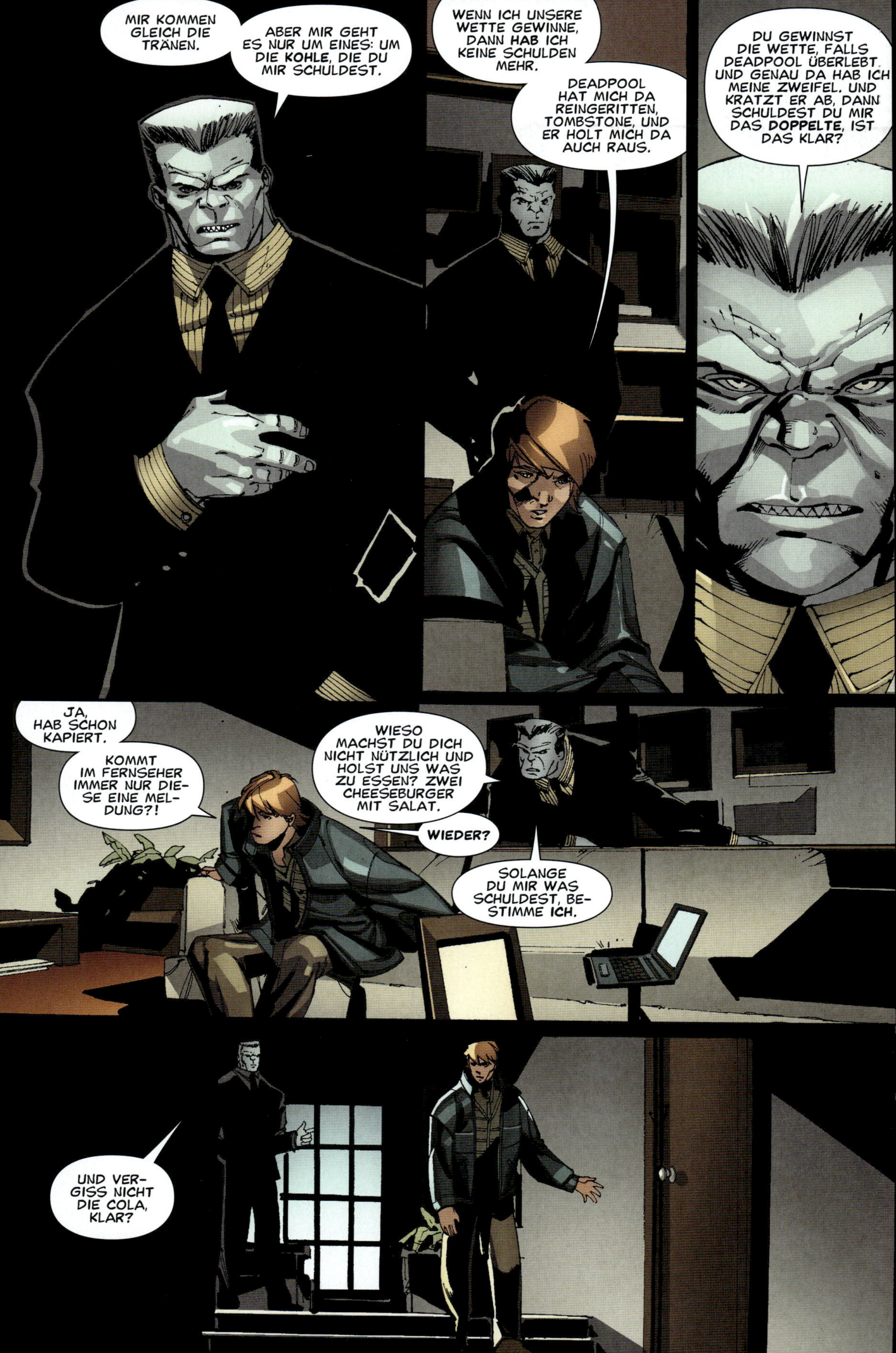
MIR KOMMEN GLEICH DIE TRÄNEN.
ABER MIR GEHT ES NUR UM EINES: UM DIE KOHLE, DIE DU MIR SCHULDEST.
WENN ICH UNSERE WETTE GEWINNE, DANN HAB ICH KEINE SCHULDEN MEHR.
DEADPOOL HAT MICH DA REINGERITTEN, TOMBSTONE, UND ER HOLT MICH DA AUCH RAUS.
DU GEWINNST DIE WETTE, FALLS DEADPOOL ÜBERLEBT. UND GENAU DA HAB ICH MEINE ZWEIFEL. UND KRATZT ER AB, DANN SCHULDEST DU MIR DAS DOPPELTE, IST DAS KLAR?
JA, HAB SCHON KAPIERT.
KOMMT IM FERNSEHER IMMER NUR DIESE EINE MELDUNG?!
WIESO MACHST DU DICH NICHT NÜTZLICH UND HOLST UNS WAS ZU ESSEN? ZWEI CHEESEBURGER MIT SALAT.
WIEDER?
SOLANGE DU MIR WAS SCHULDEST, BESTIMME ICH.
UND VERGISS NICHT DIE COLA, KLAR?

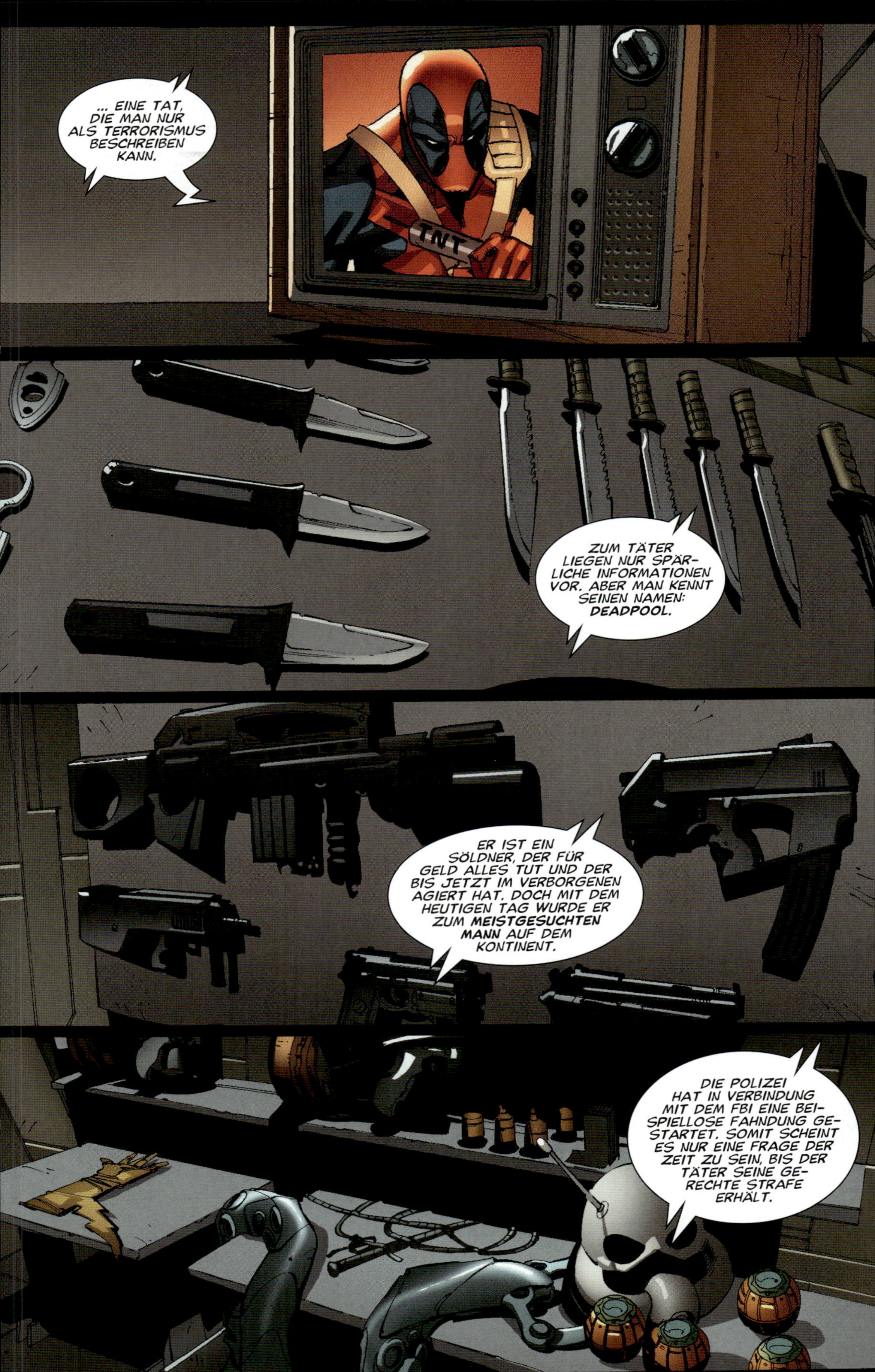
... EINE TAT, DIE MAN NUR ALS TERRORISMUS BESCHREIBEN KANN.
TNT
ZUM TÄTER LIEGEN NUR SPÄR-LICHE INFORMATIONEN VOR. ABER MAN KENNT SEINEN NAMEN: **DEADPOOL**.
ER IST EIN SÖLDNER, DER FÜR GELD ALLES TUT UND DER BIS JETZT IM VERBORGENEN AGIERT HAT. DOCH MIT DEM HEUTIGEN TAG WURDE ER ZUM **MEISTGESUCHTEN MANN** AUF DEM KONTINENT.
DIE POLIZEI HAT IN VERBINDUNG MIT DEM FBI EINE BEI-SPIELLOSE FAHNDUNG GE-STARTET. SOMIT SCHEINT ES NUR EINE FRAGE DER ZEIT ZU SEIN, BIS DER TÄTER SEINE GE-RECHTE STRAFE ERHÄLT.

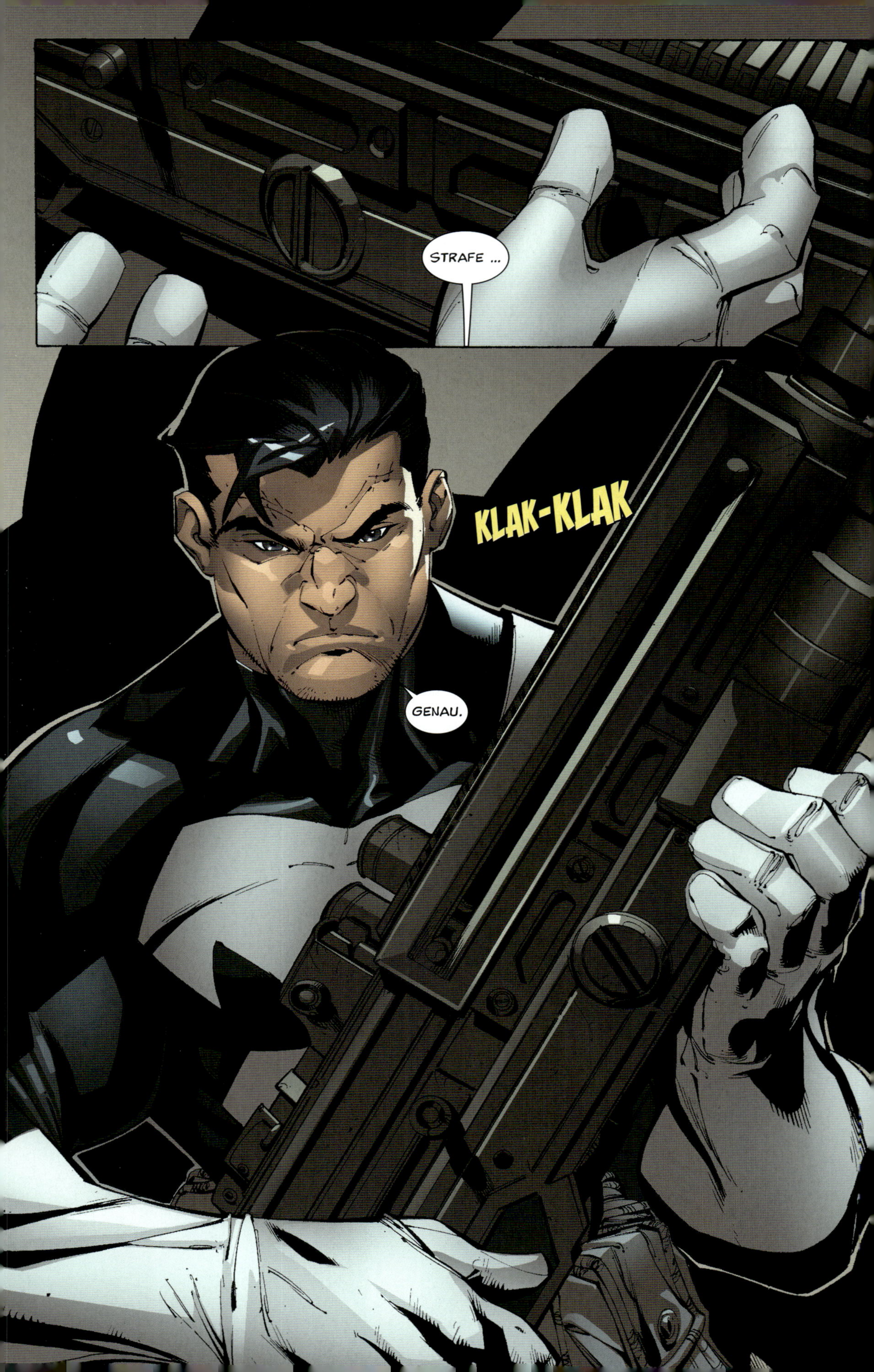
STRAFE ...
KLAK-KLAK
GENAU.

DIE WETTE, TEIL 2

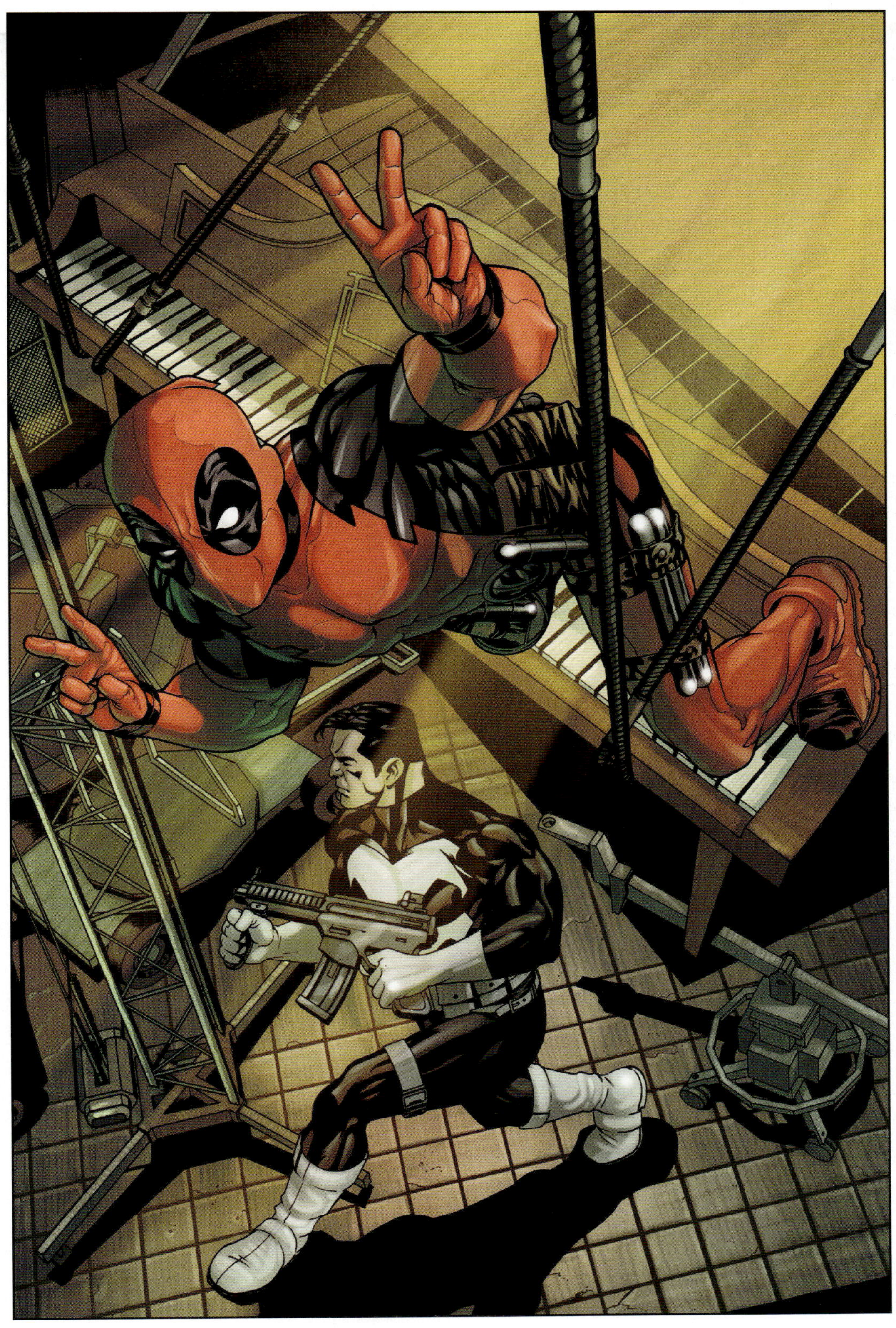

Deadpool: Suicide Kings (2009) 2
Cover von **MIKE McKONE**

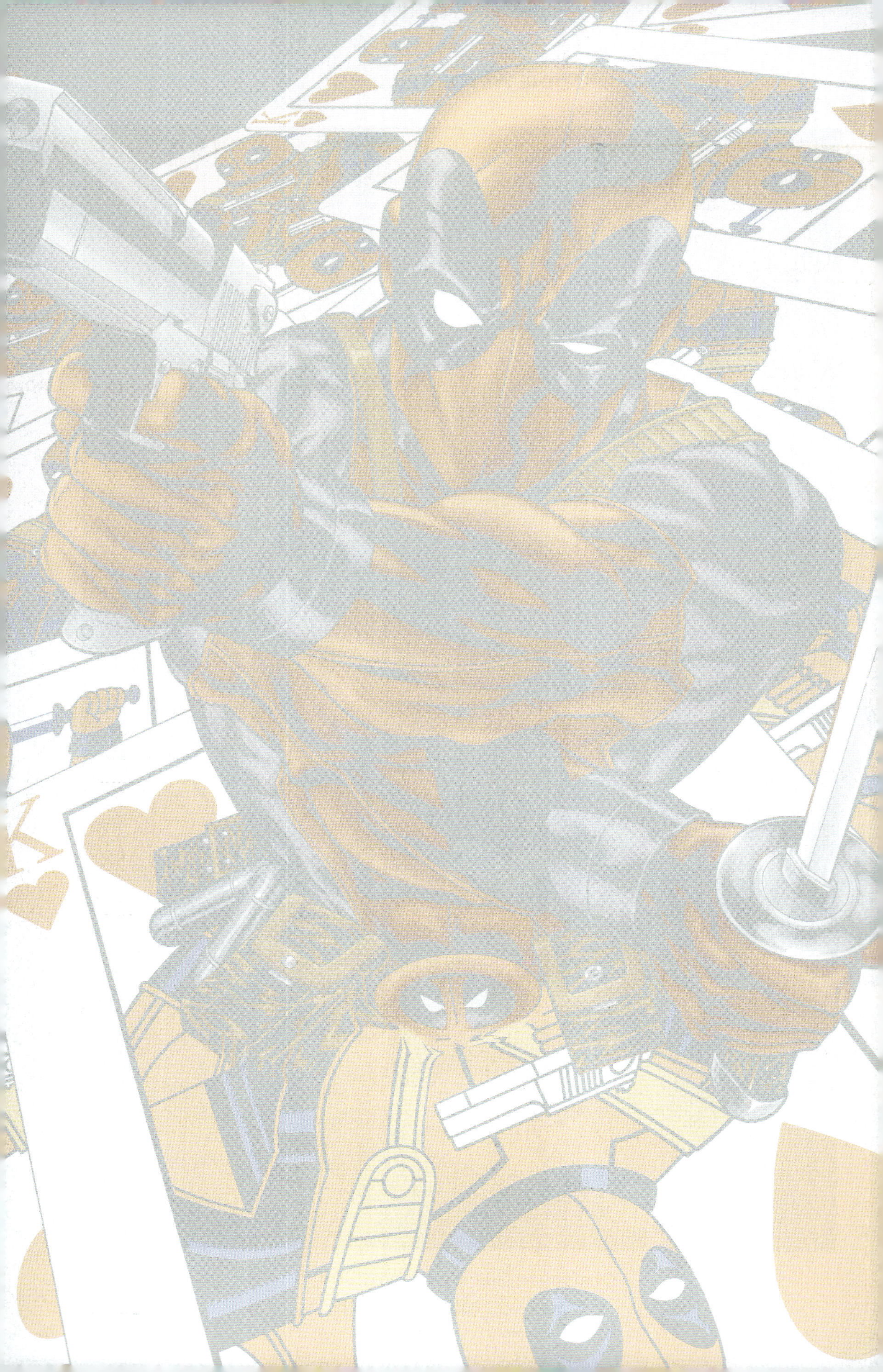

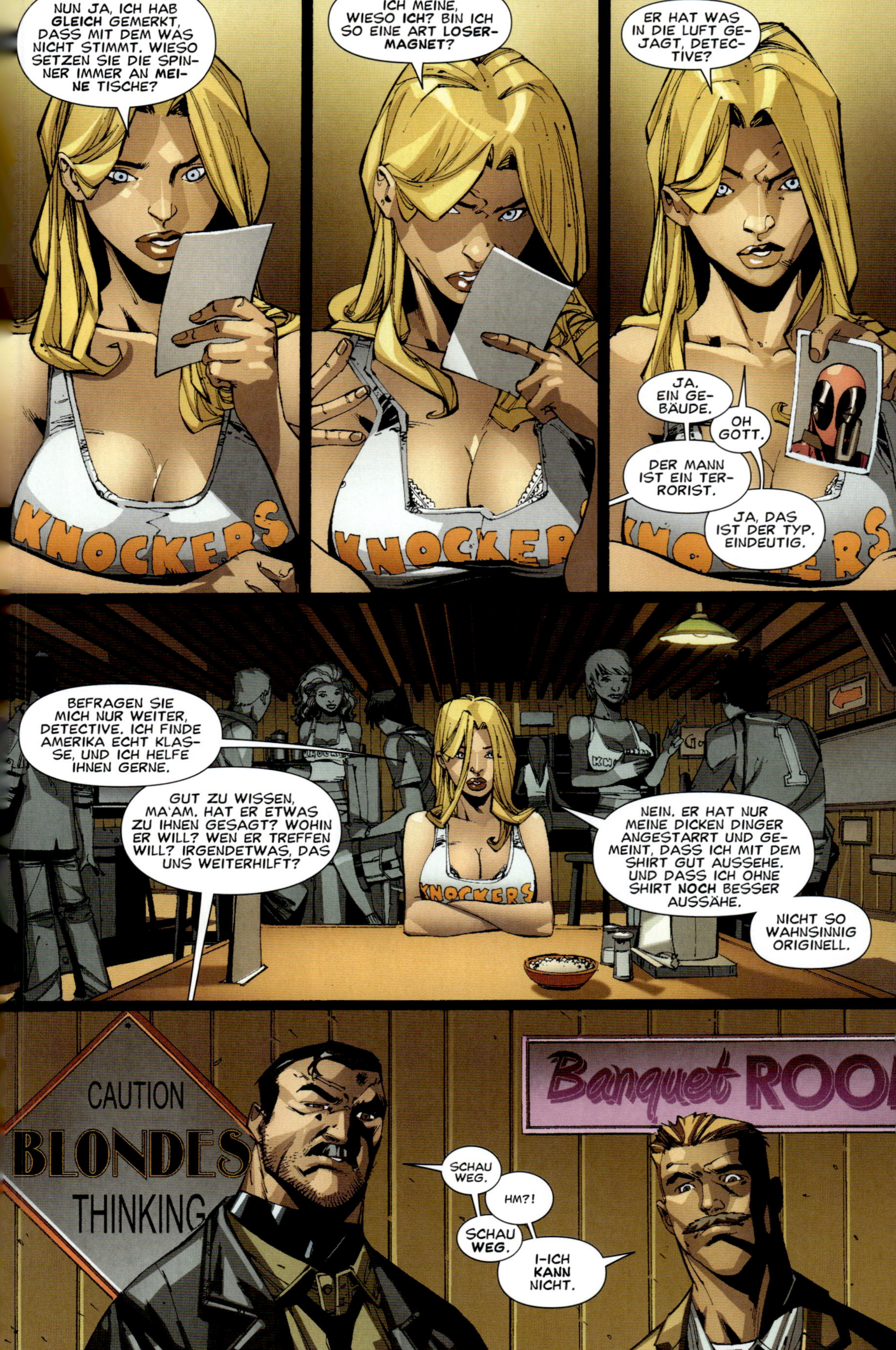
NUN JA, ICH HAB GLEICH GEMERKT, DASS MIT DEM WAS NICHT STIMMT. WIESO SETZEN SIE DIE SPINNER IMMER AN MEINE TISCHE?
KNOCKERS
ICH MEINE, WIESO ICH? BIN ICH SO EINE ART LOSER-MAGNET?
KNOCKERS
ER HAT WAS IN DIE LUFT GEJAGT, DETECTIVE?
JA. EIN GEBÄUDE.
OH GOTT.
DER MANN IST EIN TERRORIST.
JA, DAS IST DER TYP. EINDEUTIG.
BEFRAGEN SIE MICH NUR WEITER, DETECTIVE. ICH FINDE AMERIKA ECHT KLASSE, UND ICH HELFE IHNEN GERNE.
GUT ZU WISSEN, MA'AM. HAT ER ETWAS ZU IHNEN GESAGT? WOHIN ER WILL? WEN ER TREFFEN WILL? IRGENDETWAS, DAS UNS WEITERHILFT?
NEIN. ER HAT NUR MEINE DICKEN DINGER ANGESTARRT UND GEMEINT, DASS ICH MIT DEM SHIRT GUT AUSSEHE. UND DASS ICH OHNE SHIRT NOCH BESSER AUSSÄHE.
NICHT SO WAHNSINNIG ORIGINELL.
KNOCKERS
CAUTION
BLONDES
THINKING
Banquet ROO
SCHAU WEG.
HM?!
SCHAU WEG.
I-ICH KANN NICHT.

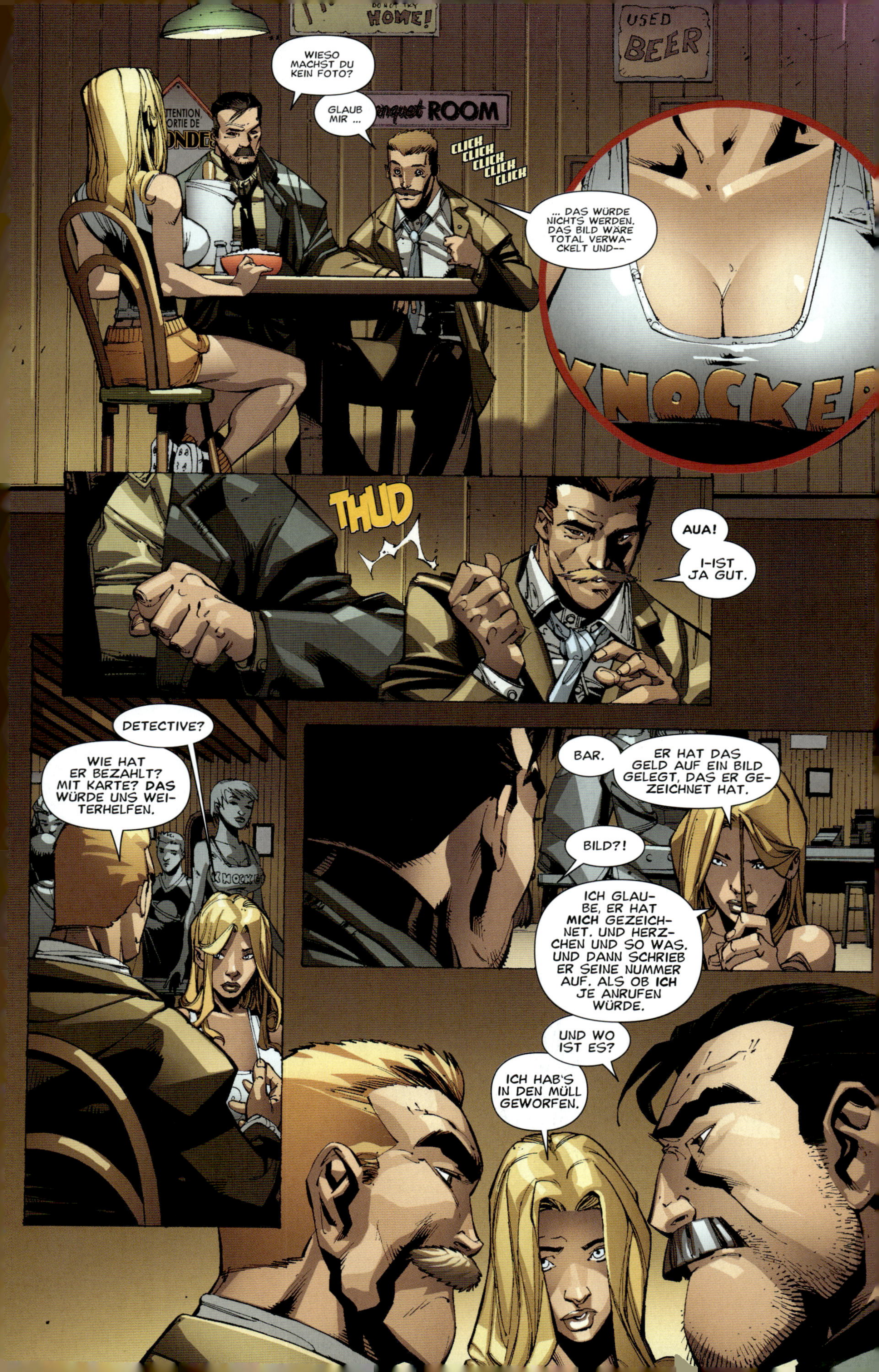

HOME!
USED BEER
WIESO MACHST DU KEIN FOTO?
GLAUB MIR ...
Banquet ROOM
CLICK CLICK CLICK CLICK CLICK
... DAS WÜRDE NICHTS WERDEN. DAS BILD WÄRE TOTAL VERWACKELT UND--
KNOCKER
THUD
AUA!
I-IST JA GUT.
DETECTIVE?
WIE HAT ER BEZAHLT? MIT KARTE? DAS WÜRDE UNS WEITERHELFEN.
BAR.
ER HAT DAS GELD AUF EIN BILD GELEGT, DAS ER GEZEICHNET HAT.
BILD?!
ICH GLAUBE, ER HAT MICH GEZEICHNET. UND HERZCHEN UND SO WAS. UND DANN SCHRIEB ER SEINE NUMMER AUF. ALS OB ICH JE ANRUFEN WÜRDE.
UND WO IST ES?
ICH HAB'S IN DEN MÜLL GEWORFEN.

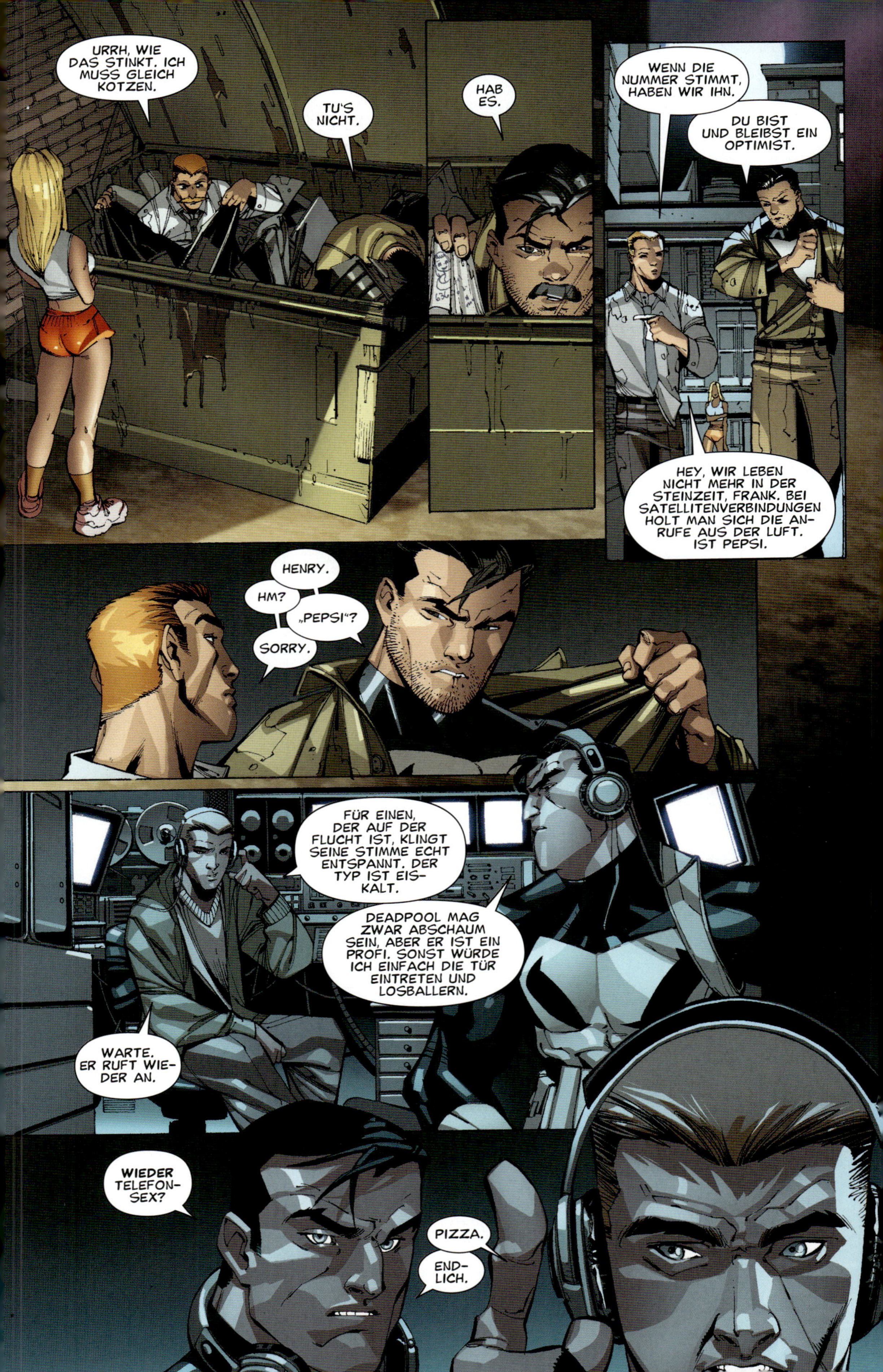
URRH, WIE DAS STINKT. ICH MUSS GLEICH KOTZEN.
TU'S NICHT.
HAB ES.
WENN DIE NUMMER STIMMT, HABEN WIR IHN.
DU BIST UND BLEIBST EIN OPTIMIST.
HEY, WIR LEBEN NICHT MEHR IN DER STEINZEIT, FRANK. BEI SATELLITENVERBINDUNGEN HOLT MAN SICH DIE ANRUFE AUS DER LUFT. IST PEPSI.
HENRY.
HM?
„PEPSI"?
SORRY.
FÜR EINEN, DER AUF DER FLUCHT IST, KLINGT SEINE STIMME ECHT ENTSPANNT. DER TYP IST EISKALT.
DEADPOOL MAG ZWAR ABSCHAUM SEIN, ABER ER IST EIN PROFI. SONST WÜRDE ICH EINFACH DIE TÜR EINTRETEN UND LOSBALLERN.
WARTE. ER RUFT WIEDER AN.
WIEDER TELEFONSEX?
PIZZA.
ENDLICH.

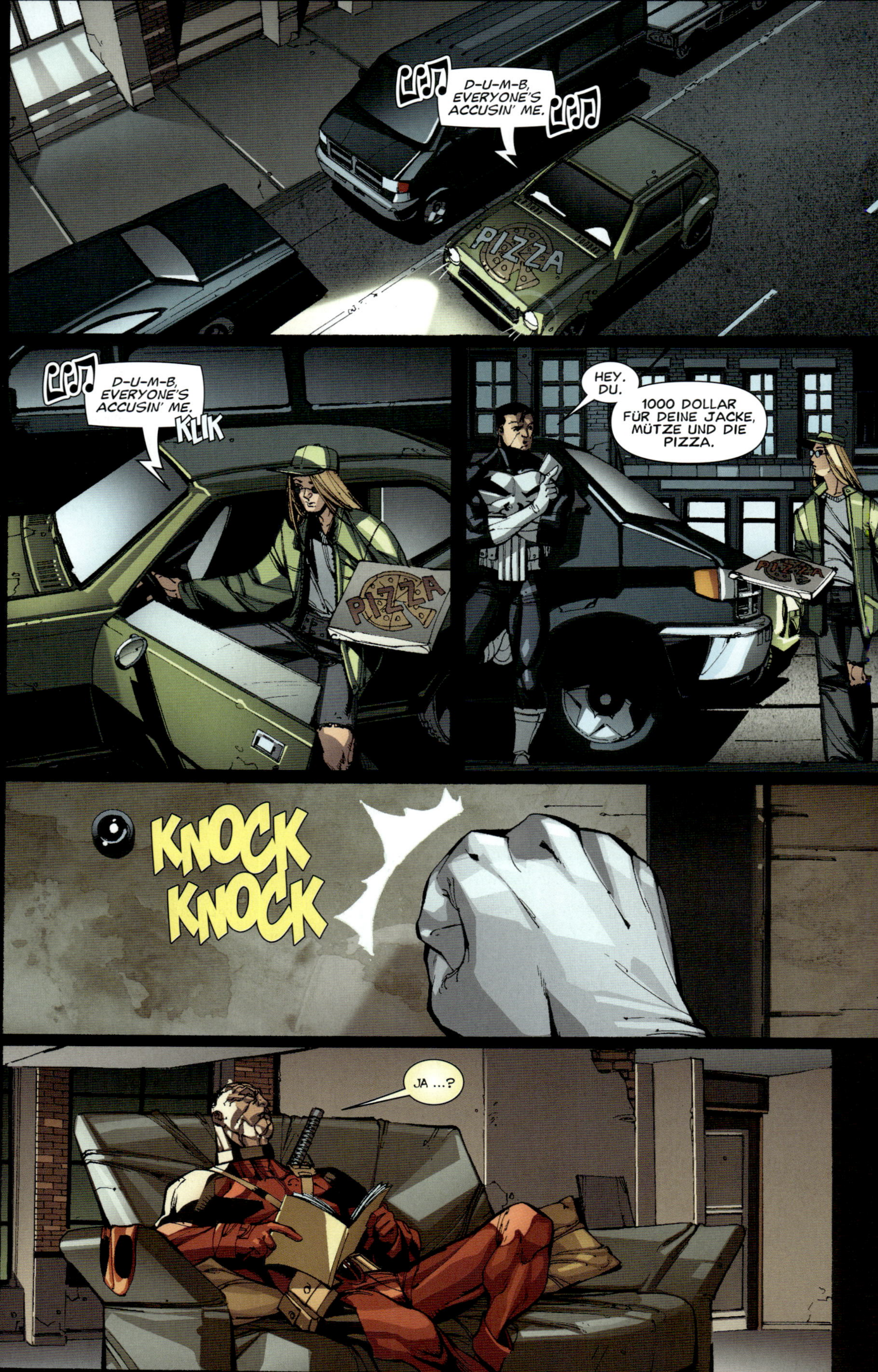
D-U-M-B,
EVERYONE'S
ACCUSIN' ME.
D-U-M-B,
EVERYONE'S
ACCUSIN' ME.
KLIK
HEY.
DU.
1000 DOLLAR
FÜR DEINE JACKE,
MÜTZE UND DIE
PIZZA.
PIZZA
KNOCK
KNOCK
JA ...?

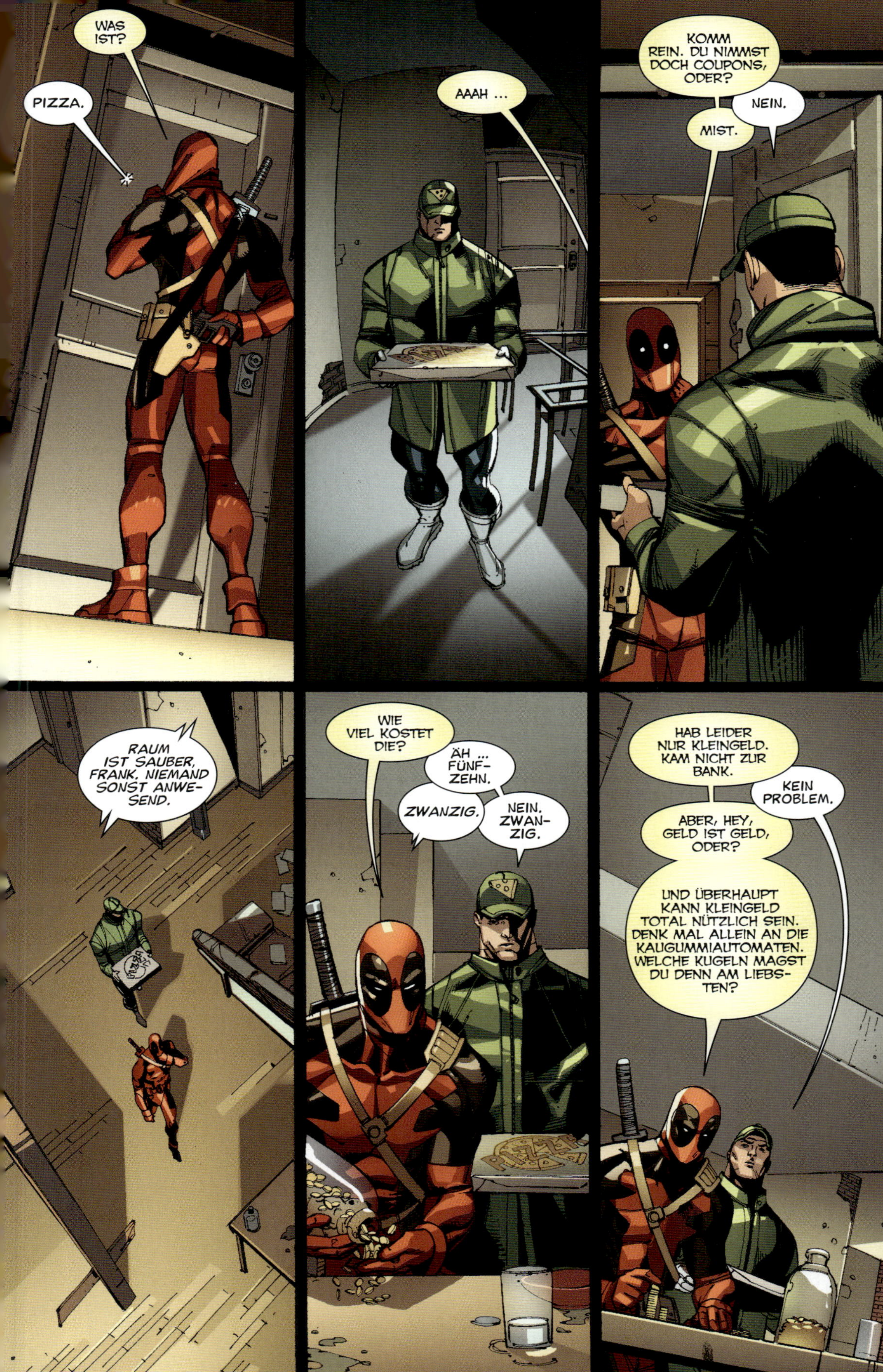
WAS IST?
PIZZA.
AAAH ...
KOMM REIN. DU NIMMST DOCH COUPONS, ODER?
NEIN.
MIST.
RAUM IST SAUBER, FRANK. NIEMAND SONST ANWESEND.
WIE VIEL KOSTET DIE?
ÄH ... FÜNFZEHN.
ZWANZIG.
NEIN. ZWANZIG.
HAB LEIDER NUR KLEINGELD. KAM NICHT ZUR BANK.
KEIN PROBLEM.
ABER, HEY, GELD IST GELD, ODER?
UND ÜBERHAUPT KANN KLEINGELD TOTAL NÜTZLICH SEIN. DENK MAL ALLEIN AN DIE KAUGUMMIAUTOMATEN. WELCHE KUGELN MAGST DU DENN AM LIEBSTEN?

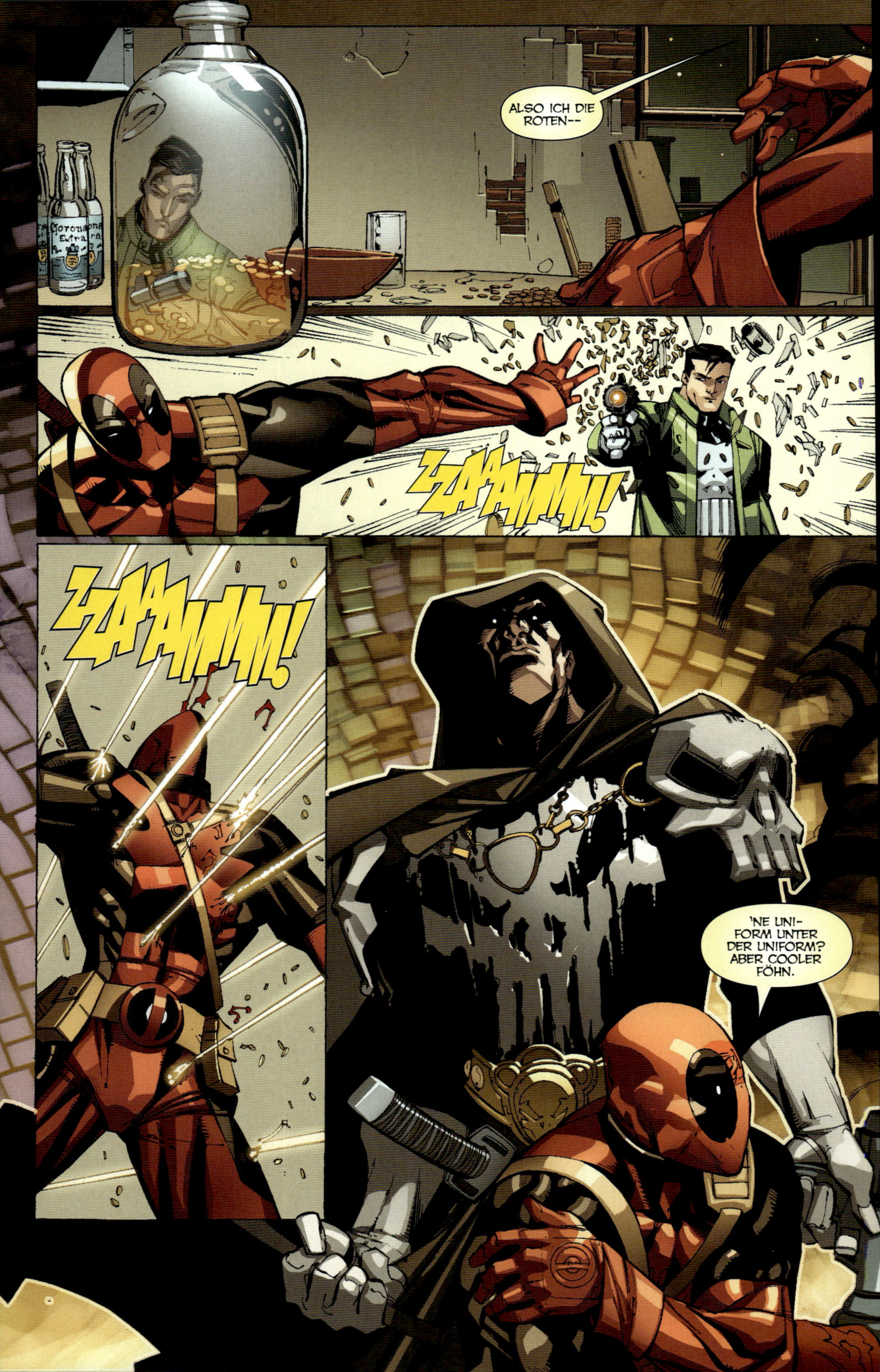
ALSO ICH DIE ROTEN--
Corona Extra
ZZAAAMMM!
ZZAAAMMM!
'NE UNI-FORM UNTER DER UNIFORM? ABER COOLER FÖHN.

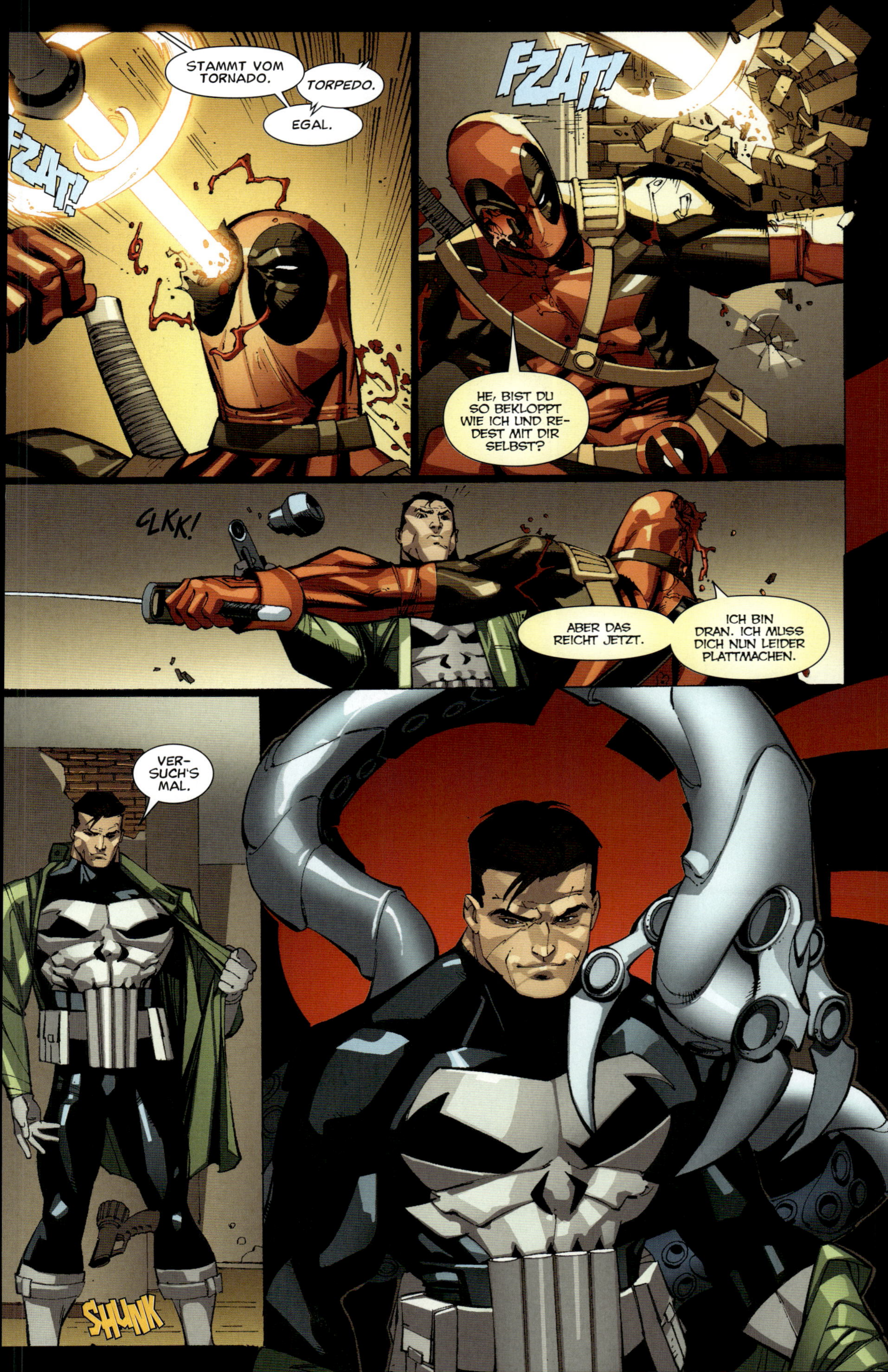
STAMMT VOM TORNADO.
TORPEDO.
EGAL.
FZAT!
FZAT!
HE, BIST DU SO BEKLOPPT WIE ICH UND RE-DEST MIT DIR SELBST?
CLKK!
ABER DAS REICHT JETZT.
ICH BIN DRAN. ICH MUSS DICH NUN LEIDER PLATTMACHEN.
VER-SUCH'S MAL.
SHUNK

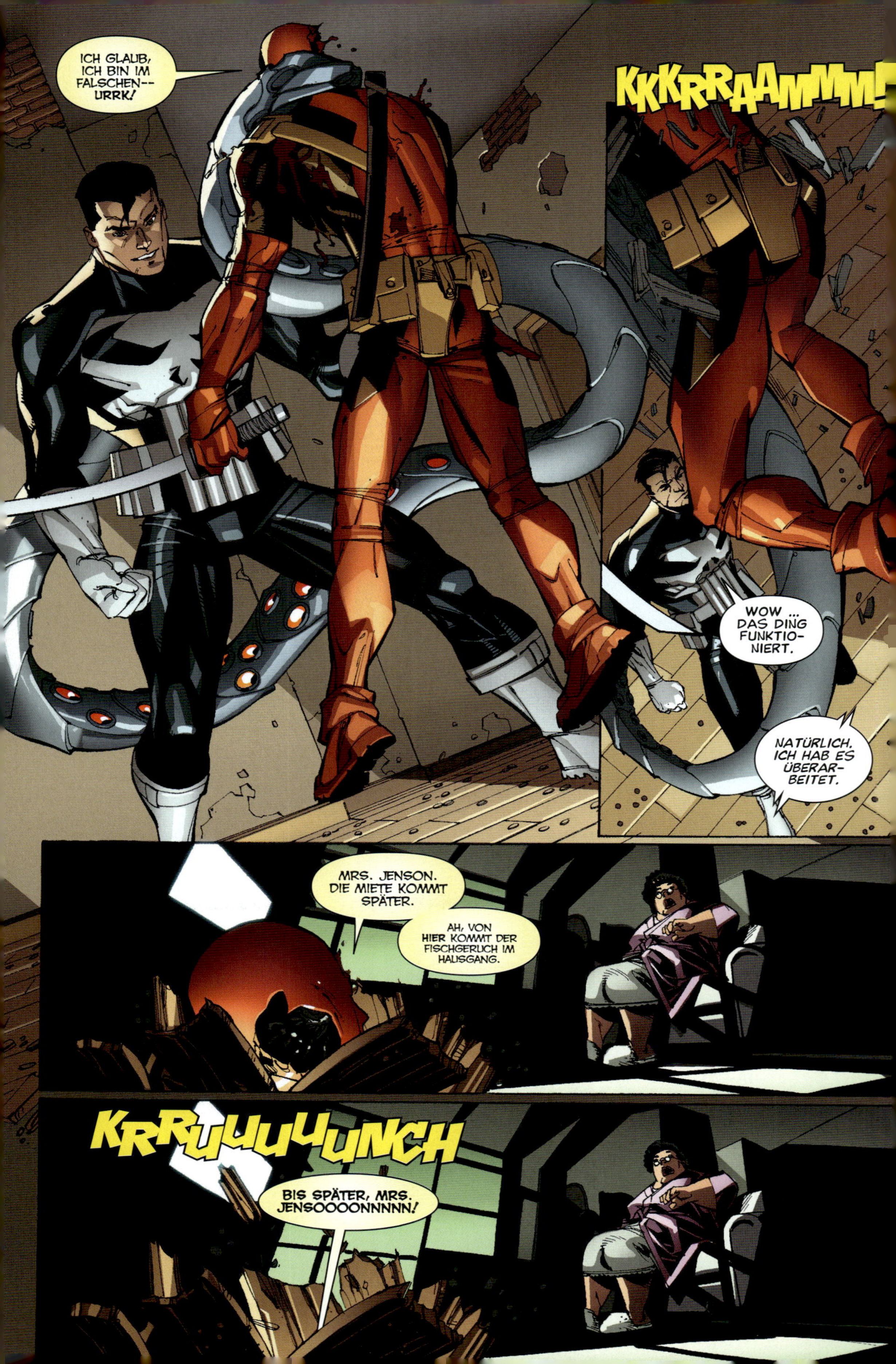
ICH GLAUB, ICH BIN IM FALSCHEN-- URRK!
KKKRRAAMMM!
WOW ... DAS DING FUNKTIO-NIERT.
NATÜRLICH. ICH HAB ES ÜBERAR-BEITET.
MRS. JENSON. DIE MIETE KOMMT SPÄTER.
AH, VON HIER KOMMT DER FISCHGERUCH IM HAUSGANG.
KRRUUUUUNCH
BIS SPÄTER, MRS. JENSOOOONNNNN!

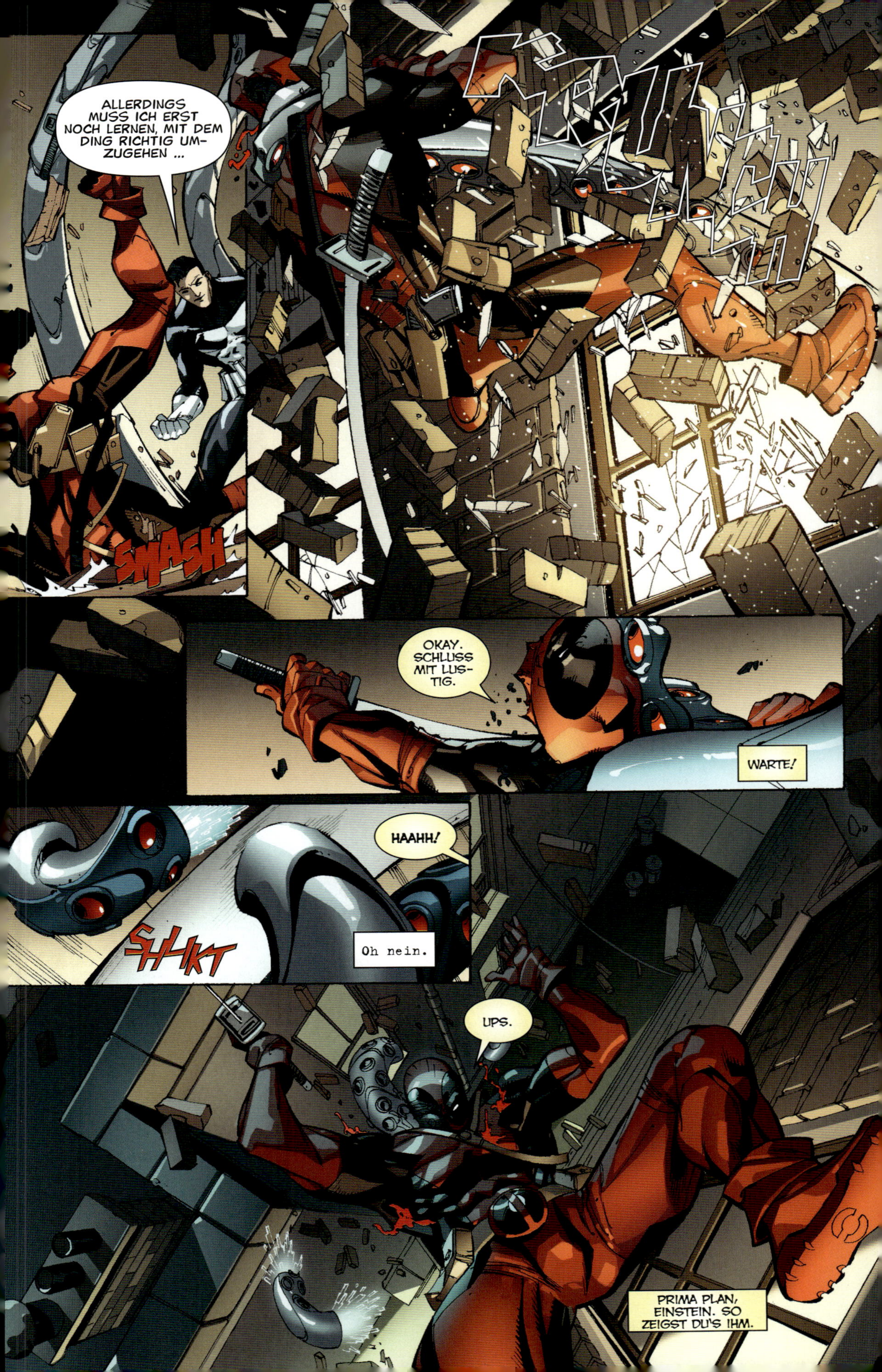

ALLERDINGS MUSS ICH ERST NOCH LERNEN, MIT DEM DING RICHTIG UM-ZUGEHEN ...
SMASH
OKAY. SCHLUSS MIT LUS-TIG.
WARTE!
HAAHH!
SHIKT
Oh nein.
UPS.
PRIMA PLAN, EINSTEIN. SO ZEIGST DU'S IHM.

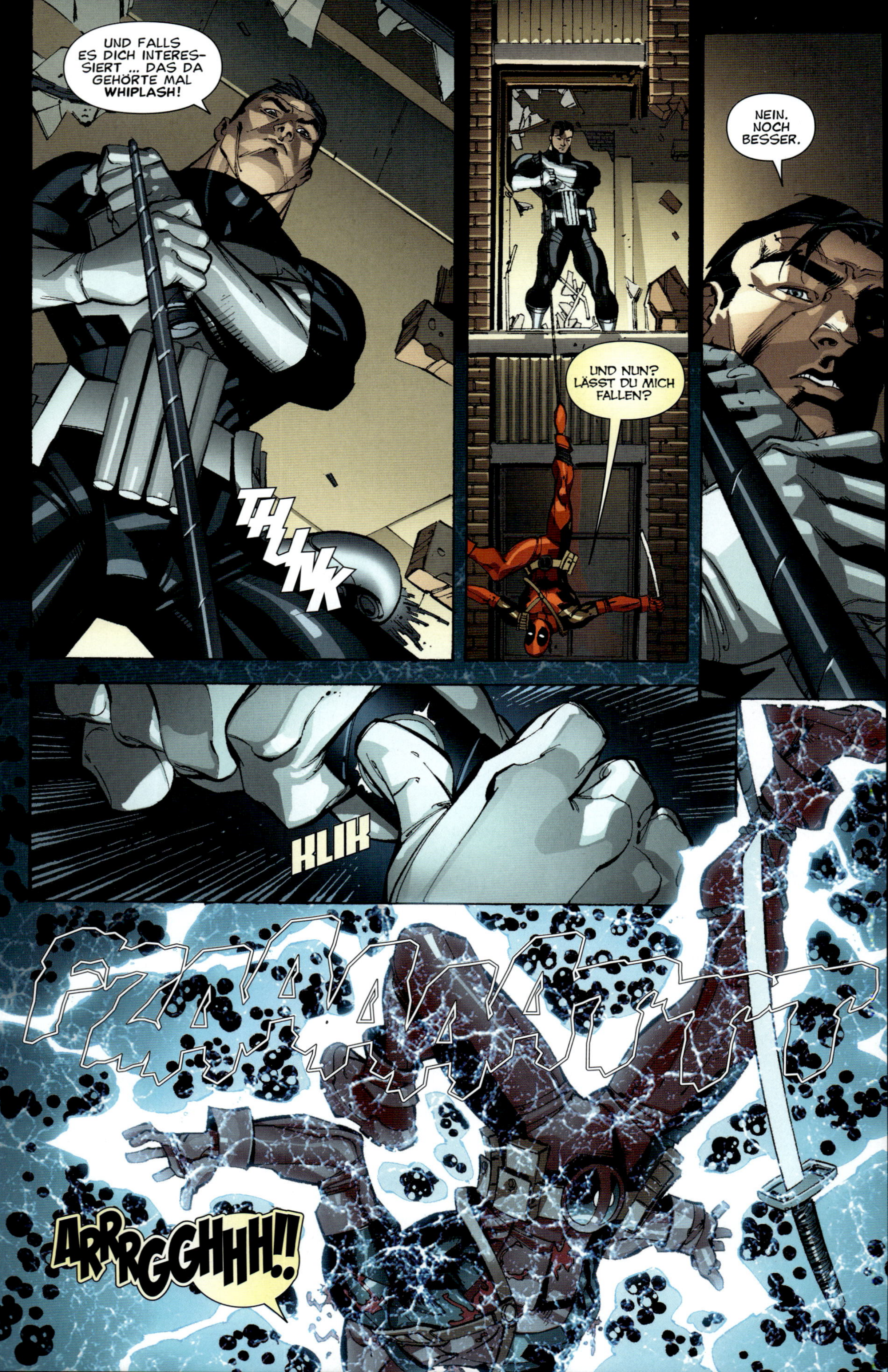
UND FALLS ES DICH INTERES-SIERT ... DAS DA GEHÖRTE MAL WHIPLASH!
THUNK
UND NUN? LÄSST DU MICH FALLEN?
NEIN. NOCH BESSER.
KLIK
ARRRGGHHH!!

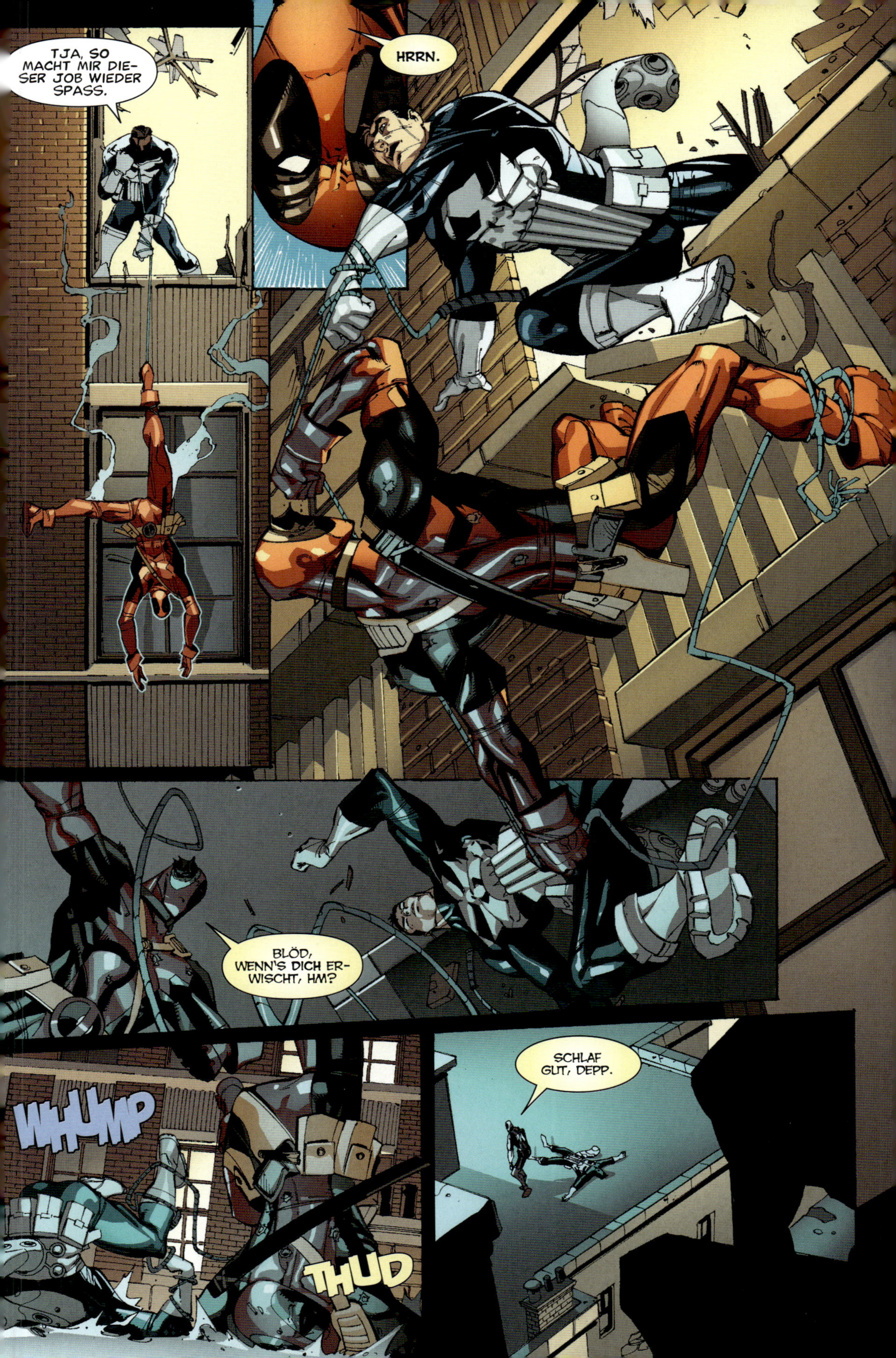
TJA, SO MACHT MIR DIE-SER JOB WIEDER SPASS.
HRRN.
BLÖD, WENN'S DICH ER-WISCHT, HM?
WHUMP
THUD
SCHLAF GUT, DEPP.

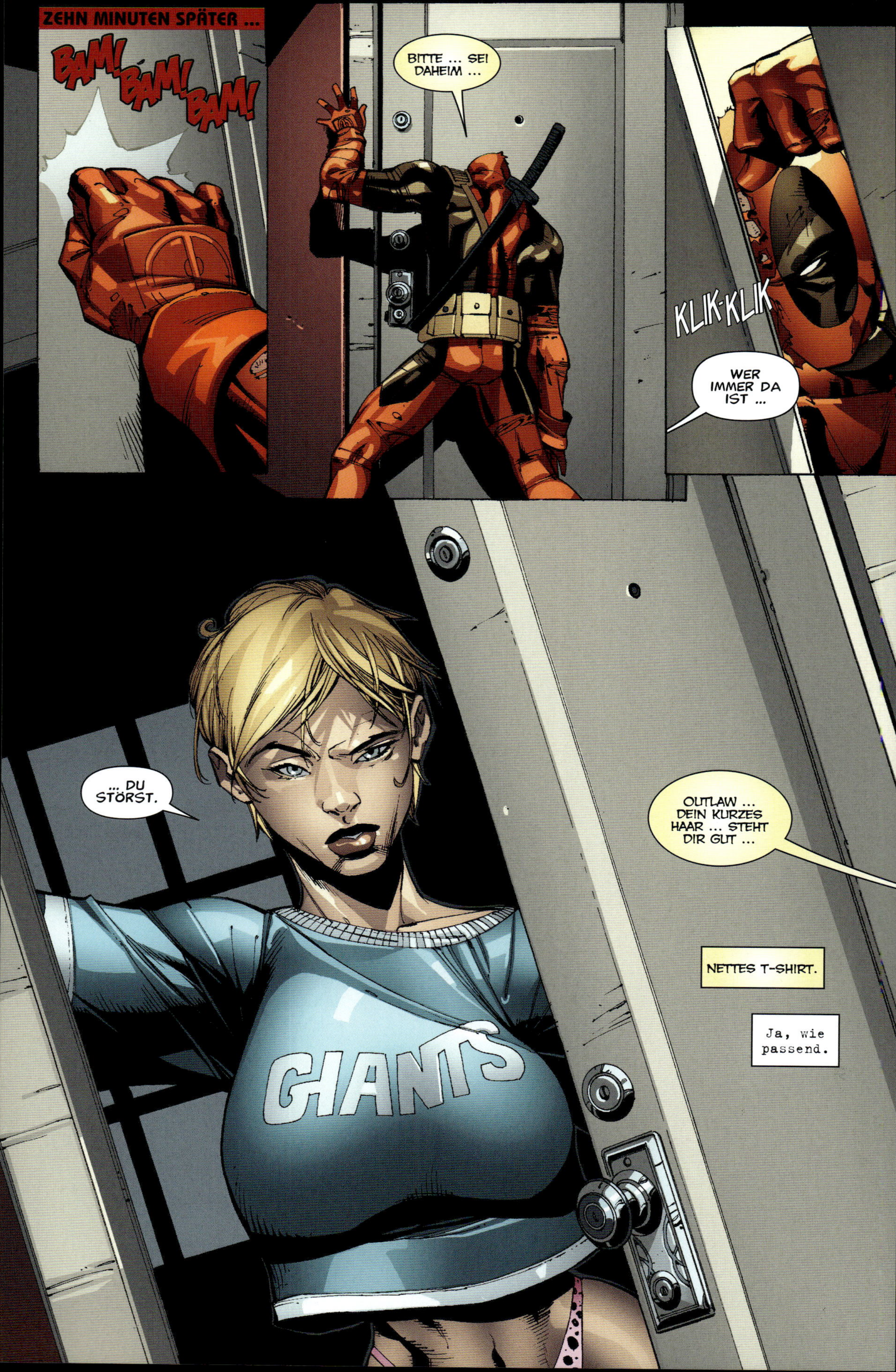
ZEHN MINUTEN SPÄTER ...
BAM! BAM! BAM!
BITTE ... SEI DAHEIM ...
KLIK-KLIK
WER IMMER DA IST ...
... DU STÖRST.
OUTLAW ... DEIN KURZES HAAR ... STEHT DIR GUT ...
NETTES T-SHIRT.
Ja, wie passend.
GIANTS

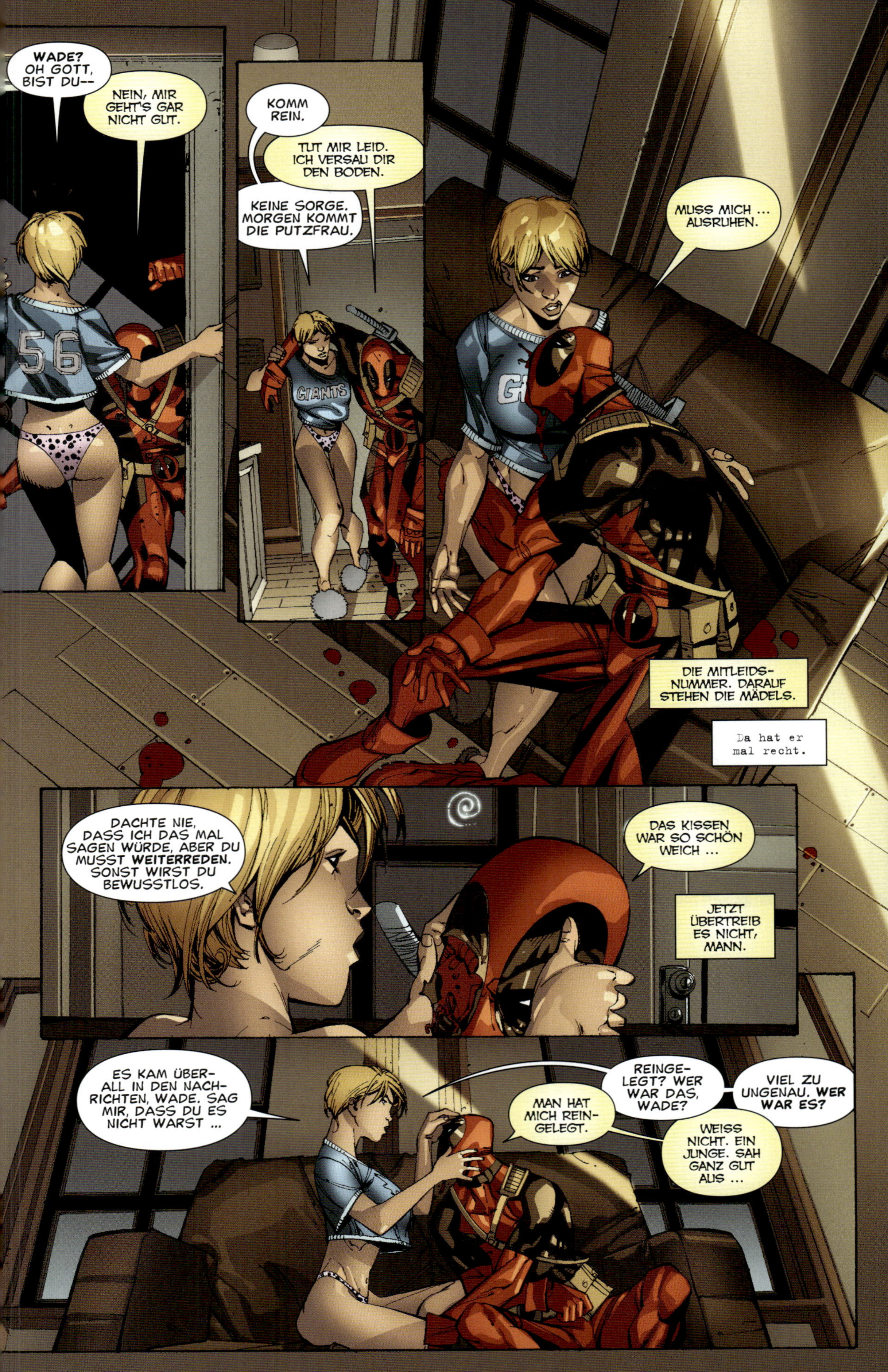
WADE? OH GOTT, BIST DU--
NEIN, MIR GEHT'S GAR NICHT GUT.
KOMM REIN.
TUT MIR LEID. ICH VERSAU DIR DEN BODEN.
KEINE SORGE. MORGEN KOMMT DIE PUTZFRAU.
MUSS MICH ... AUSRUHEN.
DIE MITLEIDS-NUMMER. DARAUF STEHEN DIE MÄDELS.
Da hat er mal recht.
DACHTE NIE, DASS ICH DAS MAL SAGEN WÜRDE, ABER DU MUSST **WEITERREDEN.** SONST WIRST DU BEWUSSTLOS.
DAS KISSEN WAR SO SCHÖN WEICH ...
JETZT ÜBERTREIB ES NICHT, MANN.
ES KAM ÜBERALL IN DEN NACHRICHTEN, WADE. SAG MIR, DASS DU ES NICHT WARST ...
MAN HAT MICH REINGELEGT.
REINGELEGT? WER WAR DAS, WADE?
WEISS NICHT. EIN JUNGE. SAH GANZ GUT AUS ...
VIEL ZU UNGENAU. **WER WAR ES?**

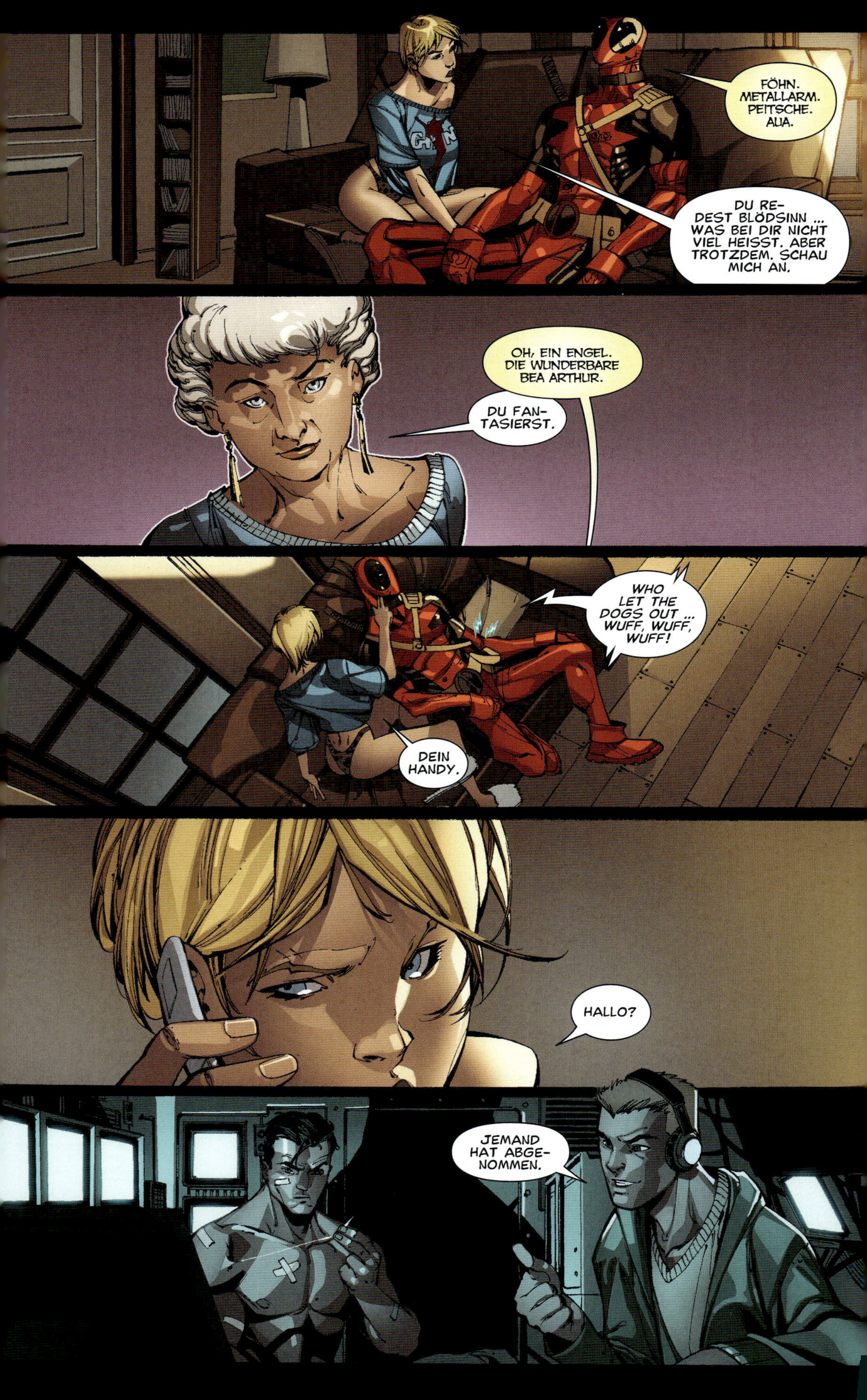
FÖHN.
METALLARM.
PEITSCHE.
AUA.
DU REDEST BLÖDSINN ... WAS BEI DIR NICHT VIEL HEISST. ABER TROTZDEM. SCHAU MICH AN.
OH, EIN ENGEL. DIE WUNDERBARE BEA ARTHUR.
DU FANTASIERST.
WHO LET THE DOGS OUT ... WUFF, WUFF, WUFF!
DEIN HANDY.
HALLO?
JEMAND HAT ABGENOMMEN.

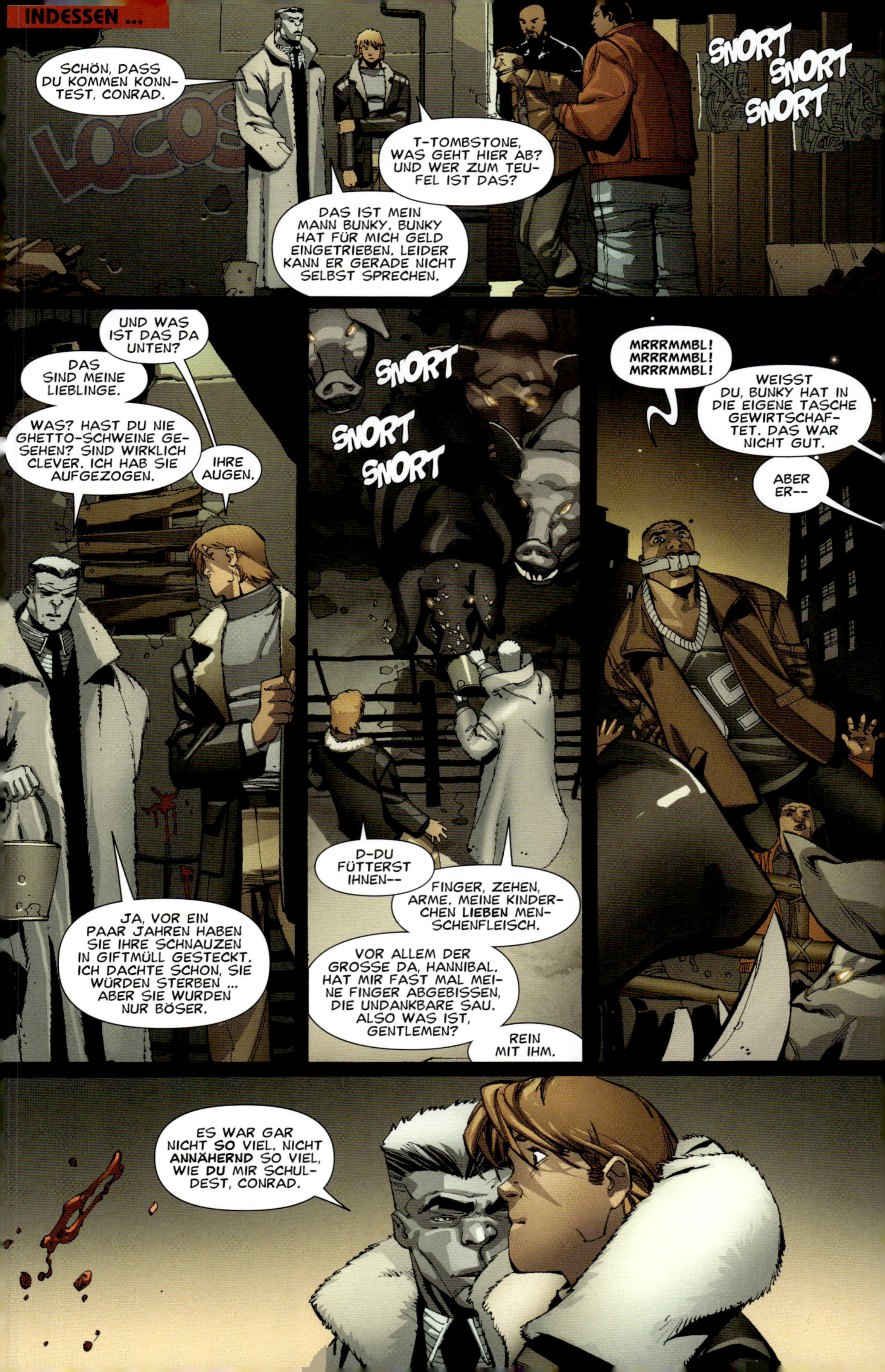

INDESSEN ...

SCHÖN, DASS DU KOMMEN KONNTEST, CONRAD.

SNORT SNORT SNORT

T-TOMBSTONE, WAS GEHT HIER AB? UND WER ZUM TEUFEL IST DAS?

DAS IST MEIN MANN BUNKY. BUNKY HAT FÜR MICH GELD EINGETRIEBEN. LEIDER KANN ER GERADE NICHT SELBST SPRECHEN.

UND WAS IST DAS DA UNTEN?

DAS SIND MEINE LIEBLINGE.

WAS? HAST DU NIE GHETTO-SCHWEINE GESEHEN? SIND WIRKLICH CLEVER. ICH HAB SIE AUFGEZOGEN.

IHRE AUGEN.

JA, VOR EIN PAAR JAHREN HABEN SIE IHRE SCHNAUZEN IN GIFTMÜLL GESTECKT. ICH DACHTE SCHON, SIE WÜRDEN STERBEN ... ABER SIE WURDEN NUR BÖSER.

SNORT

SNORT

SNORT

D-DU FÜTTERST IHNEN--

FINGER, ZEHEN, ARME. MEINE KINDERCHEN **LIEBEN** MENSCHENFLEISCH.

VOR ALLEM DER GROSSE DA, HANNIBAL. HAT MIR FAST MAL MEINE FINGER ABGEBISSEN, DIE UNDANKBARE SAU. ALSO WAS IST, GENTLEMEN?

REIN MIT IHM.

MRRRMMBL! MRRRMMBL! MRRRMMBL!

WEISST DU, BUNKY HAT IN DIE EIGENE TASCHE GEWIRTSCHAFTET. DAS WAR NICHT GUT.

ABER ER--

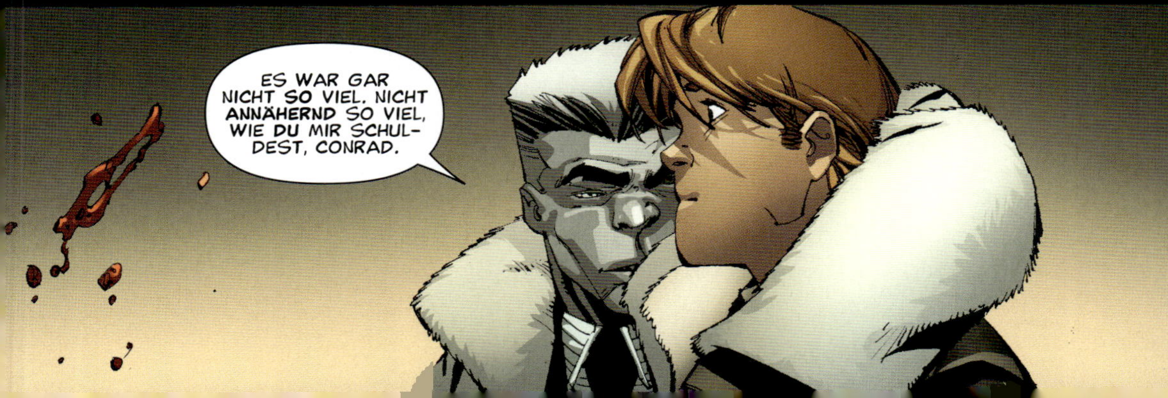

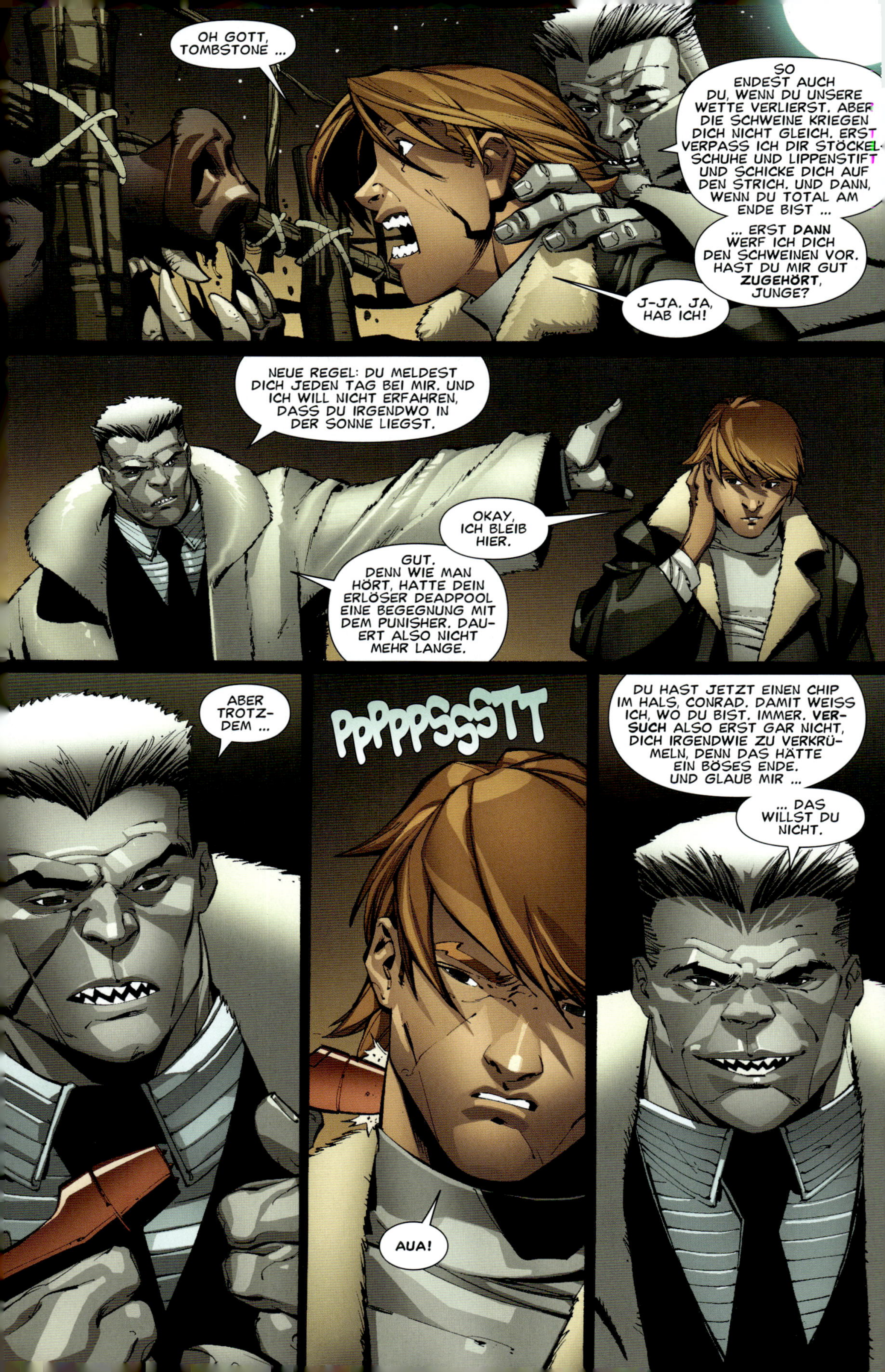
OH GOTT, TOMBSTONE ...
SO ENDEST AUCH DU, WENN DU UNSERE WETTE VERLIERST. ABER DIE SCHWEINE KRIEGEN DICH NICHT GLEICH. ERST VERPASS ICH DIR STÖCKELSCHUHE UND LIPPENSTIFT UND SCHICKE DICH AUF DEN STRICH. UND DANN, WENN DU TOTAL AM ENDE BIST ...
... ERST DANN WERF ICH DICH DEN SCHWEINEN VOR. HAST DU MIR GUT ZUGEHÖRT, JUNGE?
J-JA. JA, HAB ICH!
NEUE REGEL: DU MELDEST DICH JEDEN TAG BEI MIR. UND ICH WILL NICHT ERFAHREN, DASS DU IRGENDWO IN DER SONNE LIEGST.
OKAY, ICH BLEIB HIER.
GUT. DENN WIE MAN HÖRT, HATTE DEIN ERLÖSER DEADPOOL EINE BEGEGNUNG MIT DEM PUNISHER. DAUERT ALSO NICHT MEHR LANGE.
ABER TROTZDEM ...
PPPPPSSSTT
AUA!
DU HAST JETZT EINEN CHIP IM HALS, CONRAD. DAMIT WEISS ICH, WO DU BIST. IMMER. VERSUCH ALSO ERST GAR NICHT, DICH IRGENDWIE ZU VERKRÜMELN, DENN DAS HÄTTE EIN BÖSES ENDE. UND GLAUB MIR ...
... DAS WILLST DU NICHT.

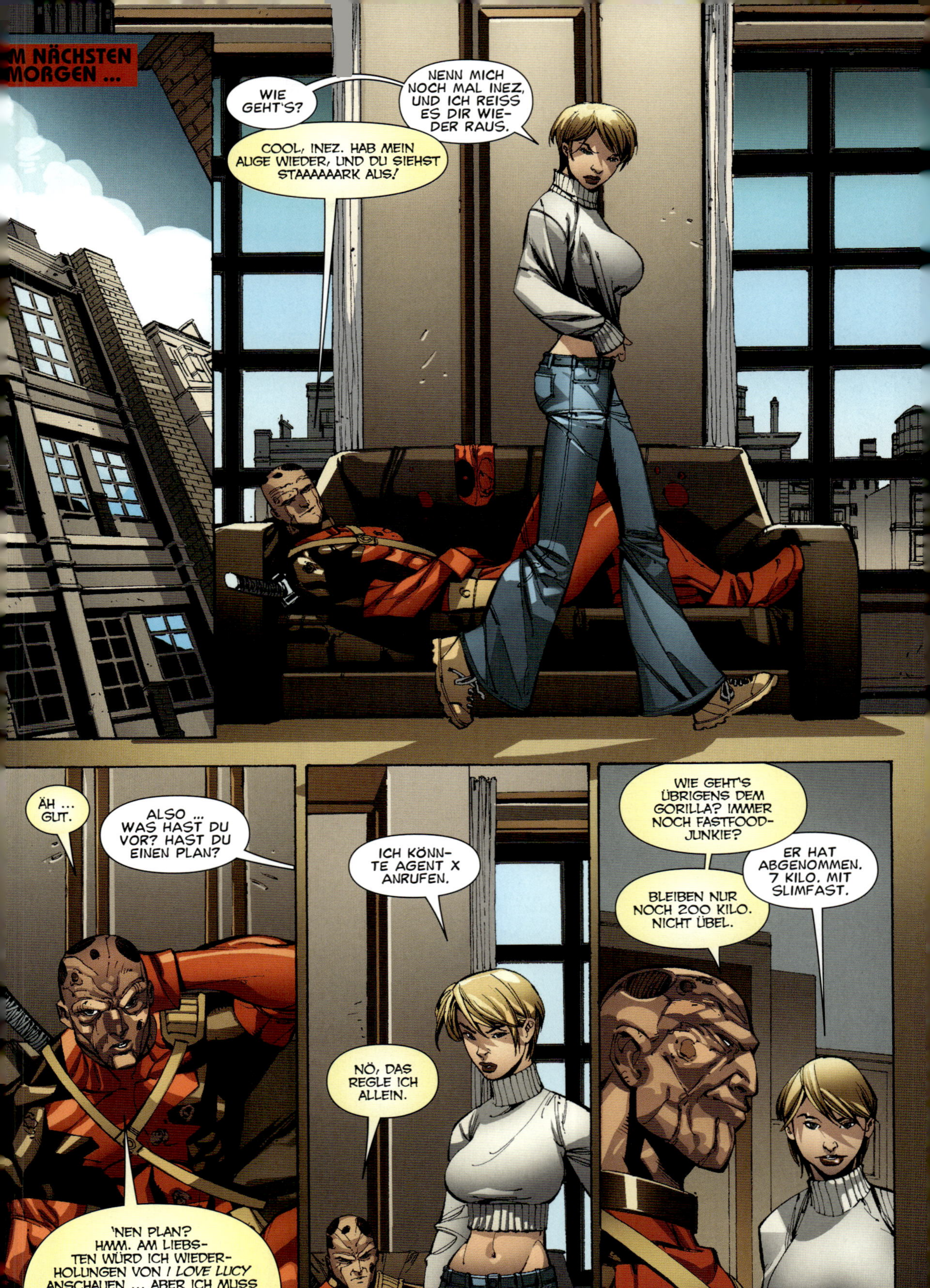
M NÄCHSTEN MORGEN ...
WIE GEHT'S?
NENN MICH NOCH MAL INEZ, UND ICH REISS ES DIR WIEDER RAUS.
COOL, INEZ. HAB MEIN AUGE WIEDER, UND DU SIEHST STAAAAAARK AUS!
ÄH ... GUT.
ALSO ... WAS HAST DU VOR? HAST DU EINEN PLAN?
'NEN PLAN? HMM. AM LIEBSTEN WÜRD ICH WIEDERHOLUNGEN VON I LOVE LUCY ANSCHAUEN ... ABER ICH MUSS DEN IDIOTEN FINDEN, DER MICH REINGELEGT HAT. WAHRSCHEINLICH IST GERADE DIE HALBE WELT HINTER MIR HER, UND DAS IST ALS DAUERZUSTAND NICHT SO OPTIMAL.
ICH KÖNNTE AGENT X ANRUFEN.
NÖ, DAS REGLE ICH ALLEIN.
WIE GEHT'S ÜBRIGENS DEM GORILLA? IMMER NOCH FASTFOOD-JUNKIE?
ER HAT ABGENOMMEN. 7 KILO. MIT SLIMFAST.
BLEIBEN NUR NOCH 200 KILO. NICHT ÜBEL.

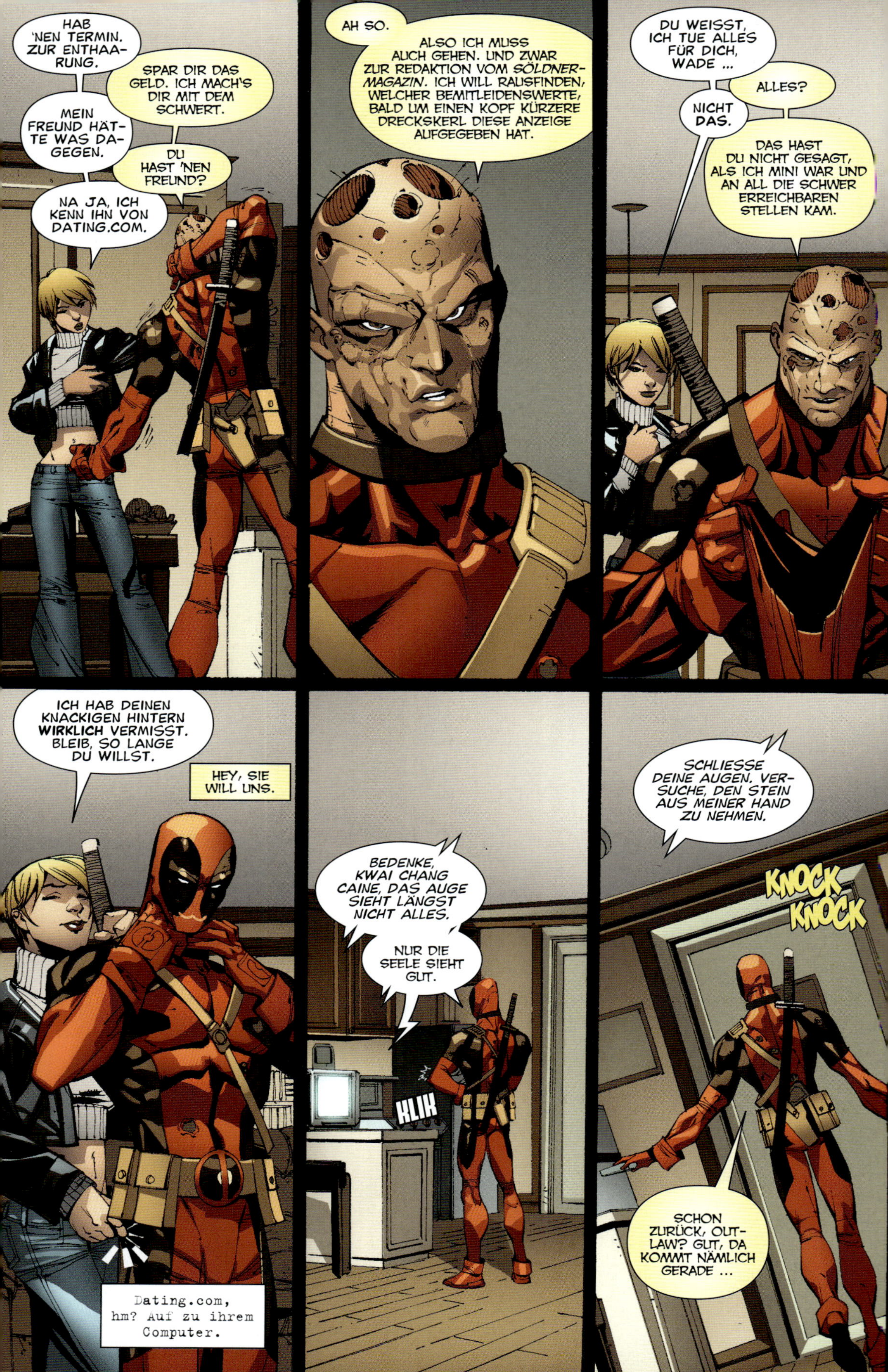

HAB 'NEN TERMIN. ZUR ENTHAA-RUNG.
SPAR DIR DAS GELD. ICH MACH'S DIR MIT DEM SCHWERT.
MEIN FREUND HÄTTE WAS DAGEGEN.
DU HAST 'NEN FREUND?
NA JA, ICH KENN IHN VON DATING.COM.
AH SO.
ALSO ICH MUSS AUCH GEHEN. UND ZWAR ZUR REDAKTION VOM *SÖLDNER-MAGAZIN*. ICH WILL RAUSFINDEN, WELCHER BEMITLEIDENSWERTE, BALD UM EINEN KOPF KÜRZERE DRECKSKERL DIESE ANZEIGE AUFGEGEBEN HAT.
DU WEISST, ICH TUE ALLES FÜR DICH, WADE ...
ALLES?
NICHT **DAS.**
DAS HAST DU NICHT GESAGT, ALS ICH MINI WAR UND AN ALL DIE SCHWER ERREICHBAREN STELLEN KAM.
ICH HAB DEINEN KNACKIGEN HINTERN **WIRKLICH** VERMISST. BLEIB, SO LANGE DU WILLST.
HEY, SIE WILL UNS.
Dating.com, hm? Auf zu ihrem Computer.
BEDENKE, KWAI CHANG CAINE, DAS AUGE SIEHT LÄNGST NICHT ALLES.
NUR DIE SEELE SIEHT GUT.
KLIK
SCHLIESSE DEINE AUGEN. VERSUCHE, DEN STEIN AUS MEINER HAND ZU NEHMEN.
KNOCK KNOCK
SCHON ZURÜCK, OUTLAW? GUT, DA KOMMT NÄMLICH GERADE ...

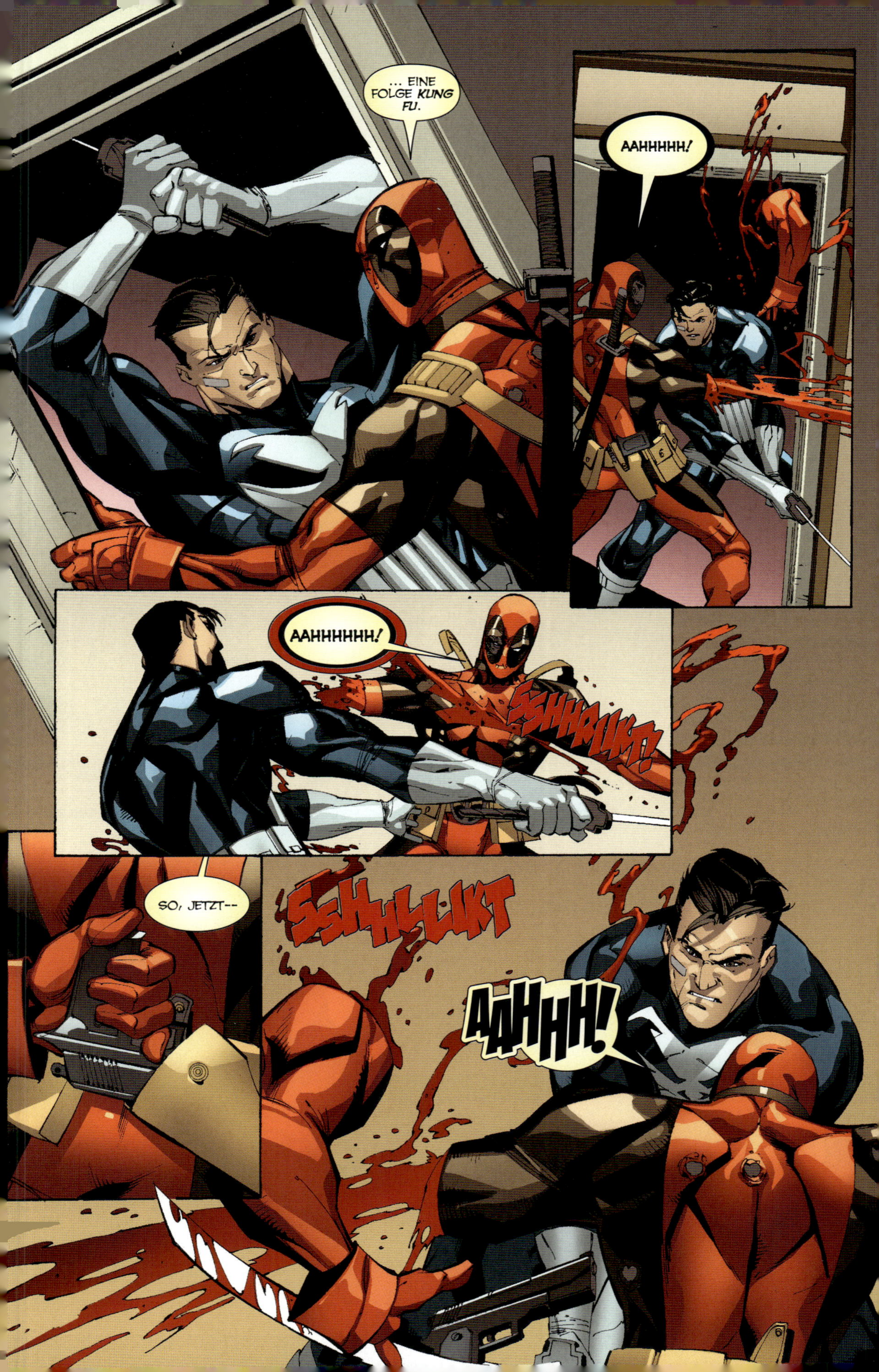
... EINE FOLGE KUNG FU.
AAHHHHH!
AAHHHHHH!
SSHHLUKT!
SO, JETZT--
SSHHLUKT
AAHHHH!

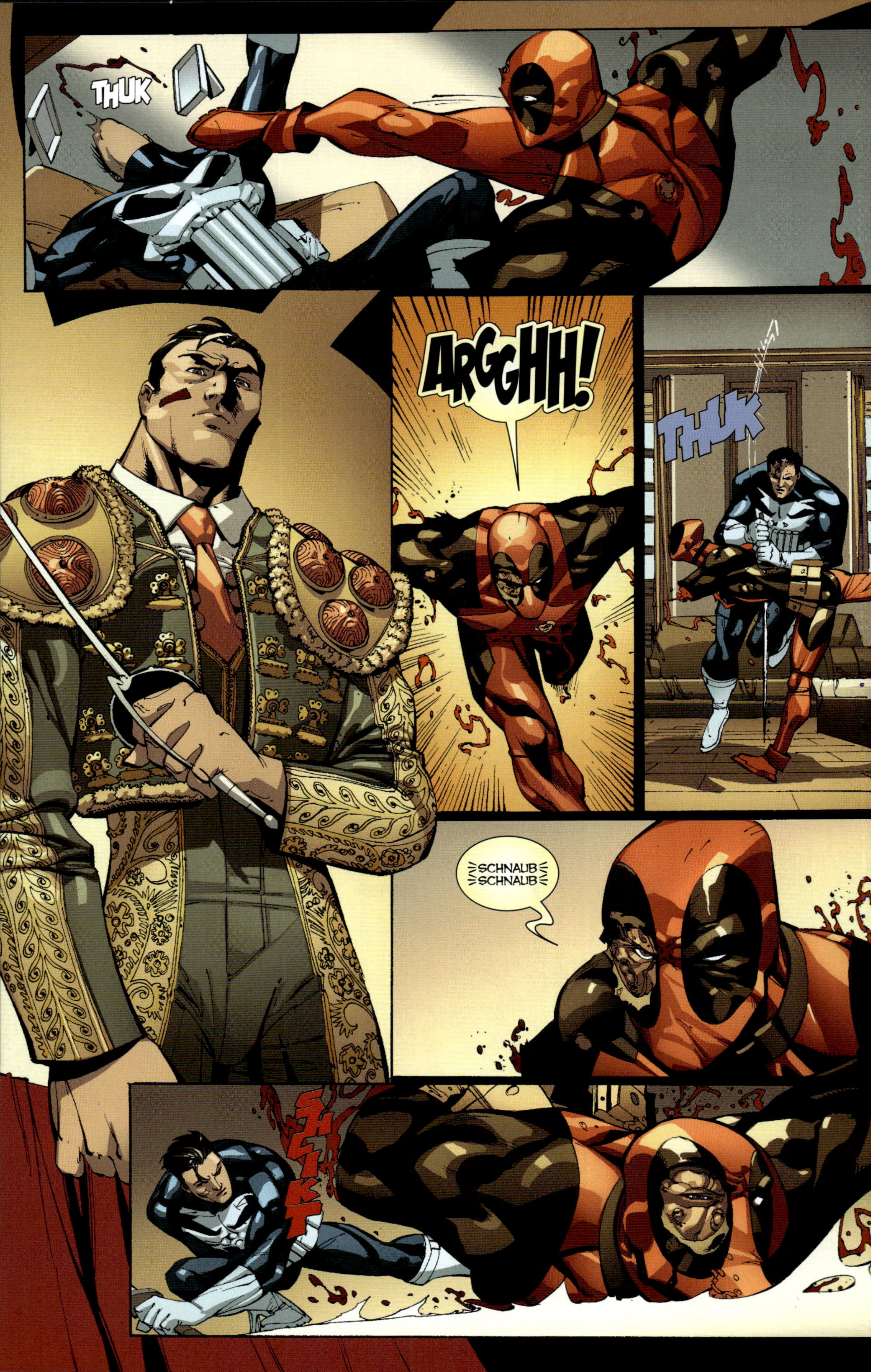
THUK
ARGGHH!
THUK
SCHNAUB
SCHNAUB
SHLIKT

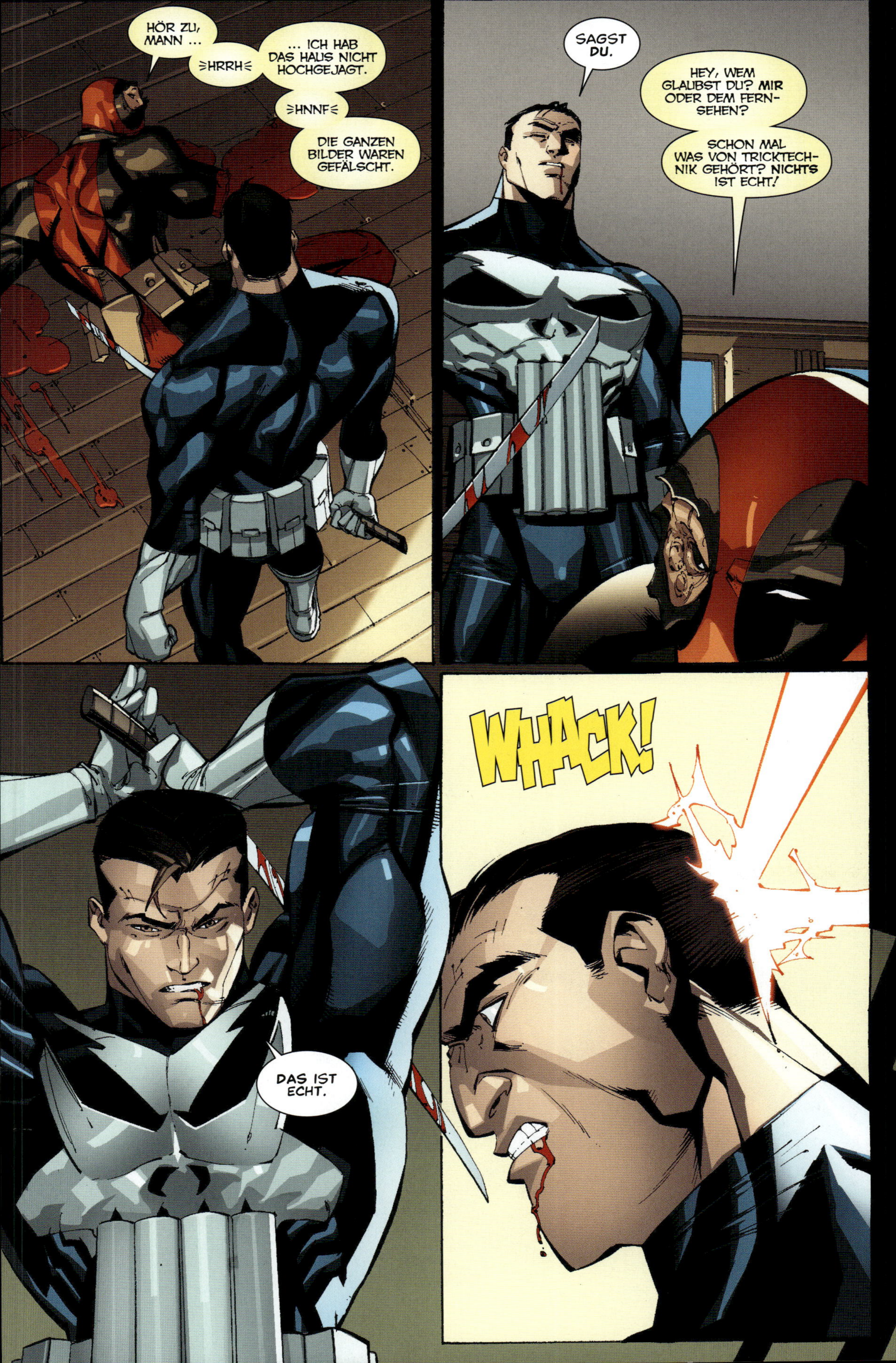
HÖR ZU, MANN ...
≥HRRH≤
... ICH HAB DAS HAUS NICHT HOCHGEJAGT.
≥HNNF≤
DIE GANZEN BILDER WAREN GEFÄLSCHT.
SAGST DU.
HEY, WEM GLAUBST DU? MIR ODER DEM FERNSEHEN?
SCHON MAL WAS VON TRICKTECHNIK GEHÖRT? NICHTS IST ECHT!
DAS IST ECHT.
WHACK!

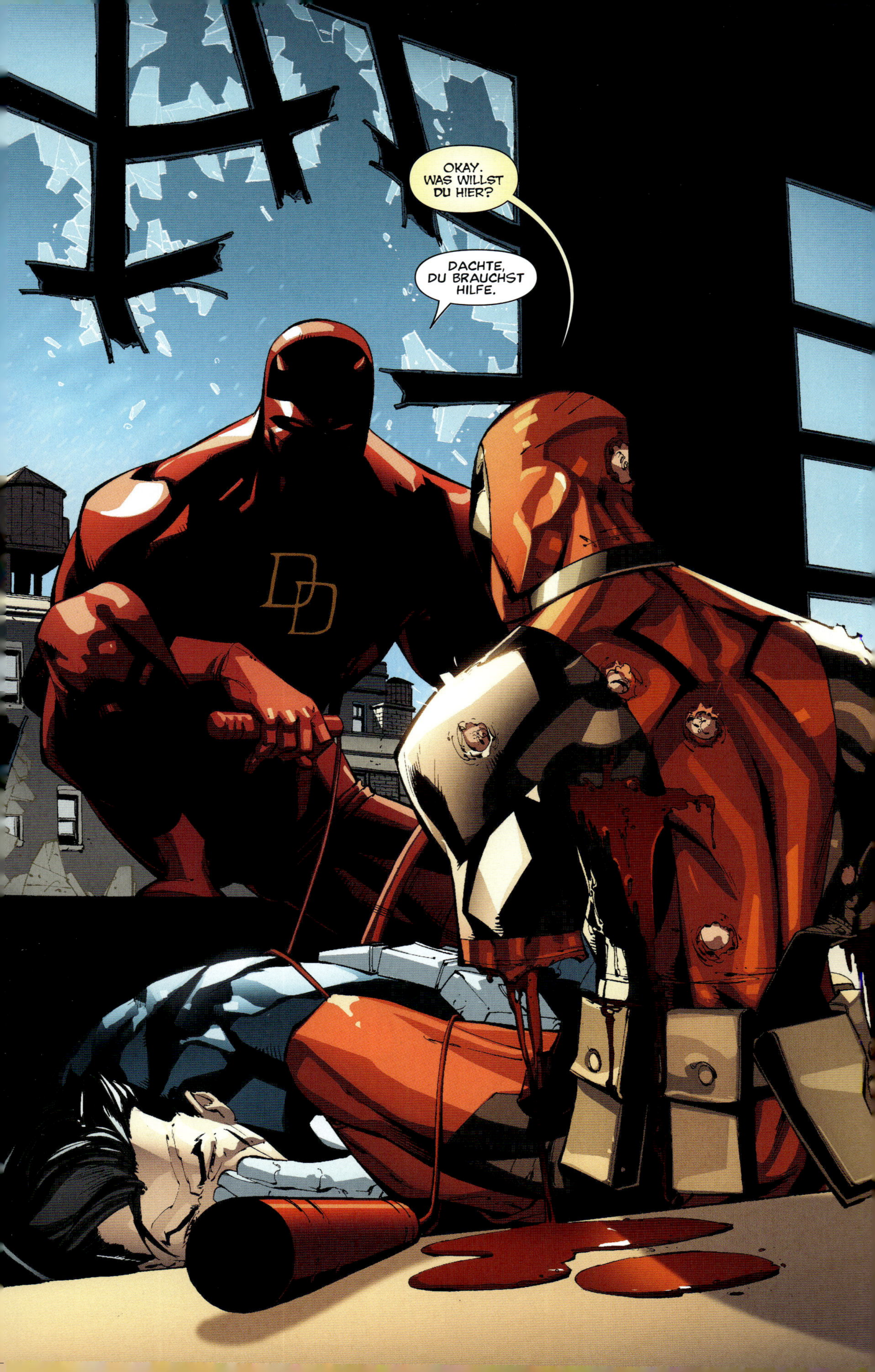
OKAY. WAS WILLST DU HIER?
DACHTE, DU BRAUCHST HILFE.

DIE WETTE, TEIL 3

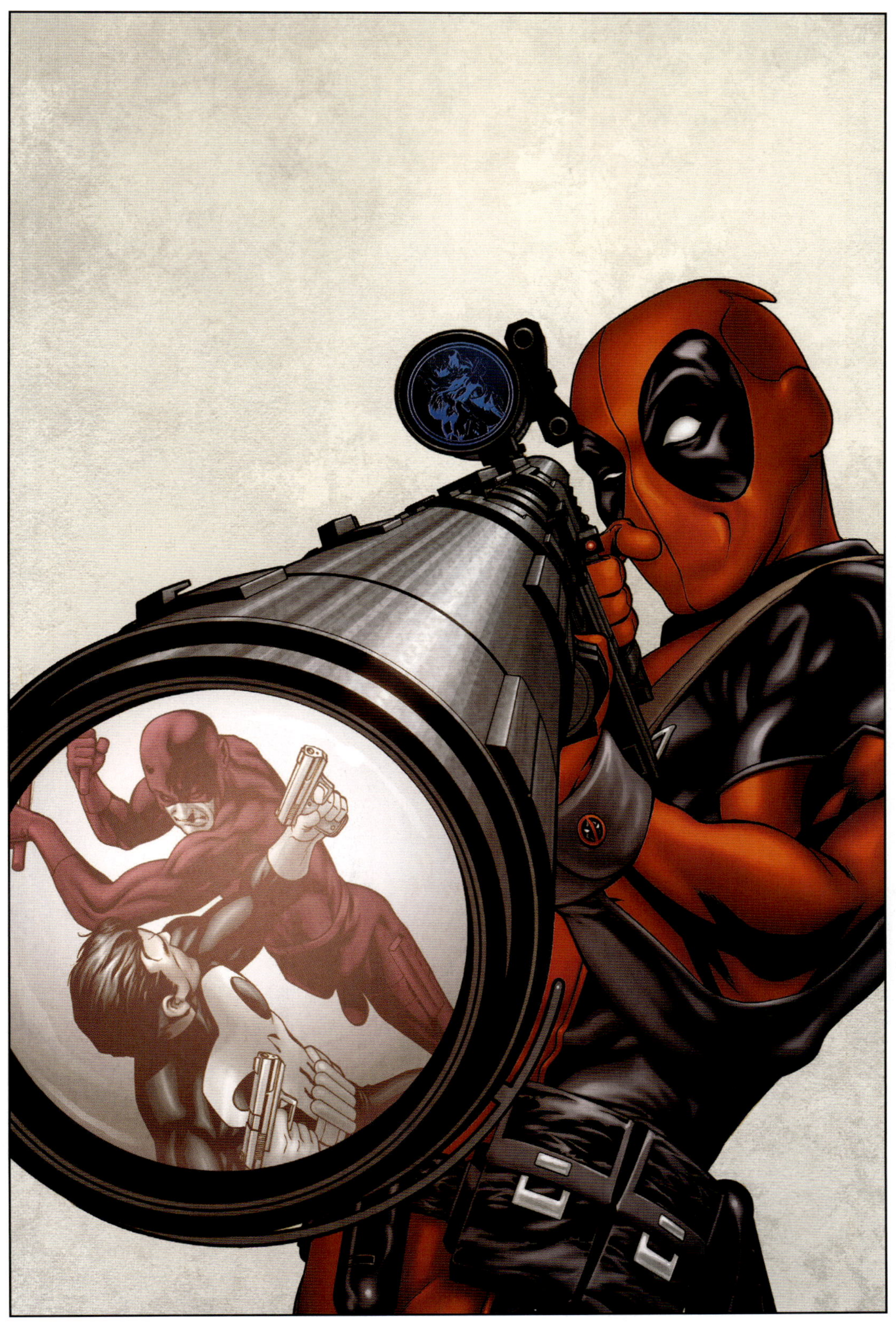

Deadpool: Suicide Kings (2009) 3
Cover von **MIKE McKONE**

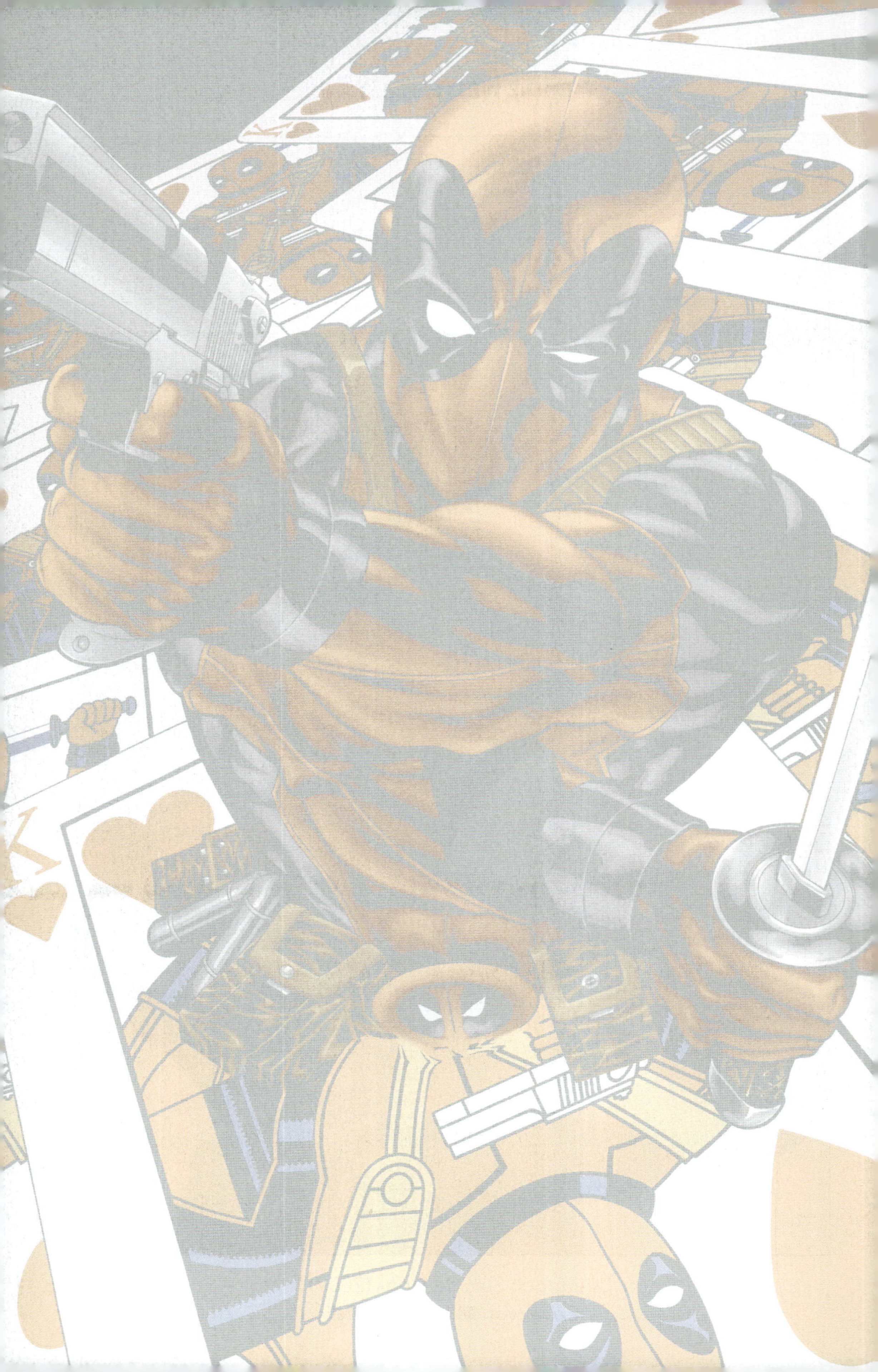

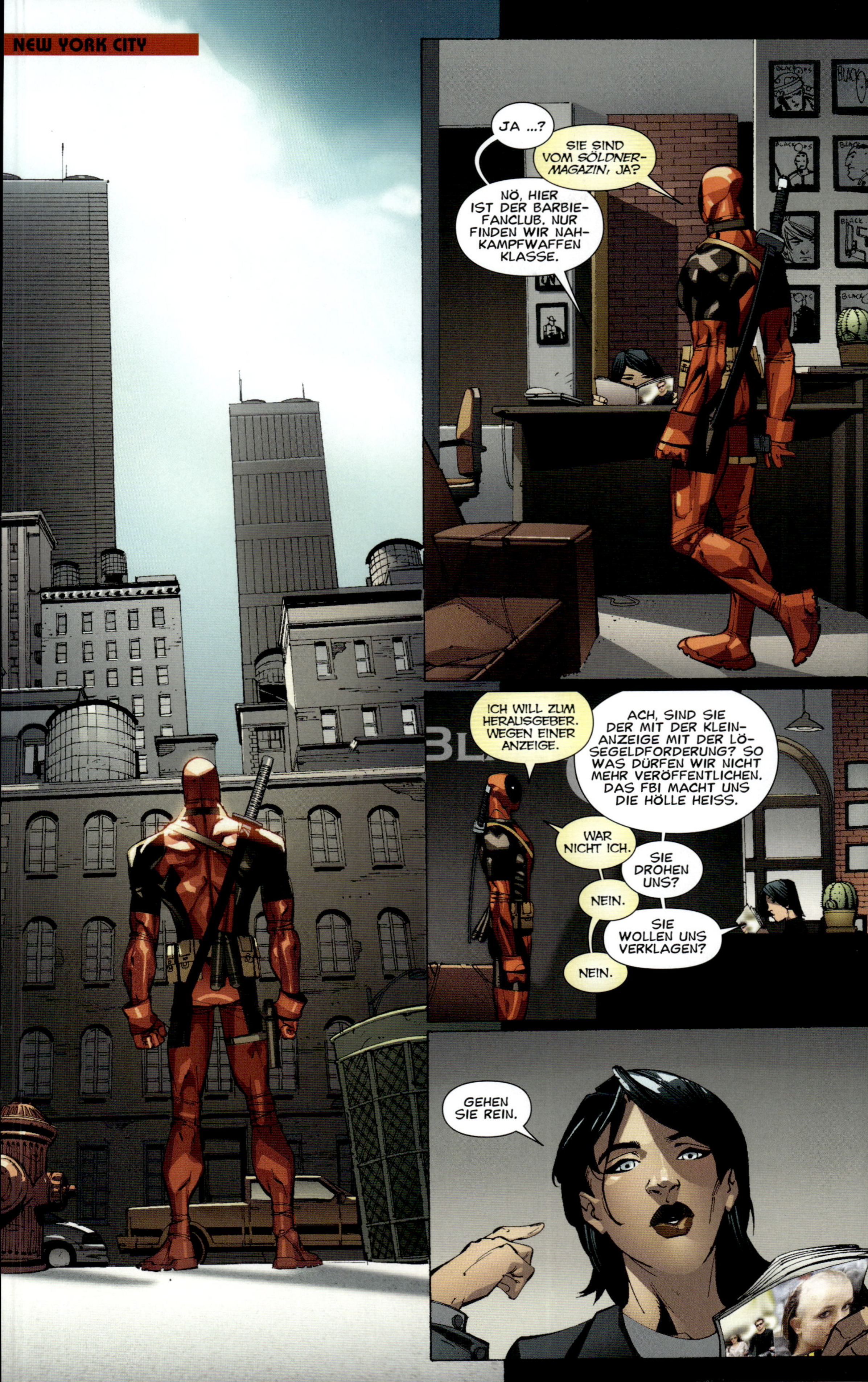

NEW YORK CITY
JA ...?
SIE SIND VOM SÖLDNER-MAGAZIN, JA?
NÖ, HIER IST DER BARBIE-FANCLUB. NUR FINDEN WIR NAH-KAMPFWAFFEN KLASSE.
ICH WILL ZUM HERAUSGEBER. WEGEN EINER ANZEIGE.
ACH, SIND SIE DER MIT DER KLEIN-ANZEIGE MIT DER LÖ-SEGELDFORDERUNG? SO WAS DÜRFEN WIR NICHT MEHR VERÖFFENTLICHEN. DAS FBI MACHT UNS DIE HÖLLE HEISS.
WAR NICHT ICH.
SIE DROHEN UNS?
NEIN.
SIE WOLLEN UNS VERKLAGEN?
NEIN.
GEHEN SIE REIN.

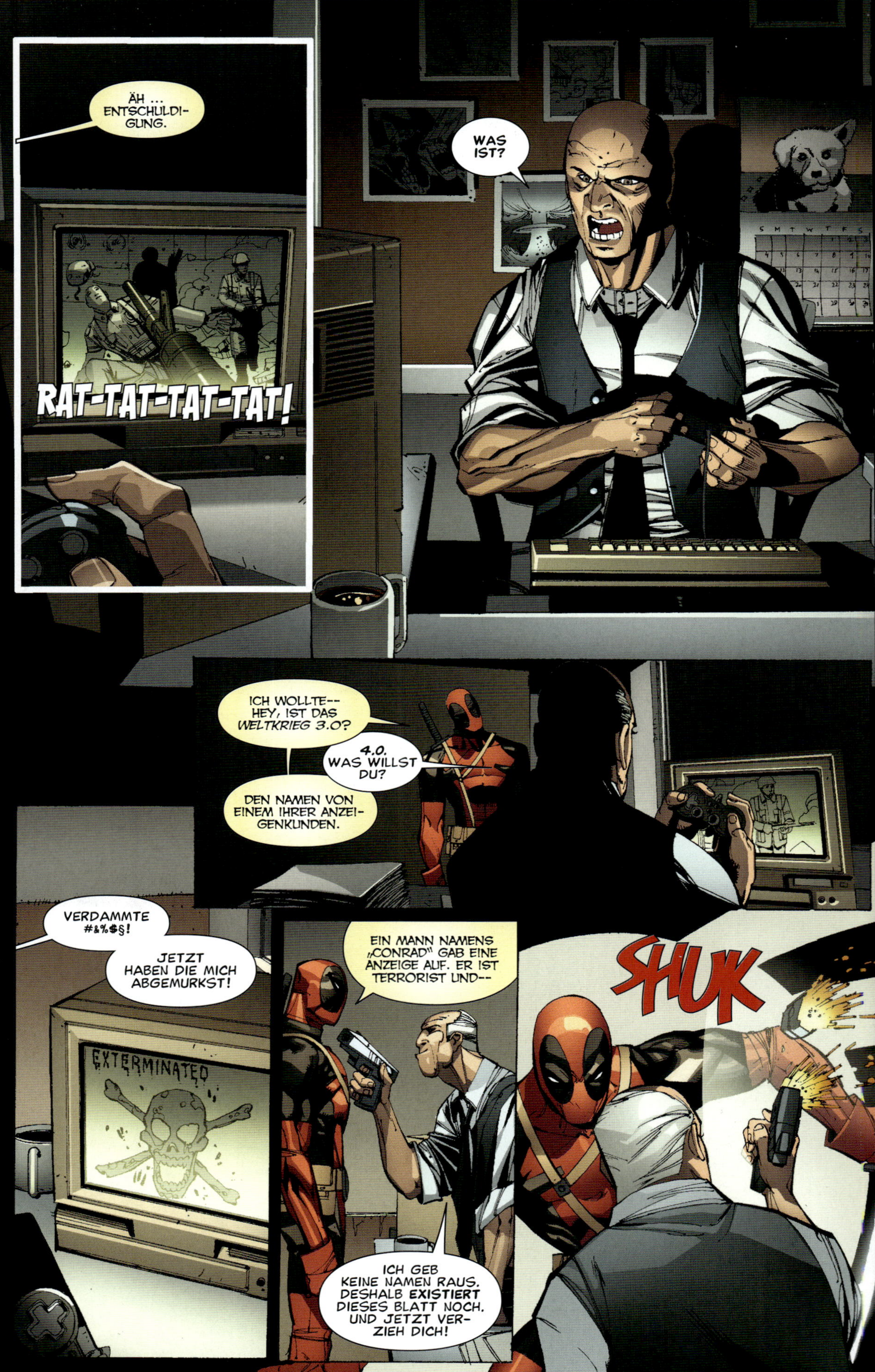
ÄH ... ENTSCHULDI-GUNG.
WAS IST?
RAT-TAT-TAT-TAT!
ICH WOLLTE-- HEY, IST DAS WELTKRIEG 3.0?
4.0. WAS WILLST DU?
DEN NAMEN VON EINEM IHRER ANZEI-GENKUNDEN.
VERDAMMTE #&%$§!
JETZT HABEN DIE MICH ABGEMURKST!
EXTERMINATED
EIN MANN NAMENS „CONRAD" GAB EINE ANZEIGE AUF. ER IST TERRORIST UND--
ICH GEB KEINE NAMEN RAUS. DESHALB EXISTIERT DIESES BLATT NOCH. UND JETZT VER-ZIEH DICH!
SHUK

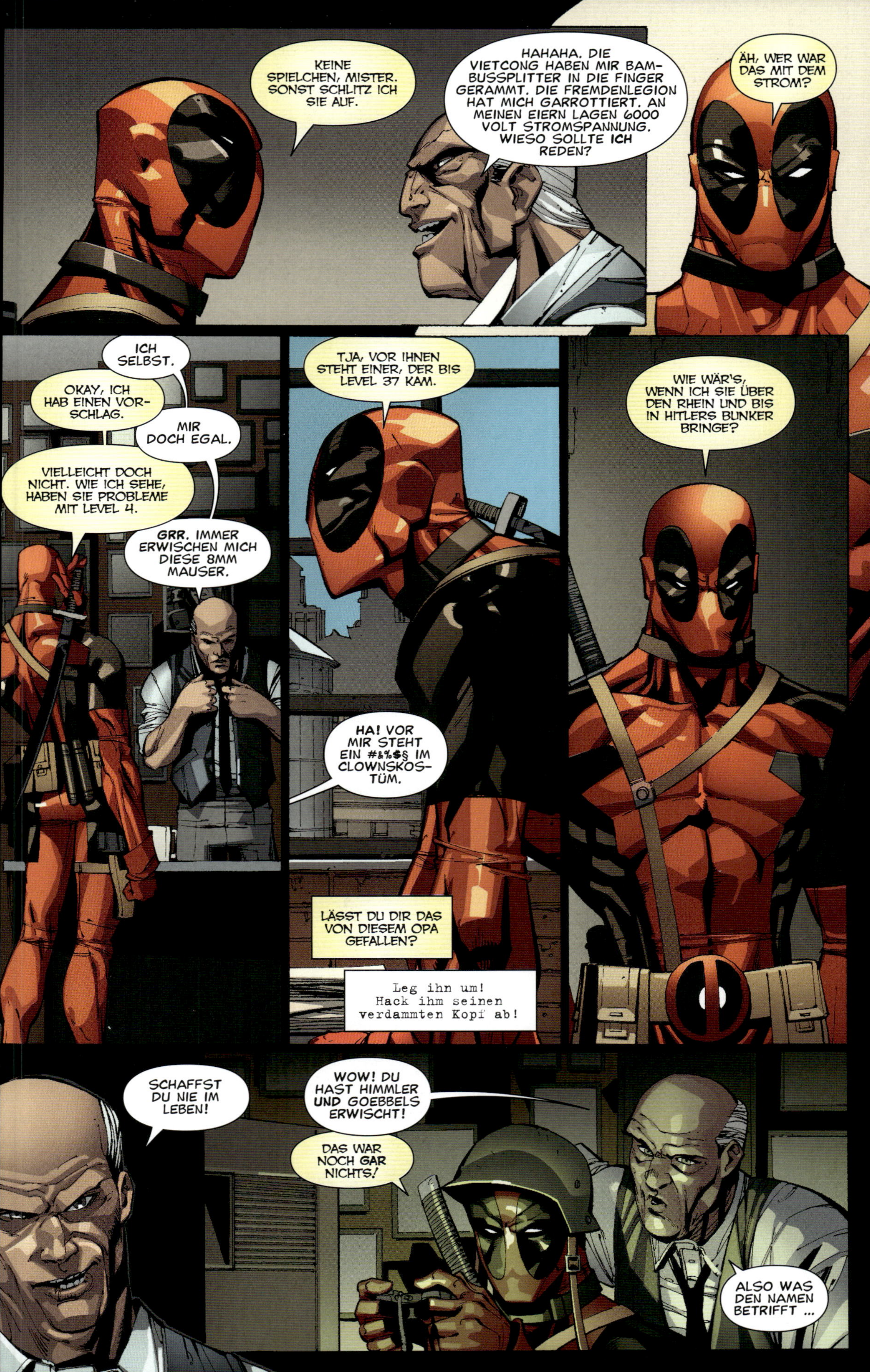

KEINE SPIELCHEN, MISTER. SONST SCHLITZ ICH SIE AUF.
HAHAHA. DIE VIETCONG HABEN MIR BAMBUSSPLITTER IN DIE FINGER GERAMMT. DIE FREMDENLEGION HAT MICH GARROTTIERT. AN MEINEN EIERN LAGEN 6000 VOLT STROMSPANNUNG. WIESO SOLLTE ICH REDEN?
ÄH, WER WAR DAS MIT DEM STROM?
ICH SELBST.
OKAY, ICH HAB EINEN VORSCHLAG.
MIR DOCH EGAL.
VIELLEICHT DOCH NICHT. WIE ICH SEHE, HABEN SIE PROBLEME MIT LEVEL 4.
GRR. IMMER ERWISCHEN MICH DIESE 8MM MAUSER.
TJA, VOR IHNEN STEHT EINER, DER BIS LEVEL 37 KAM.
HA! VOR MIR STEHT EIN #&%$§ IM CLOWNSKOSTÜM.
LÄSST DU DIR DAS VON DIESEM OPA GEFALLEN?
Leg ihn um! Hack ihm seinen verdammten Kopf ab!
WIE WÄR'S, WENN ICH SIE ÜBER DEN RHEIN UND BIS IN HITLERS BUNKER BRINGE?
SCHAFFST DU NIE IM LEBEN!
WOW! DU HAST HIMMLER UND GOEBBELS ERWISCHT!
DAS WAR NOCH GAR NICHTS!
ALSO WAS DEN NAMEN BETRIFFT ...

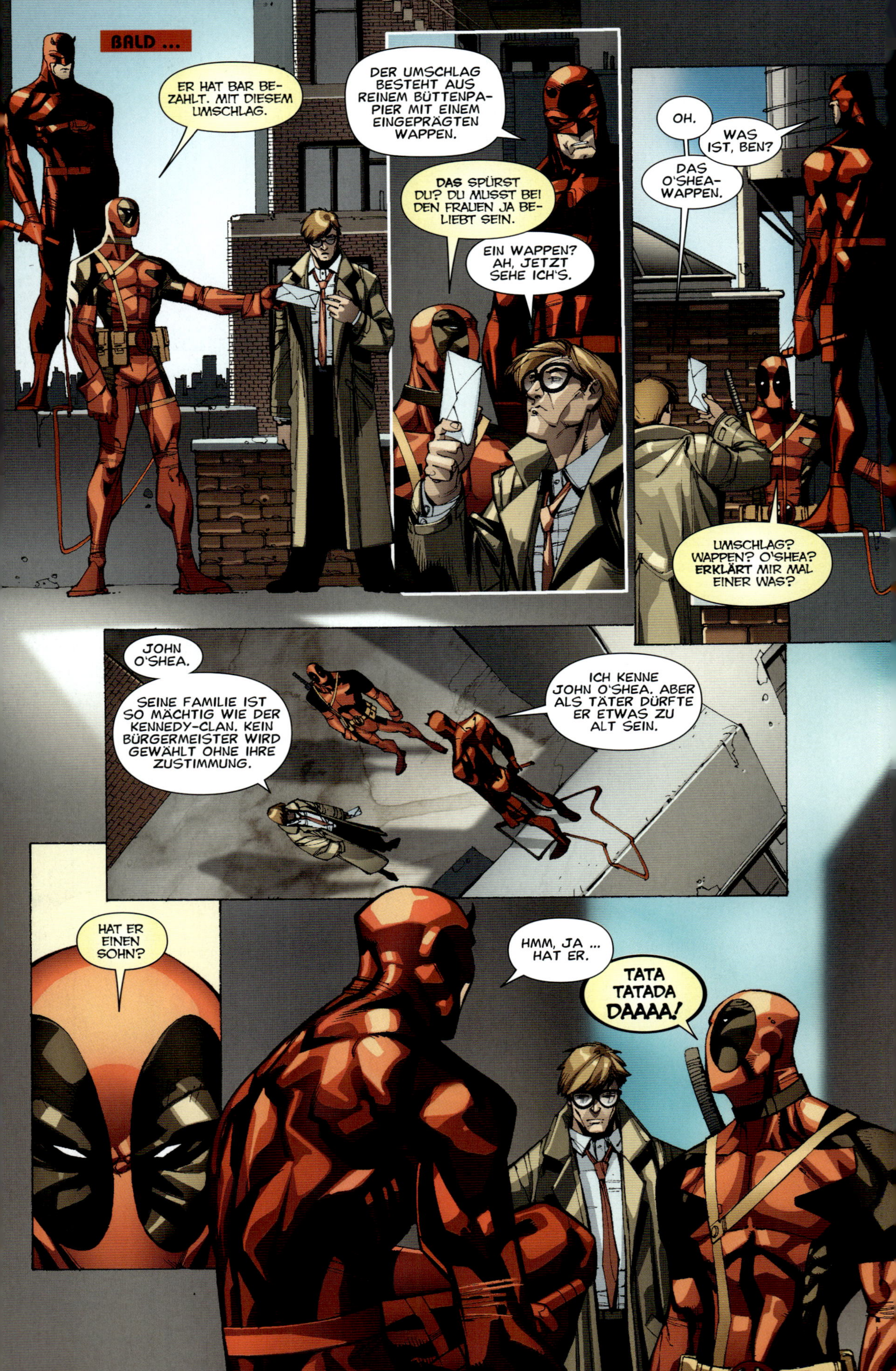
BALD ...
ER HAT BAR BEZAHLT. MIT DIESEM UMSCHLAG.
DER UMSCHLAG BESTEHT AUS REINEM BÜTTENPAPIER MIT EINEM EINGEPRÄGTEN WAPPEN.
DAS SPÜRST DU? DU MUSST BEI DEN FRAUEN JA BELIEBT SEIN.
EIN WAPPEN? AH, JETZT SEHE ICH'S.
OH.
WAS IST, BEN?
DAS O'SHEA-WAPPEN.
UMSCHLAG? WAPPEN? O'SHEA? ERKLÄRT MIR MAL EINER WAS?
JOHN O'SHEA.
SEINE FAMILIE IST SO MÄCHTIG WIE DER KENNEDY-CLAN. KEIN BÜRGERMEISTER WIRD GEWÄHLT OHNE IHRE ZUSTIMMUNG.
ICH KENNE JOHN O'SHEA. ABER ALS TÄTER DÜRFTE ER ETWAS ZU ALT SEIN.
HAT ER EINEN SOHN?
HMM, JA ... HAT ER.
TATA TATADA DAAAA!

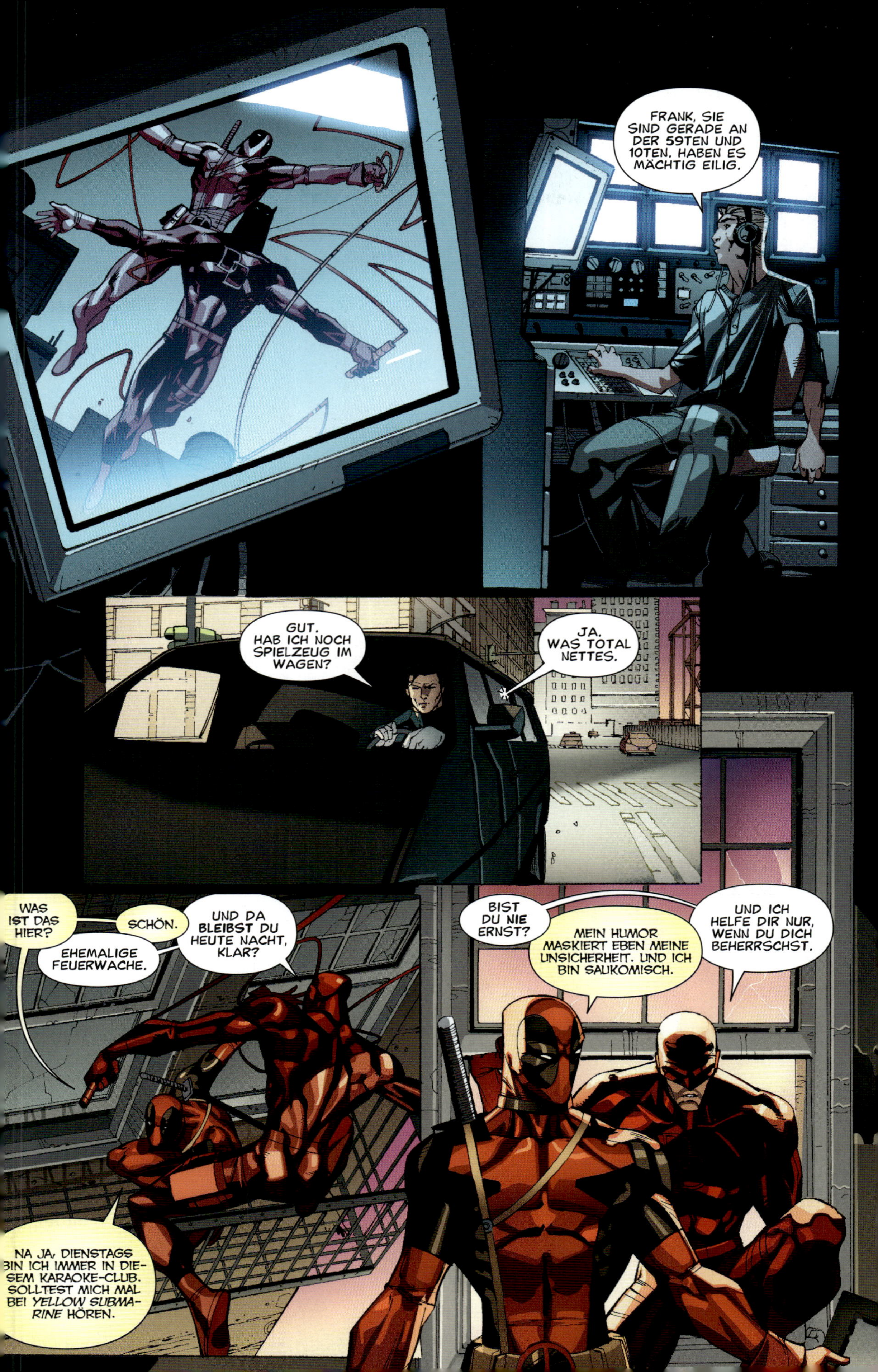
FRANK, SIE SIND GERADE AN DER 59TEN UND 10TEN. HABEN ES MÄCHTIG EILIG.
GUT. HAB ICH NOCH SPIELZEUG IM WAGEN?
JA. WAS TOTAL NETTES.
WAS IST DAS HIER?
SCHÖN.
EHEMALIGE FEUERWACHE.
UND DA BLEIBST DU HEUTE NACHT, KLAR?
NA JA, DIENSTAGS BIN ICH IMMER IN DIESEM KARAOKE-CLUB. SOLLTEST MICH MAL BEI *YELLOW SUBMARINE* HÖREN.
BIST DU NIE ERNST?
MEIN HUMOR MASKIERT EBEN MEINE UNSICHERHEIT. UND ICH BIN SAUKOMISCH.
UND ICH HELFE DIR NUR, WENN DU DICH BEHERRSCHST.

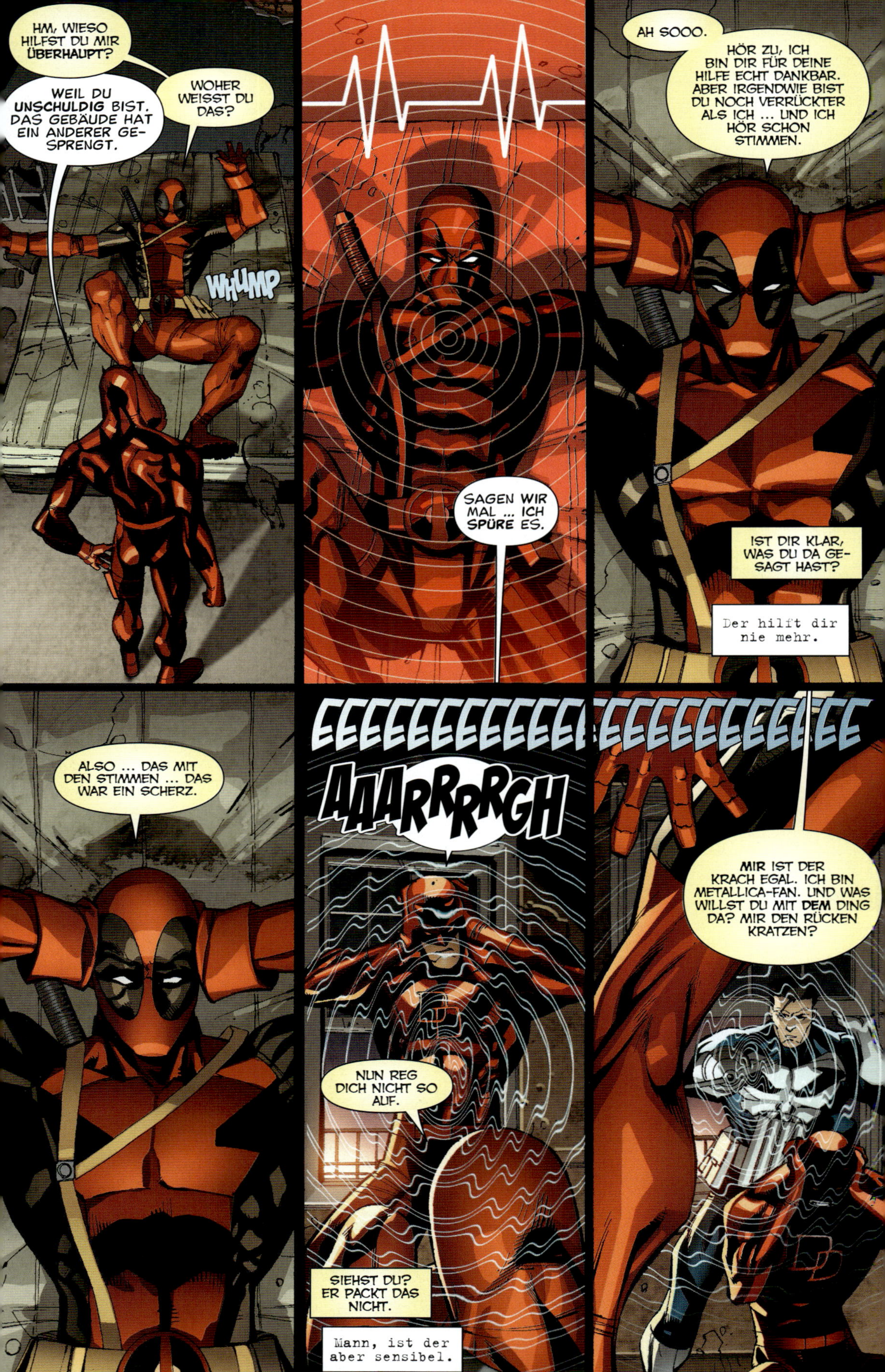
HM, WIESO HILFST DU MIR ÜBERHAUPT?
WEIL DU UNSCHULDIG BIST. DAS GEBÄUDE HAT EIN ANDERER GESPRENGT.
WOHER WEISST DU DAS?
WHUMP
SAGEN WIR MAL ... ICH SPÜRE ES.
AH SOOO.
HÖR ZU, ICH BIN DIR FÜR DEINE HILFE ECHT DANKBAR. ABER IRGENDWIE BIST DU NOCH VERRÜCKTER ALS ICH ... UND ICH HÖR SCHON STIMMEN.
IST DIR KLAR, WAS DU DA GESAGT HAST?
Der hilft dir nie mehr.
ALSO ... DAS MIT DEN STIMMEN ... DAS WAR EIN SCHERZ.
EEEEEEEEEEEEEEEEEEEEEEEEEE
AAARRRRGH
NUN REG DICH NICHT SO AUF.
SIEHST DU? ER PACKT DAS NICHT.
Mann, ist der aber sensibel.
MIR IST DER KRACH EGAL. ICH BIN METALLICA-FAN. UND WAS WILLST DU MIT DEM DING DA? MIR DEN RÜCKEN KRATZEN?

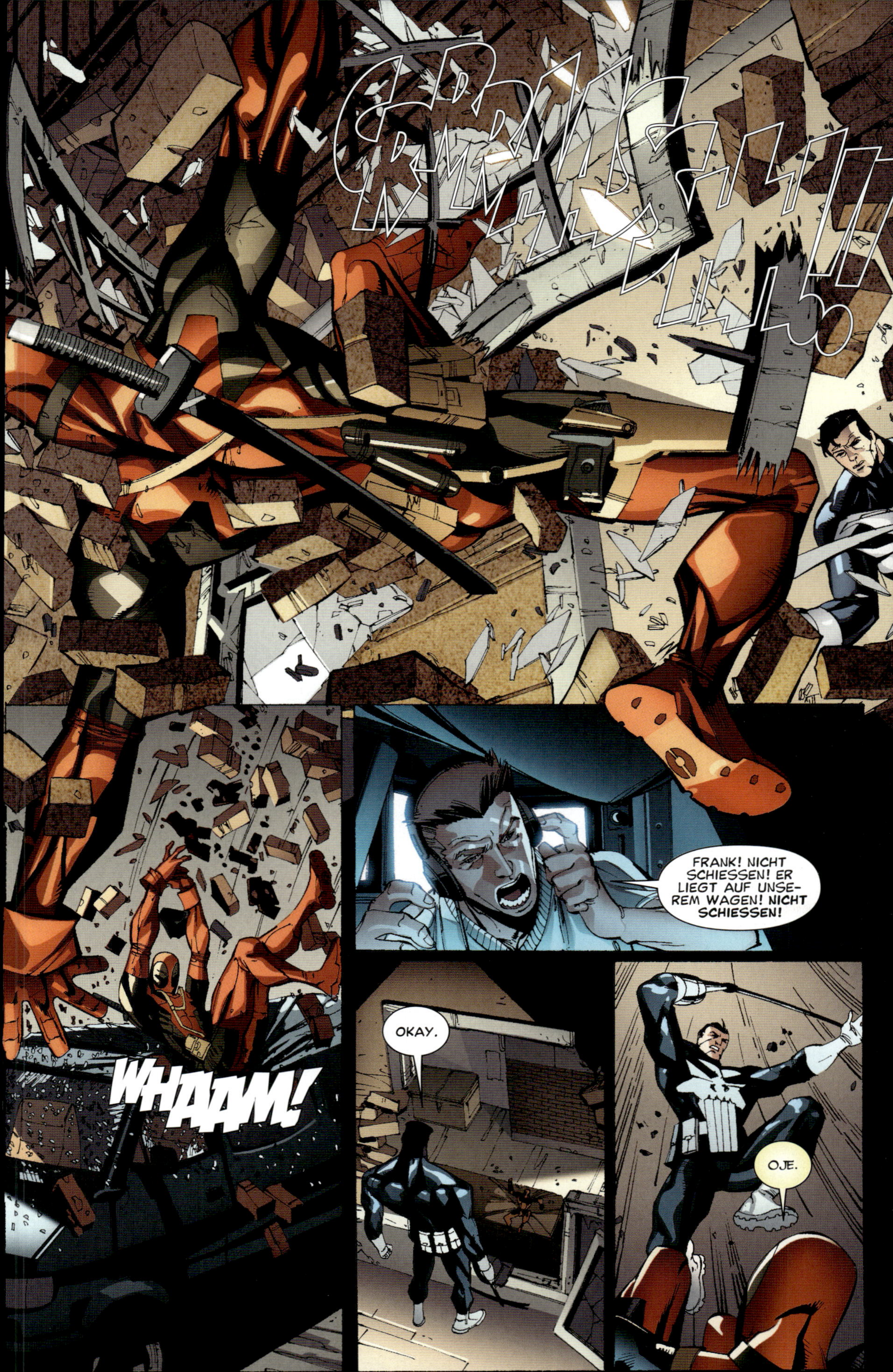
FRANK! NICHT SCHIESSEN! ER LIEGT AUF UNSEREM WAGEN! NICHT SCHIESSEN!
WHAAM!
OKAY.
OJE.

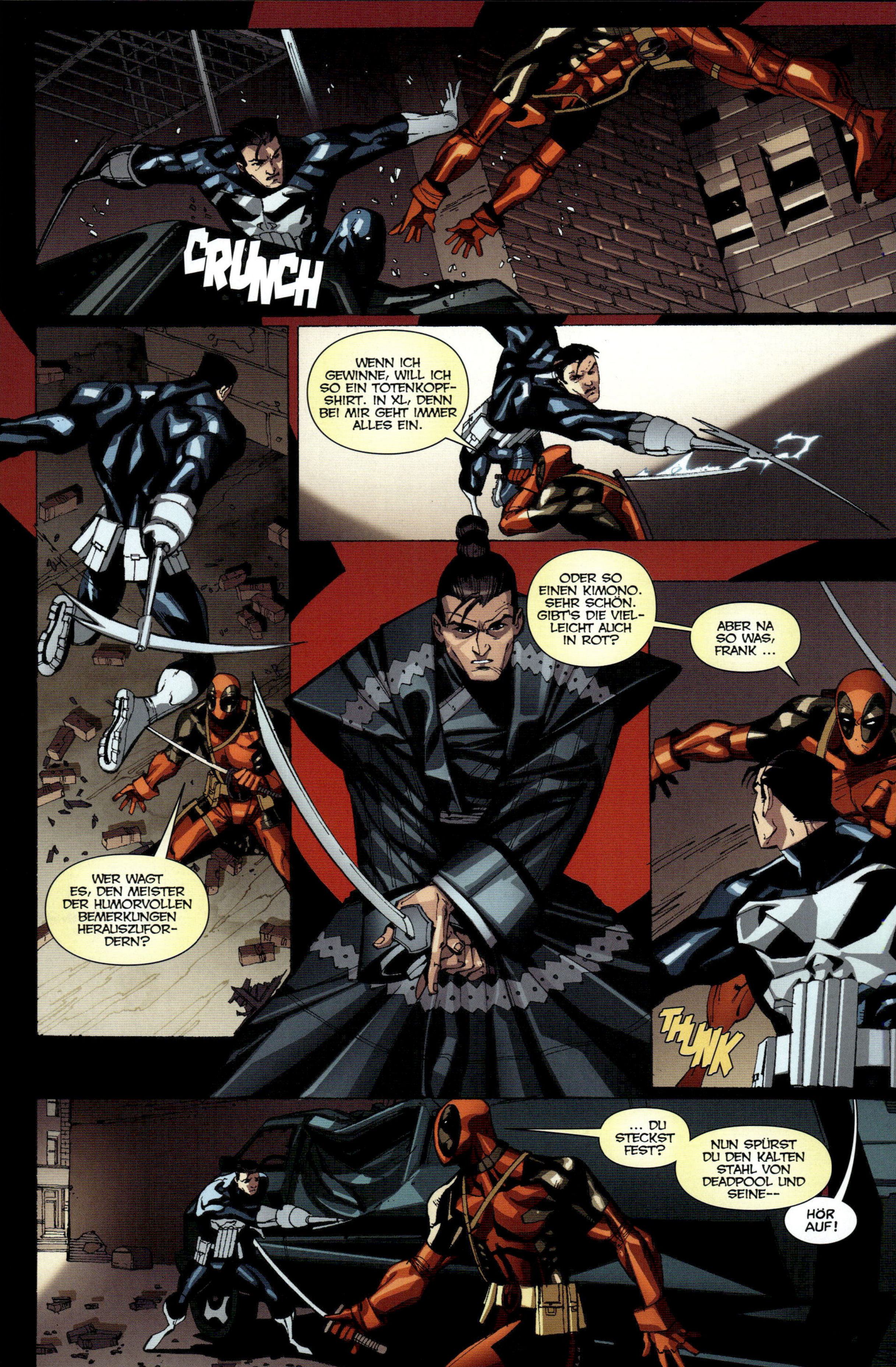
CRUNCH
WENN ICH GEWINNE, WILL ICH SO EIN TOTENKOPF-SHIRT. IN XL, DENN BEI MIR GEHT IMMER ALLES EIN.
WER WAGT ES, DEN MEISTER DER HUMORVOLLEN BEMERKUNGEN HERAUSZUFORDERN?
ODER SO EINEN KIMONO. SEHR SCHÖN. GIBT'S DIE VIELLEICHT AUCH IN ROT?
ABER NA SO WAS, FRANK ...
THUNK
... DU STECKST FEST?
NUN SPÜRST DU DEN KALTEN STAHL VON DEADPOOL UND SEINE--
HÖR AUF!

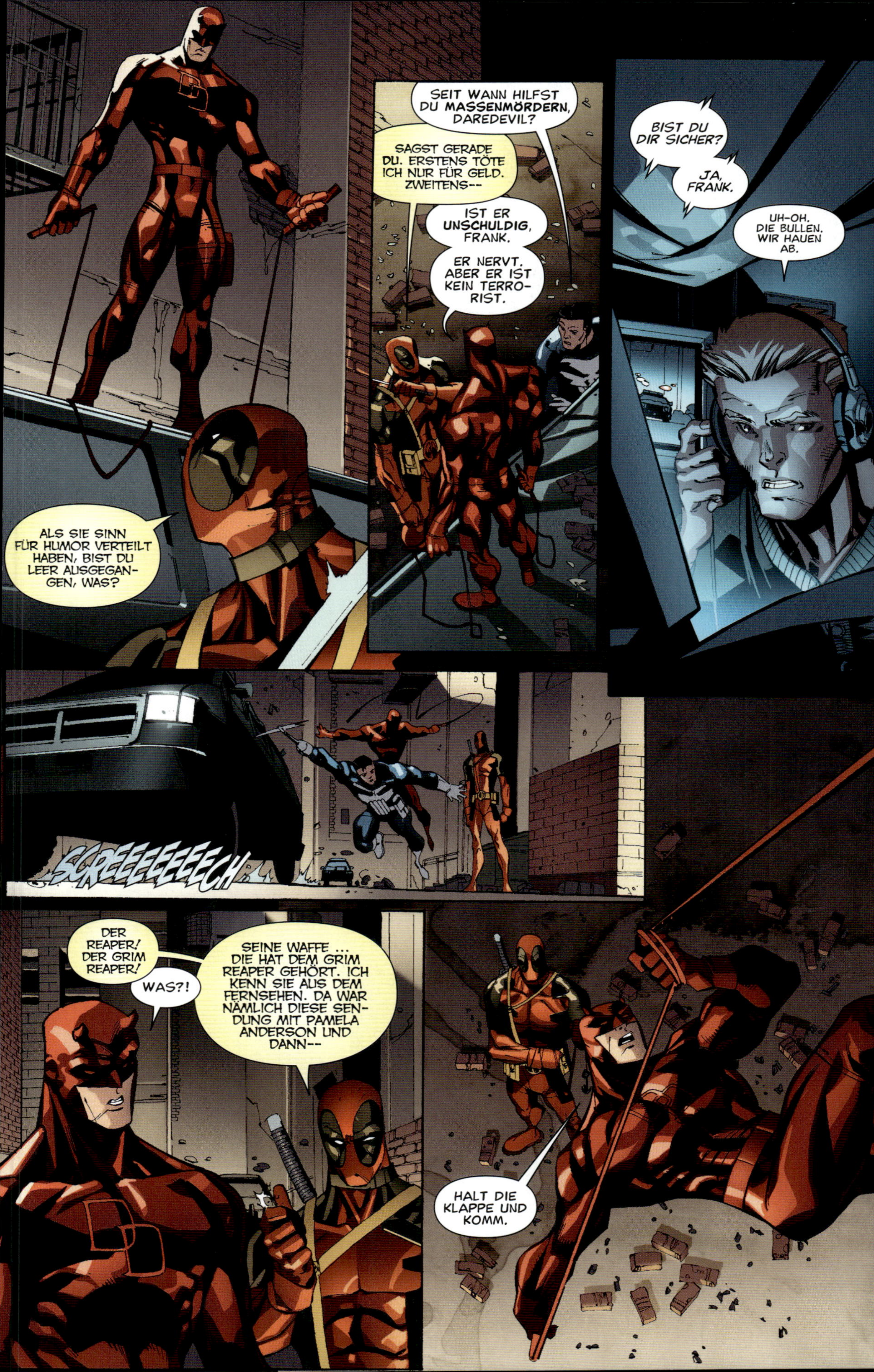
ALS SIE SINN FÜR HUMOR VERTEILT HABEN, BIST DU LEER AUSGEGANGEN, WAS?
SEIT WANN HILFST DU MASSENMÖRDERN, DAREDEVIL?
SAGST GERADE DU. ERSTENS TÖTE ICH NUR FÜR GELD. ZWEITENS--
IST ER UNSCHULDIG, FRANK.
ER NERVT. ABER ER IST KEIN TERRORIST.
BIST DU DIR SICHER?
JA, FRANK.
UH-OH. DIE BULLEN. WIR HAUEN AB.
SCREEEEEEEECH
DER REAPER! DER GRIM REAPER!
WAS?!
SEINE WAFFE ... DIE HAT DEM GRIM REAPER GEHÖRT. ICH KENN SIE AUS DEM FERNSEHEN. DA WAR NÄMLICH DIESE SENDUNG MIT PAMELA ANDERSON UND DANN--
HALT DIE KLAPPE UND KOMM.

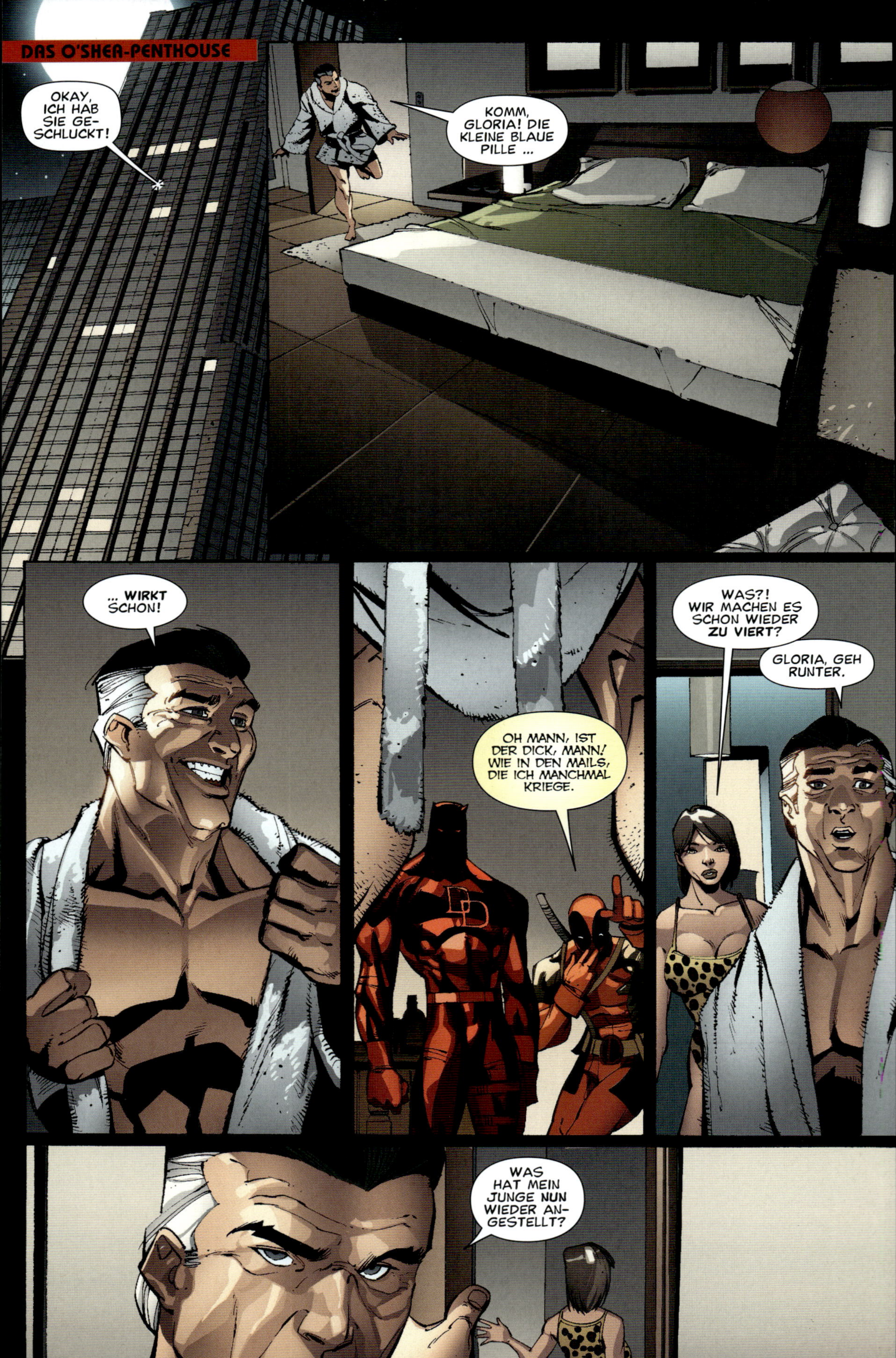
DAS O'SHEA-PENTHOUSE
OKAY, ICH HAB SIE GE-SCHLUCKT!
KOMM, GLORIA! DIE KLEINE BLAUE PILLE ...
... WIRKT SCHON!
OH MANN, IST DER DICK, MANN! WIE IN DEN MAILS, DIE ICH MANCHMAL KRIEGE.
WAS?! WIR MACHEN ES SCHON WIEDER ZU VIERT?
GLORIA, GEH RUNTER.
WAS HAT MEIN JUNGE NUN WIEDER AN-GESTELLT?

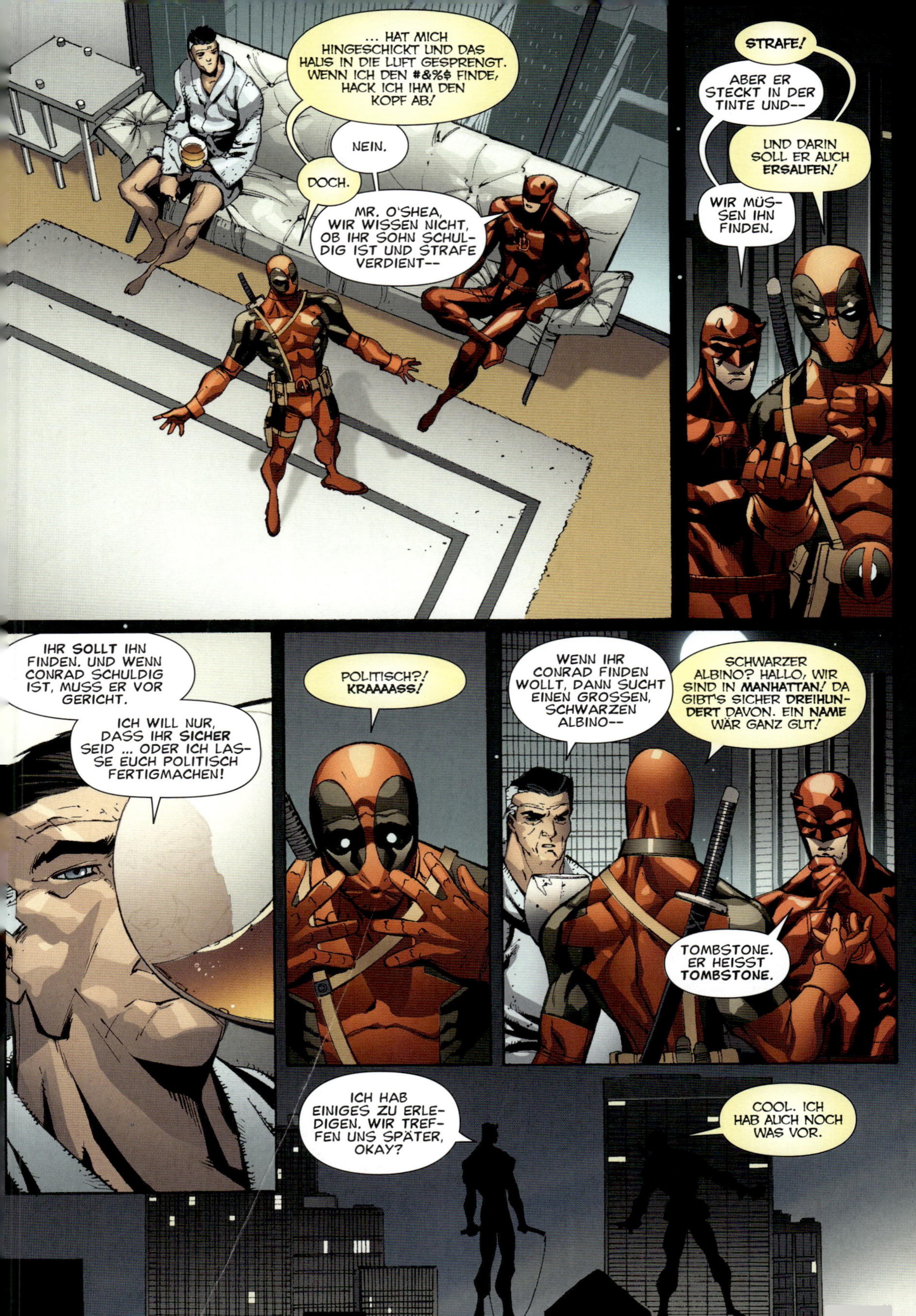

... HAT MICH HINGESCHICKT UND DAS HAUS IN DIE LUFT GESPRENGT. WENN ICH DEN #&%$ FINDE, HACK ICH IHM DEN KOPF AB!
NEIN.
DOCH.
MR. O'SHEA, WIR WISSEN NICHT, OB IHR SOHN SCHULDIG IST UND STRAFE VERDIENT--
STRAFE!
ABER ER STECKT IN DER TINTE UND--
UND DARIN SOLL ER AUCH ERSAUFEN!
WIR MÜSSEN IHN FINDEN.
IHR SOLLT IHN FINDEN. UND WENN CONRAD SCHULDIG IST, MUSS ER VOR GERICHT.
ICH WILL NUR, DASS IHR SICHER SEID ... ODER ICH LASSE EUCH POLITISCH FERTIGMACHEN!
POLITISCH?! KRAAAASS!
WENN IHR CONRAD FINDEN WOLLT, DANN SUCHT EINEN GROSSEN, SCHWARZEN ALBINO--
SCHWARZER ALBINO? HALLO, WIR SIND IN MANHATTAN! DA GIBT'S SICHER DREIHUNDERT DAVON. EIN NAME WÄR GANZ GUT!
TOMBSTONE. ER HEISST TOMBSTONE.
ICH HAB EINIGES ZU ERLEDIGEN. WIR TREFFEN UNS SPÄTER, OKAY?
COOL. ICH HAB AUCH NOCH WAS VOR.

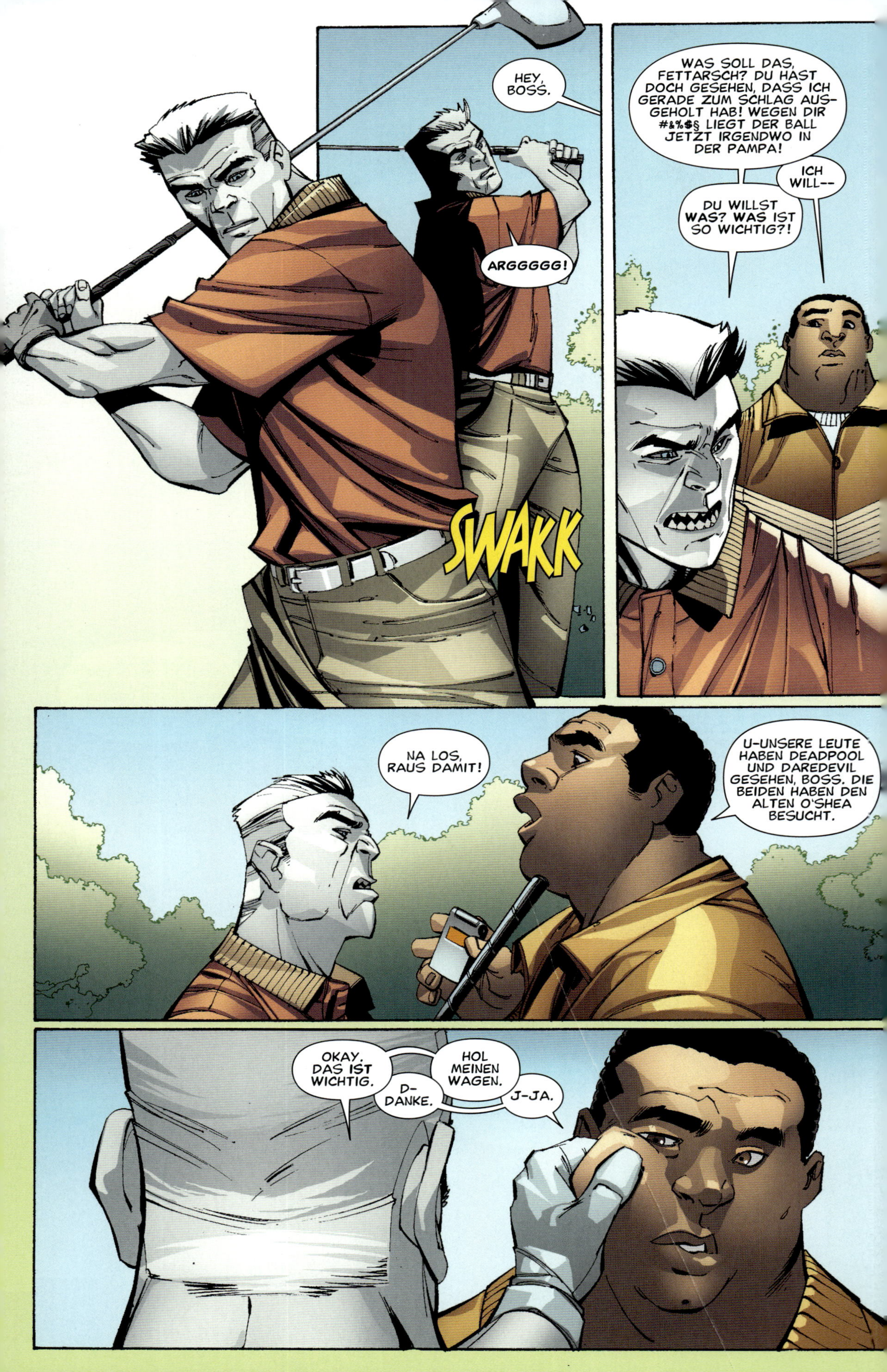
HEY, BOSS.
ARGGGGG!
SWAKK
WAS SOLL DAS, FETTARSCH? DU HAST DOCH GESEHEN, DASS ICH GERADE ZUM SCHLAG AUS-GEHOLT HAB! WEGEN DIR #&%$§ LIEGT DER BALL JETZT IRGENDWO IN DER PAMPA!
ICH WILL--
DU WILLST WAS? WAS IST SO WICHTIG?!
NA LOS, RAUS DAMIT!
U-UNSERE LEUTE HABEN DEADPOOL UND DAREDEVIL GESEHEN, BOSS. DIE BEIDEN HABEN DEN ALTEN O'SHEA BESUCHT.
OKAY. DAS IST WICHTIG.
D-DANKE.
HOL MEINEN WAGEN.
J-JA.

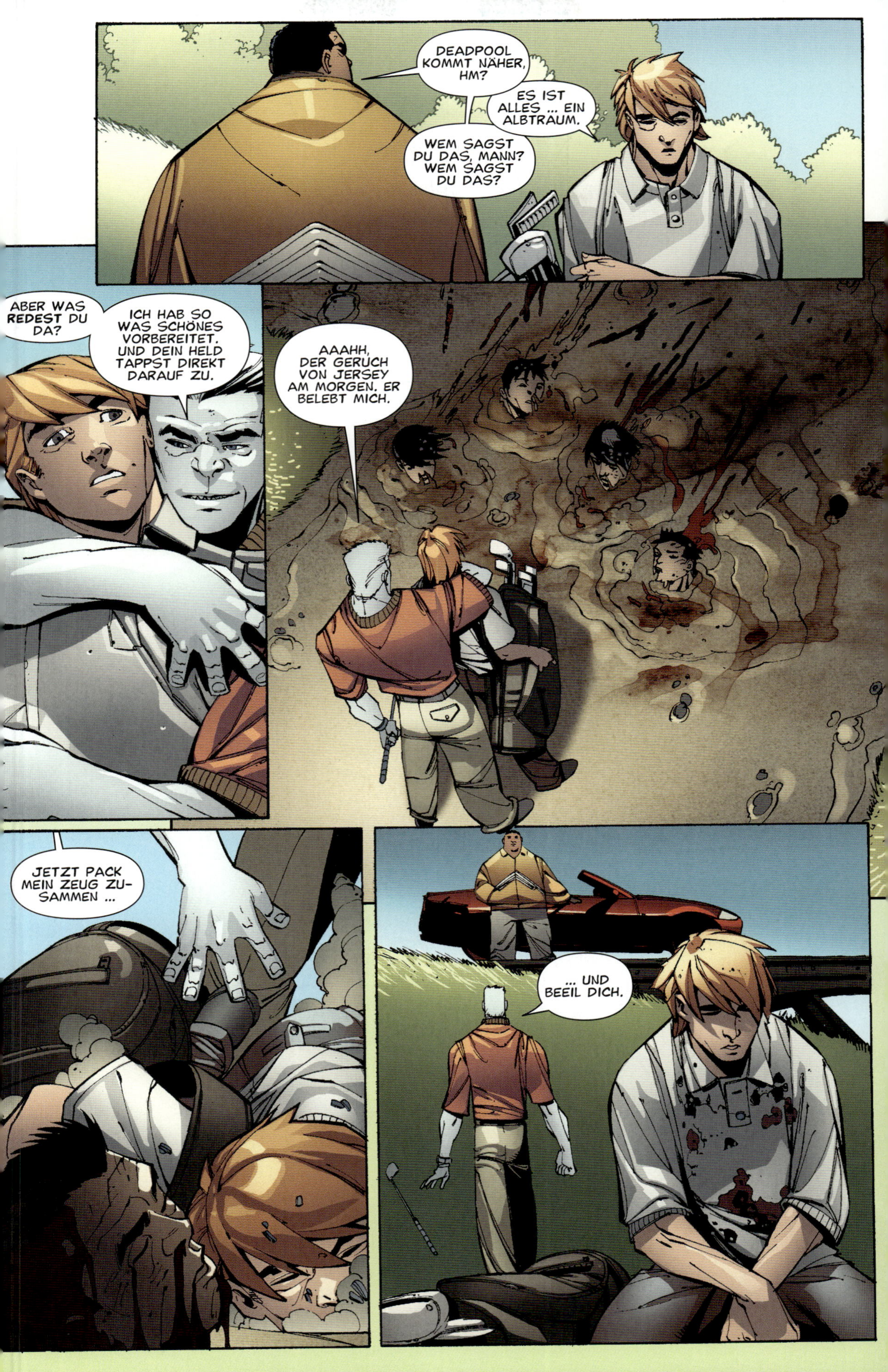
DEADPOOL KOMMT NÄHER, HM?
ES IST ALLES ... EIN ALBTRAUM.
WEM SAGST DU DAS, MANN? WEM SAGST DU DAS?
ABER WAS REDEST DU DA?
ICH HAB SO WAS SCHÖNES VORBEREITET. UND DEIN HELD TAPPST DIREKT DARAUF ZU.
AAAHH, DER GERUCH VON JERSEY AM MORGEN. ER BELEBT MICH.
JETZT PACK MEIN ZEUG ZU-SAMMEN ...
... UND BEEIL DICH.

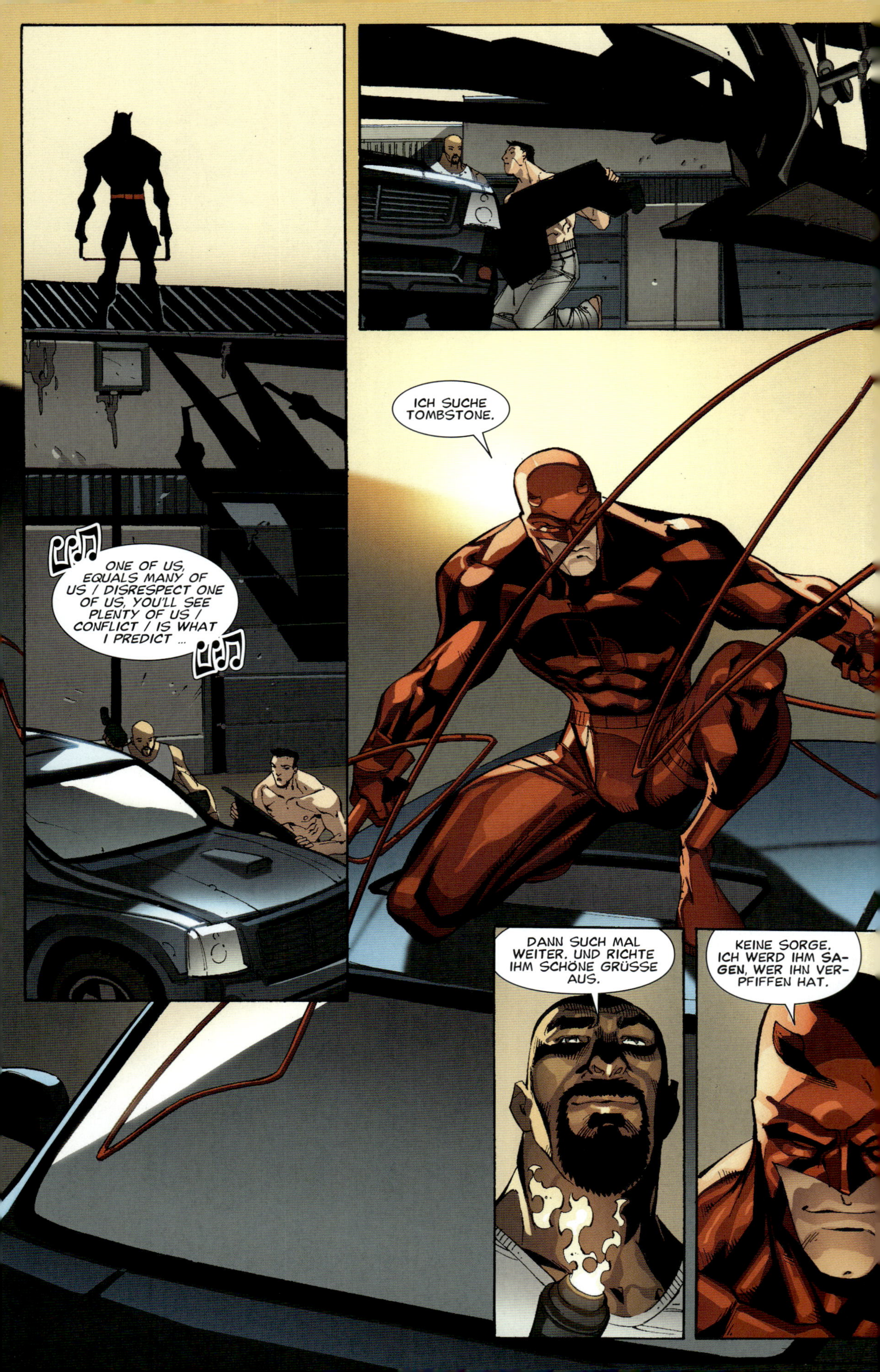

ONE OF US, EQUALS MANY OF US / DISRESPECT ONE OF US, YOU'LL SEE PLENTY OF US / CONFLICT / IS WHAT I PREDICT ...
ICH SUCHE TOMBSTONE.
DANN SUCH MAL WEITER. UND RICHTE IHM SCHÖNE GRÜSSE AUS.
KEINE SORGE. ICH WERD IHM SAGEN, WER IHN VERPFIFFEN HAT.

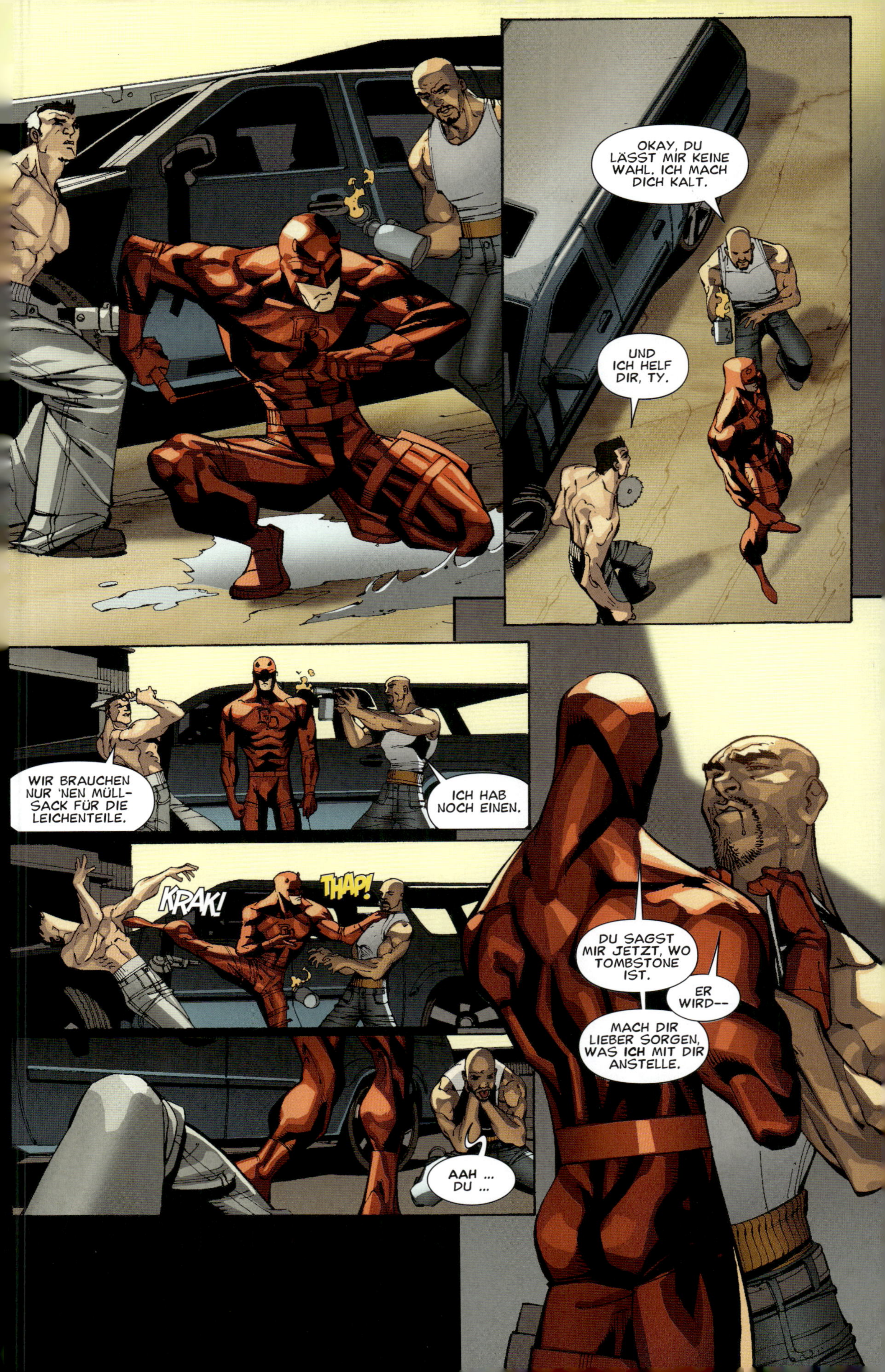
OKAY, DU LÄSST MIR KEINE WAHL. ICH MACH DICH KALT.
UND ICH HELF DIR, TY.
WIR BRAUCHEN NUR 'NEN MÜLL-SACK FÜR DIE LEICHENTEILE.
ICH HAB NOCH EINEN.
KRAK!
THAP!
AAH ... DU ...
DU SAGST MIR JETZT, WO TOMBSTONE IST.
ER WIRD--
MACH DIR LIEBER SORGEN, WAS ICH MIT DIR ANSTELLE.

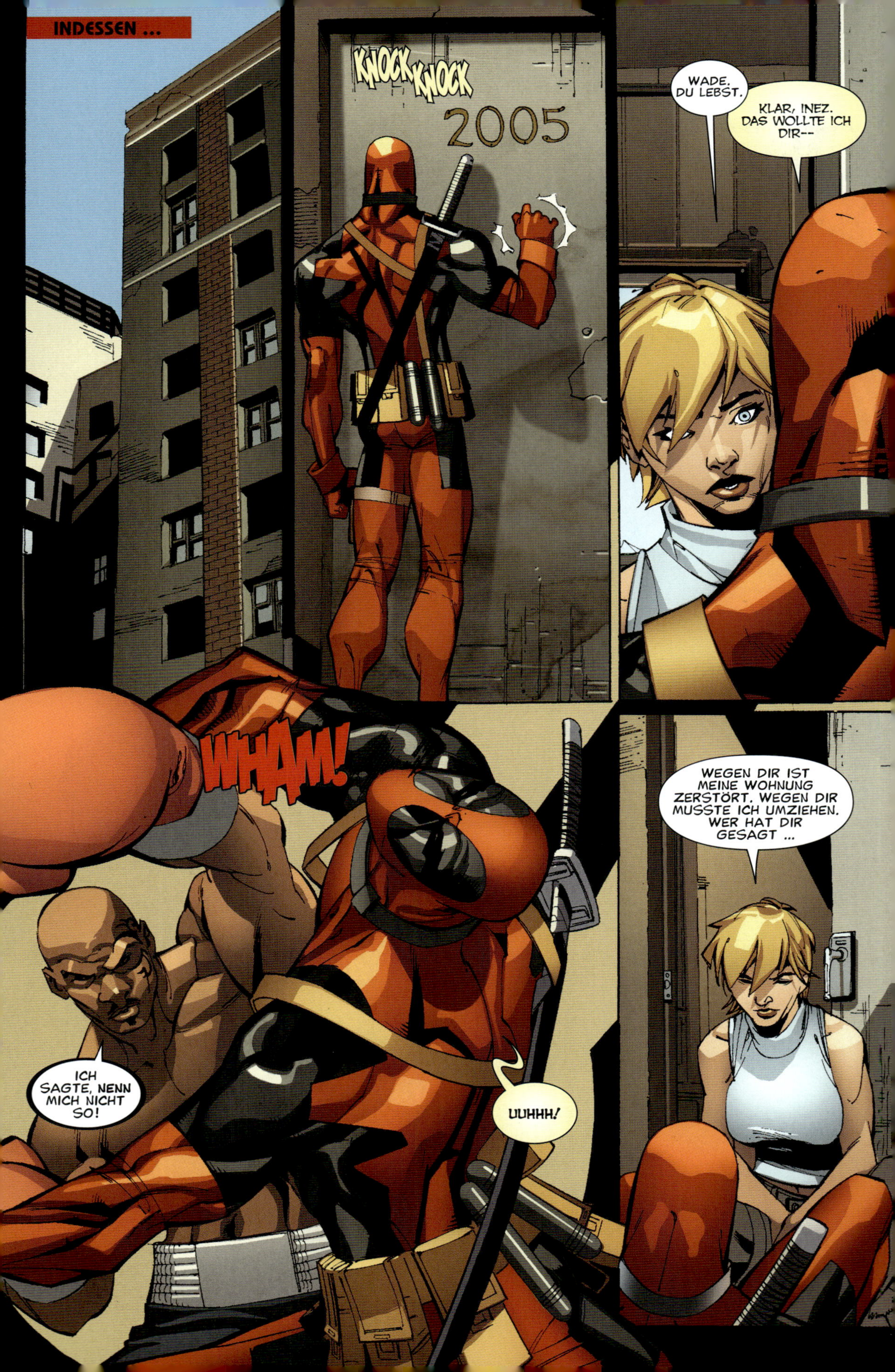
INDESSEN ...
KNOCK KNOCK
2005
WADE. DU LEBST.
KLAR, INEZ. DAS WOLLTE ICH DIR--
WHAM!
ICH SAGTE, NENN MICH NICHT SO!
UUHHH!
WEGEN DIR IST MEINE WOHNUNG ZERSTÖRT. WEGEN DIR MUSSTE ICH UMZIEHEN. WER HAT DIR GESAGT ...

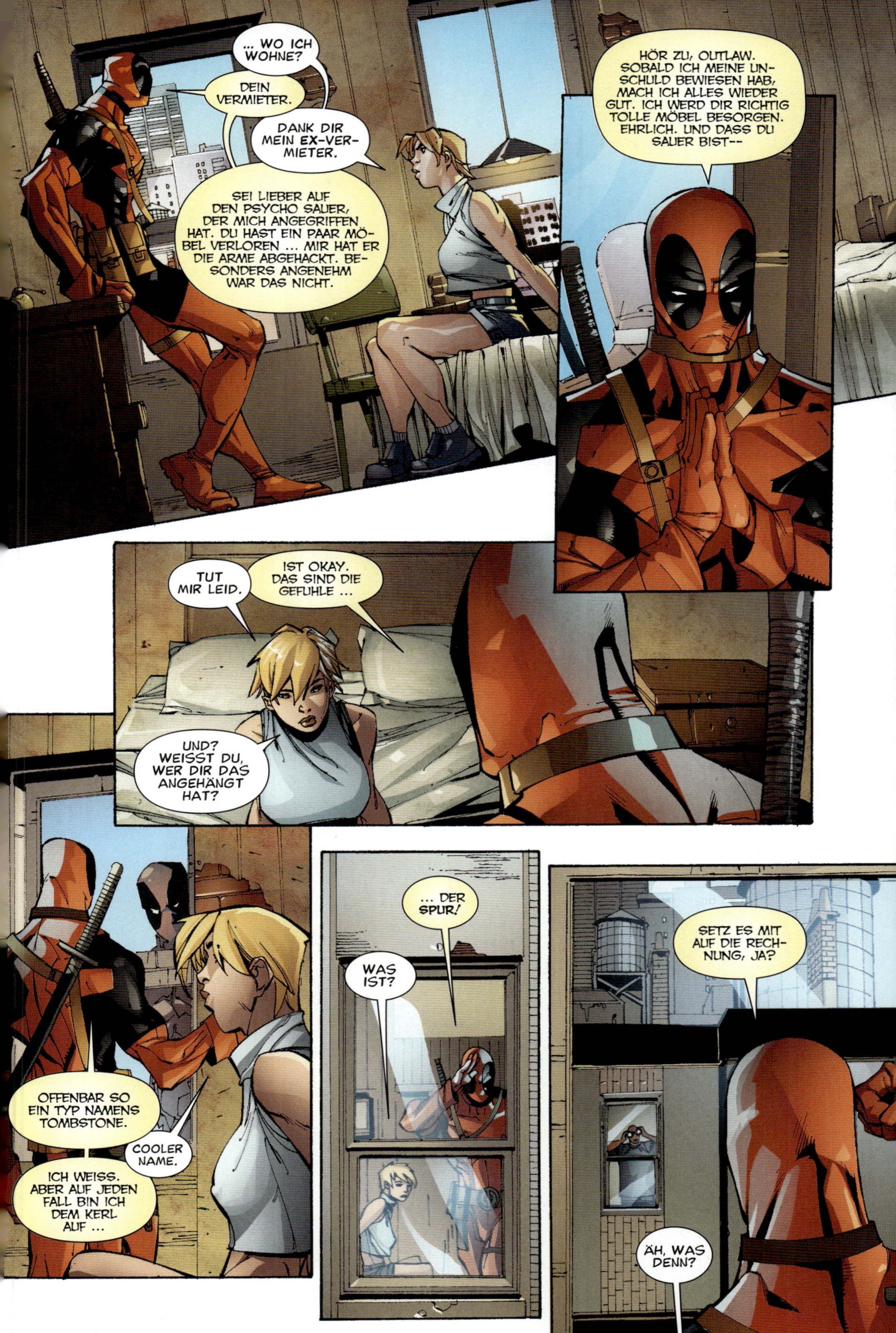
... WO ICH WOHNE?
DEIN VERMIETER.
DANK DIR MEIN EX-VERMIETER.
SEI LIEBER AUF DEN PSYCHO SAUER, DER MICH ANGEGRIFFEN HAT. DU HAST EIN PAAR MÖBEL VERLOREN ... MIR HAT ER DIE ARME ABGEHACKT. BESONDERS ANGENEHM WAR DAS NICHT.
HÖR ZU, OUTLAW. SOBALD ICH MEINE UNSCHULD BEWIESEN HAB, MACH ICH ALLES WIEDER GUT. ICH WERD DIR RICHTIG TOLLE MÖBEL BESORGEN. EHRLICH. UND DASS DU SAUER BIST--
TUT MIR LEID.
IST OKAY. DAS SIND DIE GEFÜHLE ...
UND? WEISST DU, WER DIR DAS ANGEHÄNGT HAT?
OFFENBAR SO EIN TYP NAMENS TOMBSTONE.
COOLER NAME.
ICH WEISS. ABER AUF JEDEN FALL BIN ICH DEM KERL AUF ...
... DER SPUR!
WAS IST?
SETZ ES MIT AUF DIE RECHNUNG, JA?
ÄH, WAS DENN?

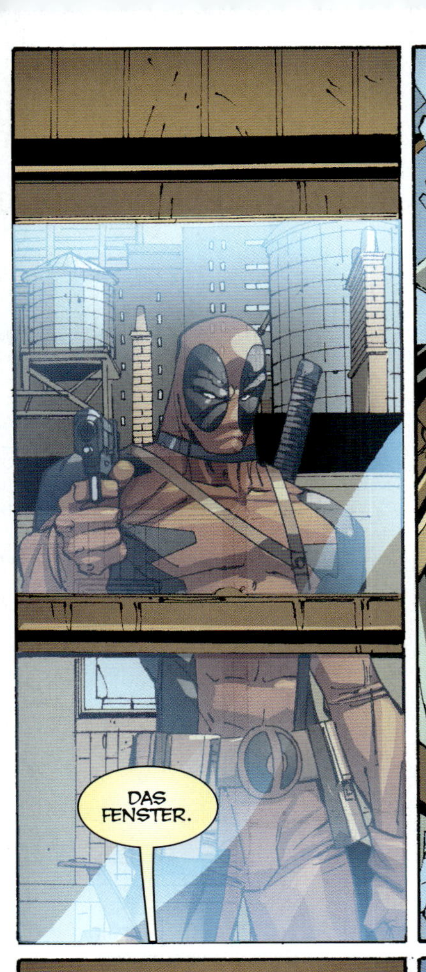
DAS FENSTER.

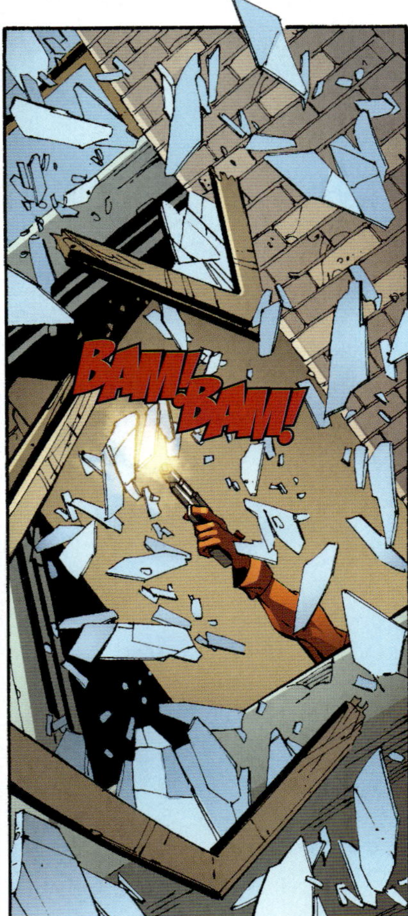
BAM! BAM!

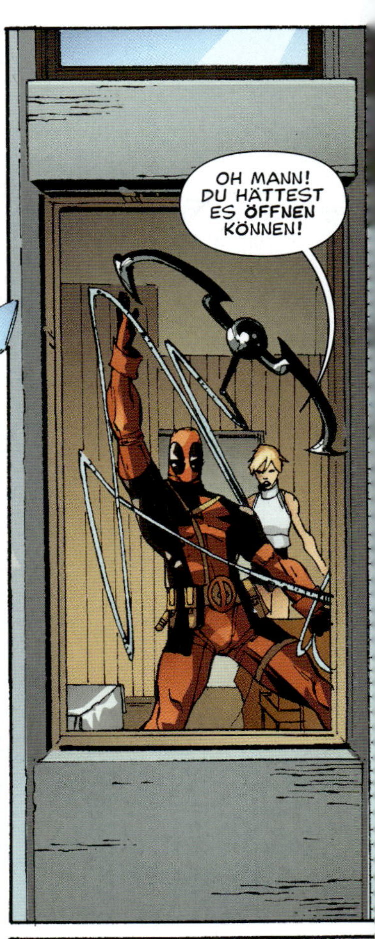
OH MANN! DU HÄTTEST ES ÖFFNEN KÖNNEN!

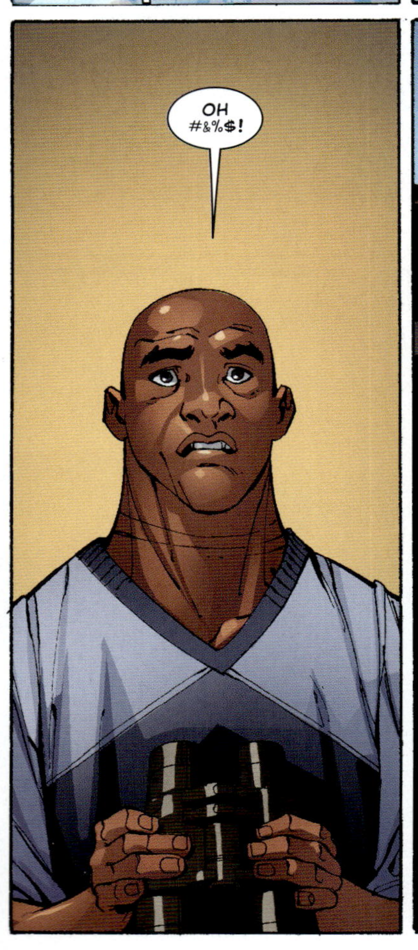
OH #&%$!

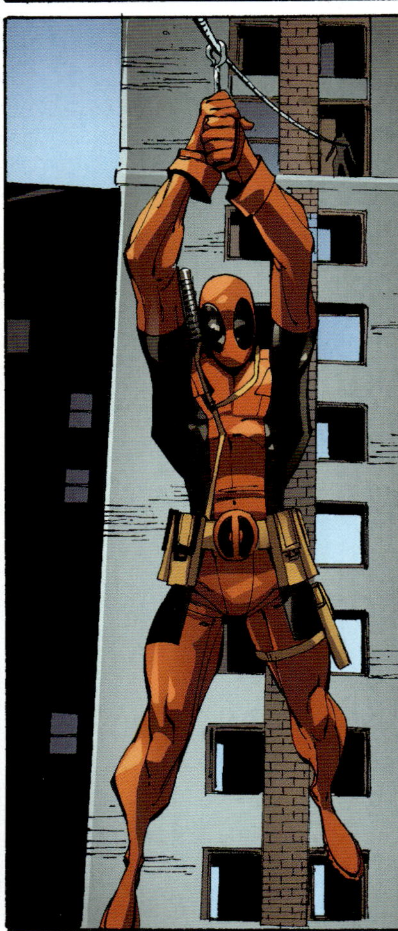

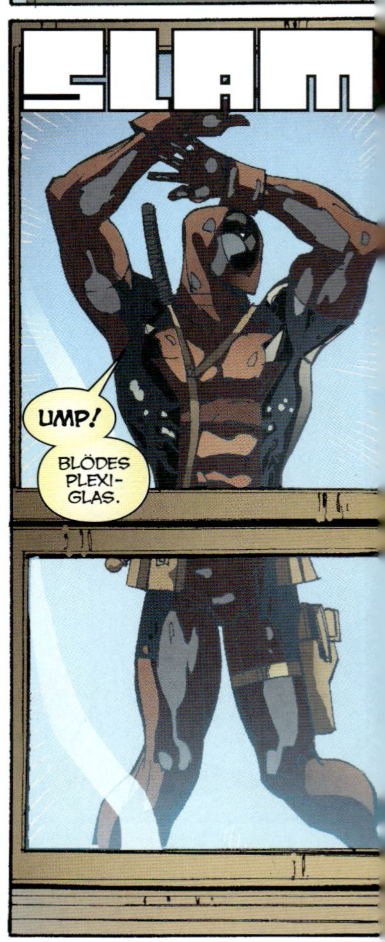
SLAM
UMP!
BLÖDES PLEXI-GLAS.

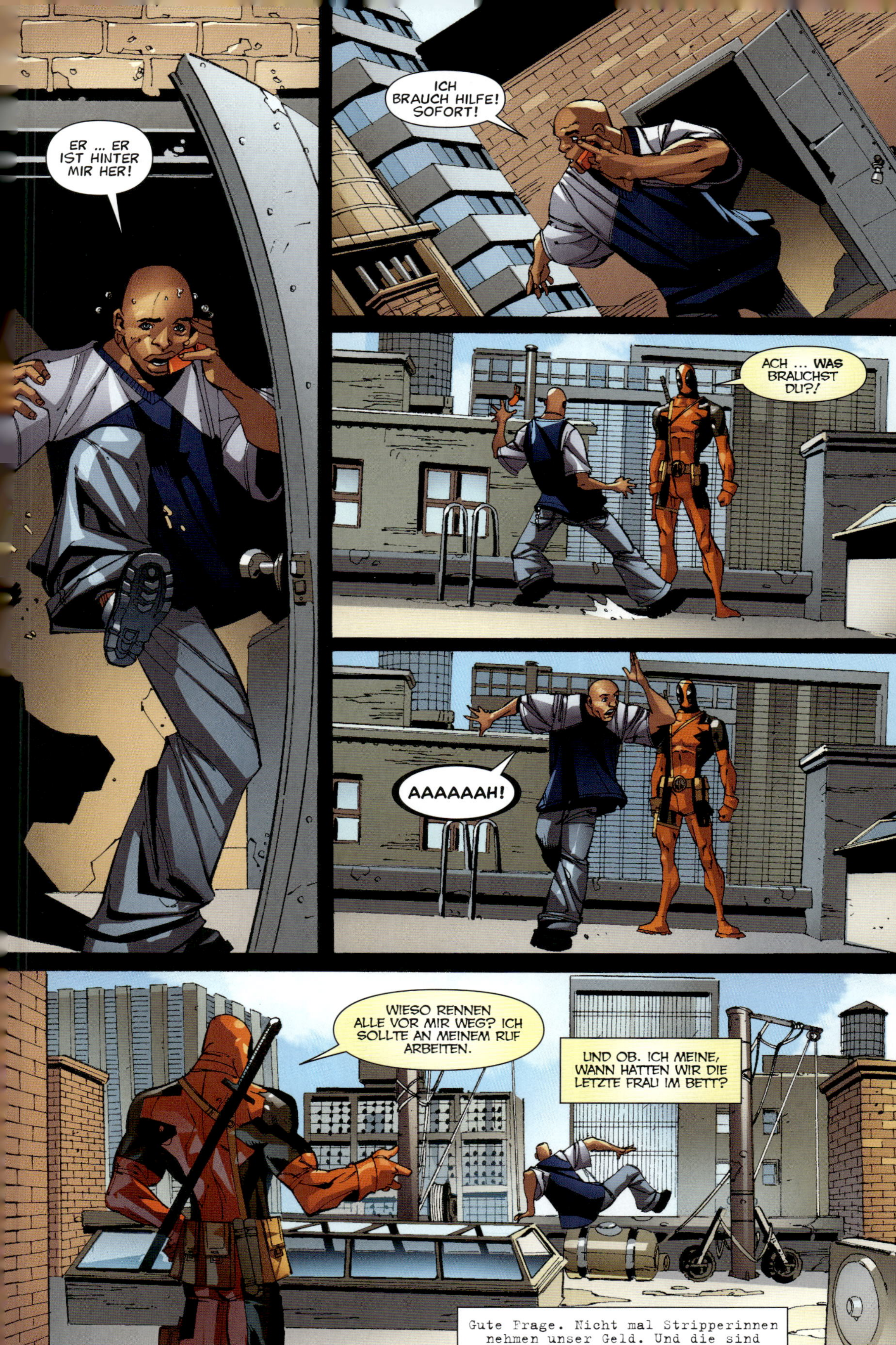
ER ... ER IST HINTER MIR HER!
ICH BRAUCH HILFE! SOFORT!
ACH ... WAS BRAUCHST DU?!
AAAAAAH!
WIESO RENNEN ALLE VOR MIR WEG? ICH SOLLTE AN MEINEM RUF ARBEITEN.
UND OB. ICH MEINE, WANN HATTEN WIR DIE LETZTE FRAU IM BETT?
Gute Frage. Nicht mal Stripperinnen nehmen unser Geld. Und die sind nicht gerade wählerisch.

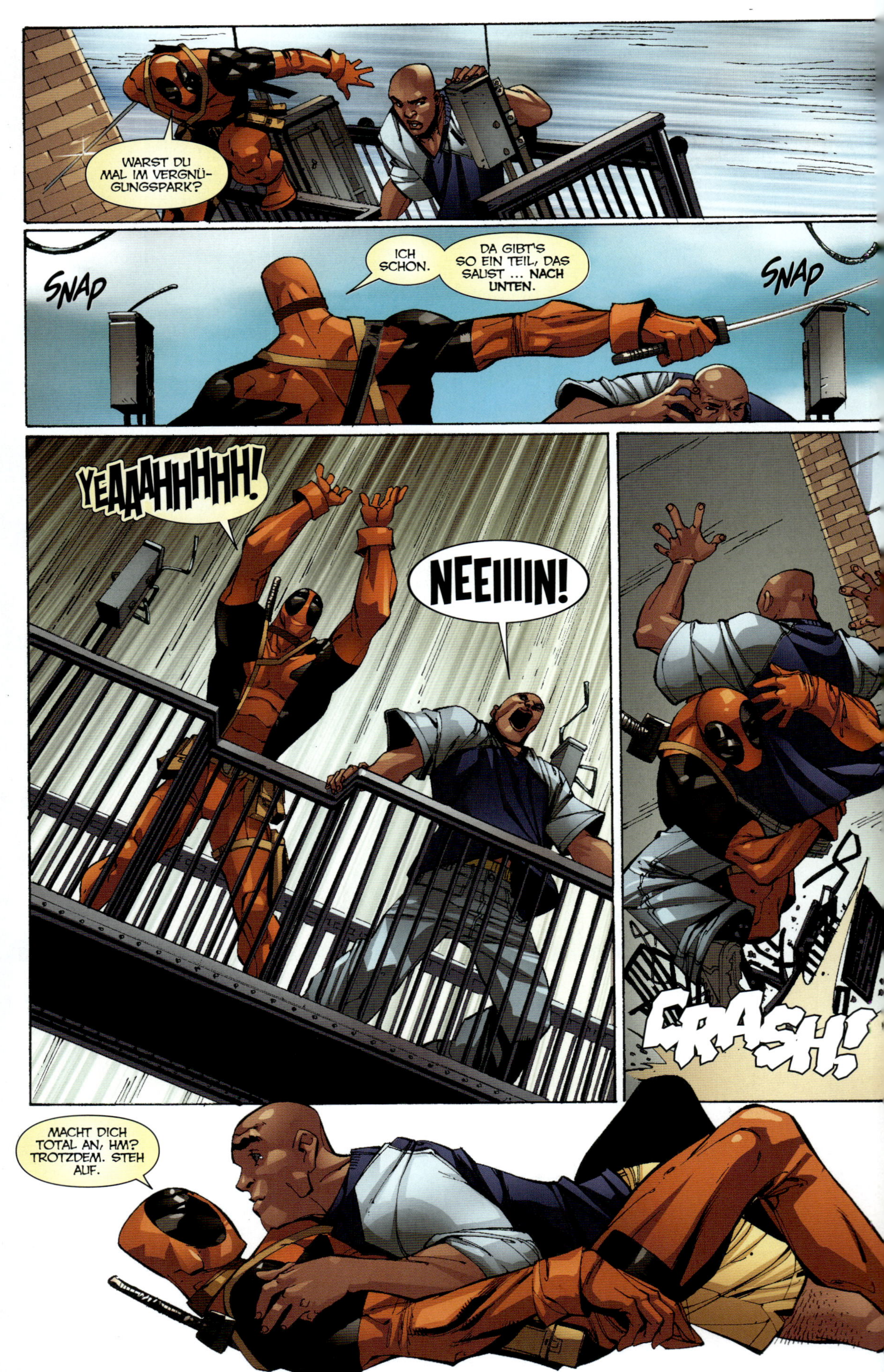
WARST DU MAL IM VERGNÜ-GUNGSPARK?
SNAP
ICH SCHON.
DA GIBT'S SO EIN TEIL, DAS SAUST ... NACH UNTEN.
SNAP
YEAAAHHHH!
NEEIIIIIN!
CRASH!
MACHT DICH TOTAL AN, HM? TROTZDEM. STEH AUF.

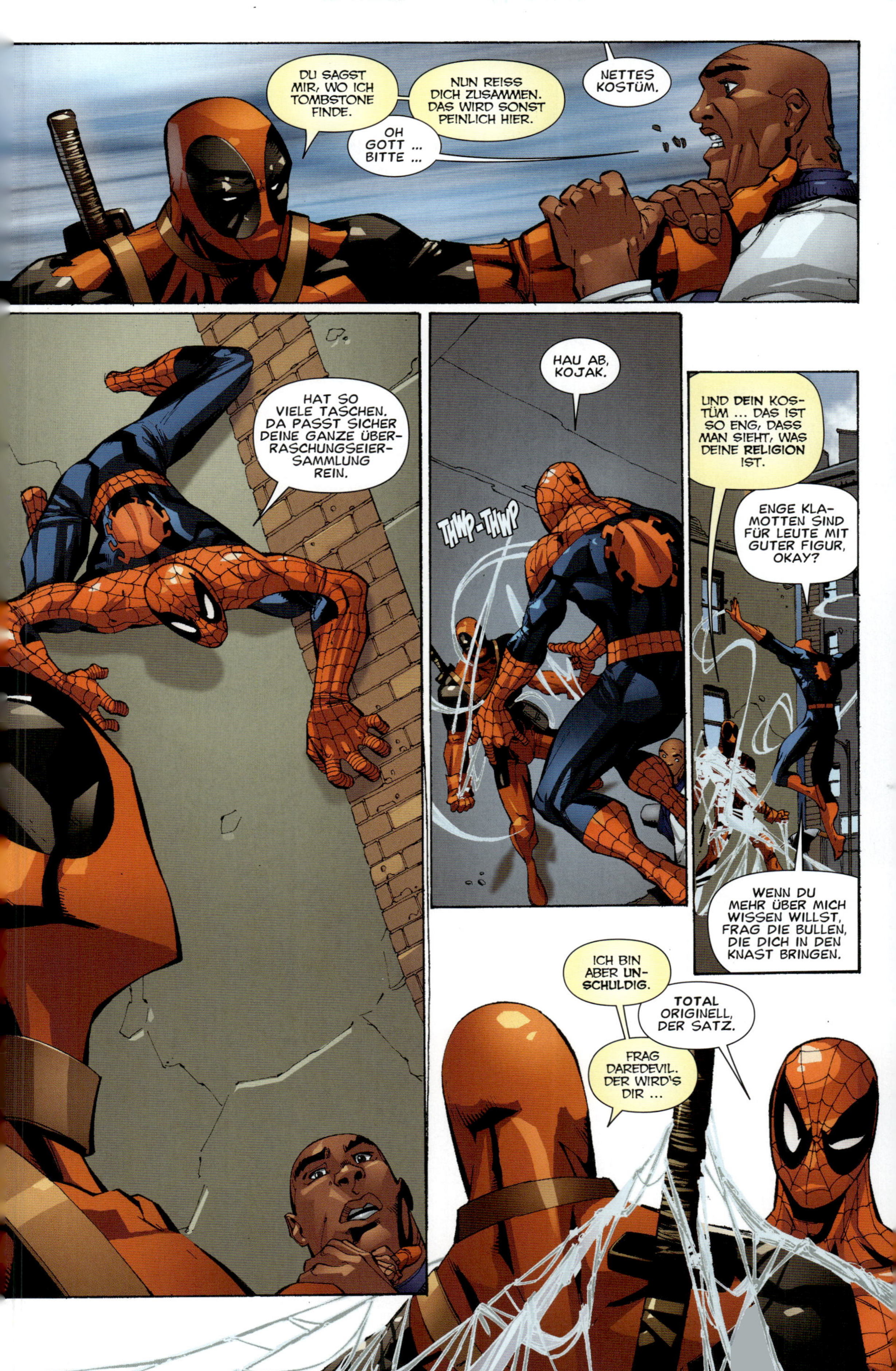
DU SAGST MIR, WO ICH TOMBSTONE FINDE.
OH GOTT ... BITTE ...
NUN REISS DICH ZUSAMMEN. DAS WIRD SONST PEINLICH HIER.
NETTES KOSTÜM.
HAT SO VIELE TASCHEN. DA PASST SICHER DEINE GANZE ÜBER-RASCHUNGSEIER-SAMMLUNG REIN.
HAU AB, KOJAK.
THWP-THWP
UND DEIN KOS-TÜM ... DAS IST SO ENG, DASS MAN SIEHT, WAS DEINE RELIGION IST.
ENGE KLA-MOTTEN SIND FÜR LEUTE MIT GUTER FIGUR, OKAY?
WENN DU MEHR ÜBER MICH WISSEN WILLST, FRAG DIE BULLEN, DIE DICH IN DEN KNAST BRINGEN.
ICH BIN ABER UN-SCHULDIG.
TOTAL ORIGINELL, DER SATZ.
FRAG DAREDEVIL. DER WIRD'S DIR ...

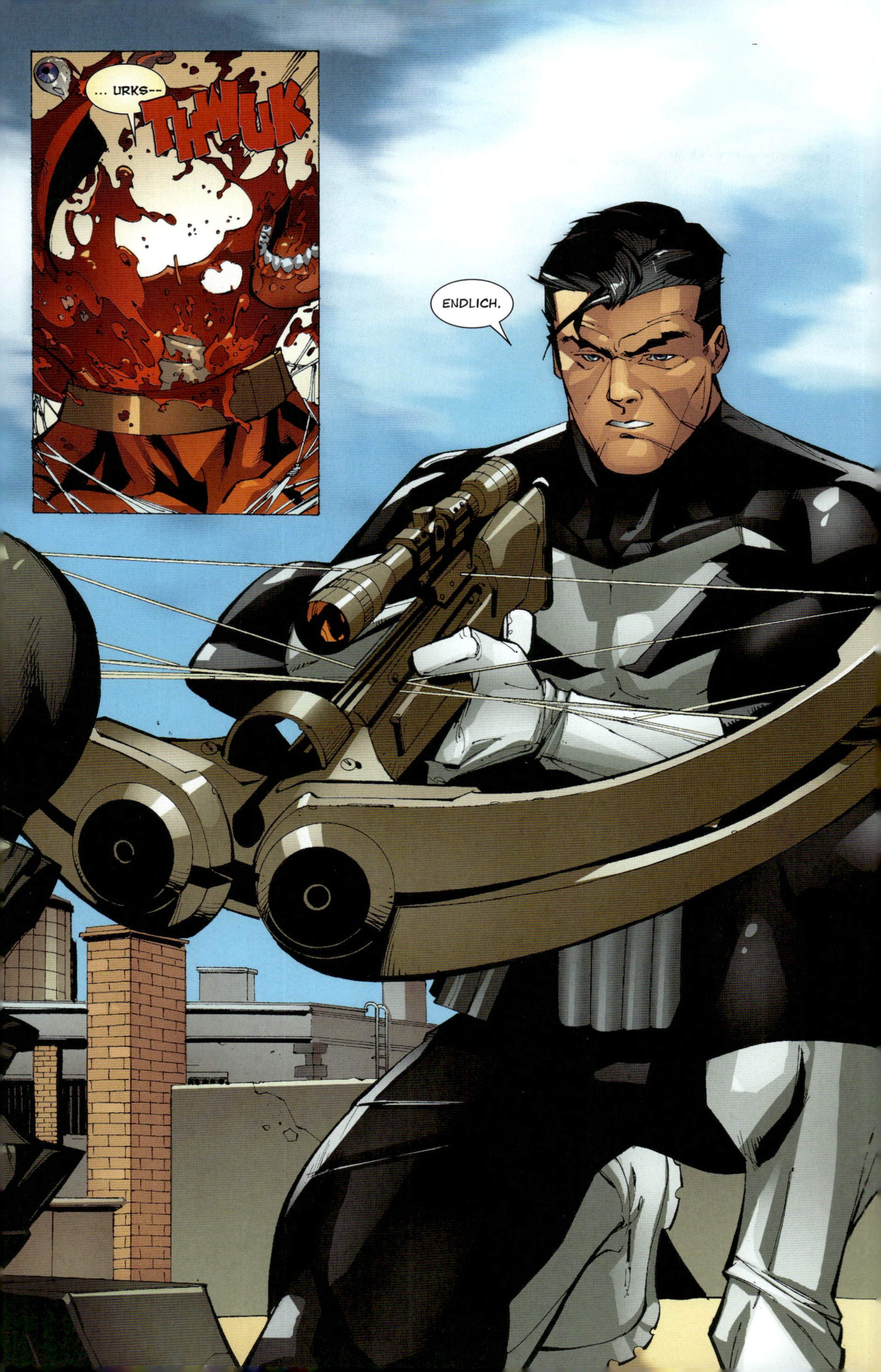
... URKS--
THWUK
ENDLICH.

DIE WETTE, TEIL 4

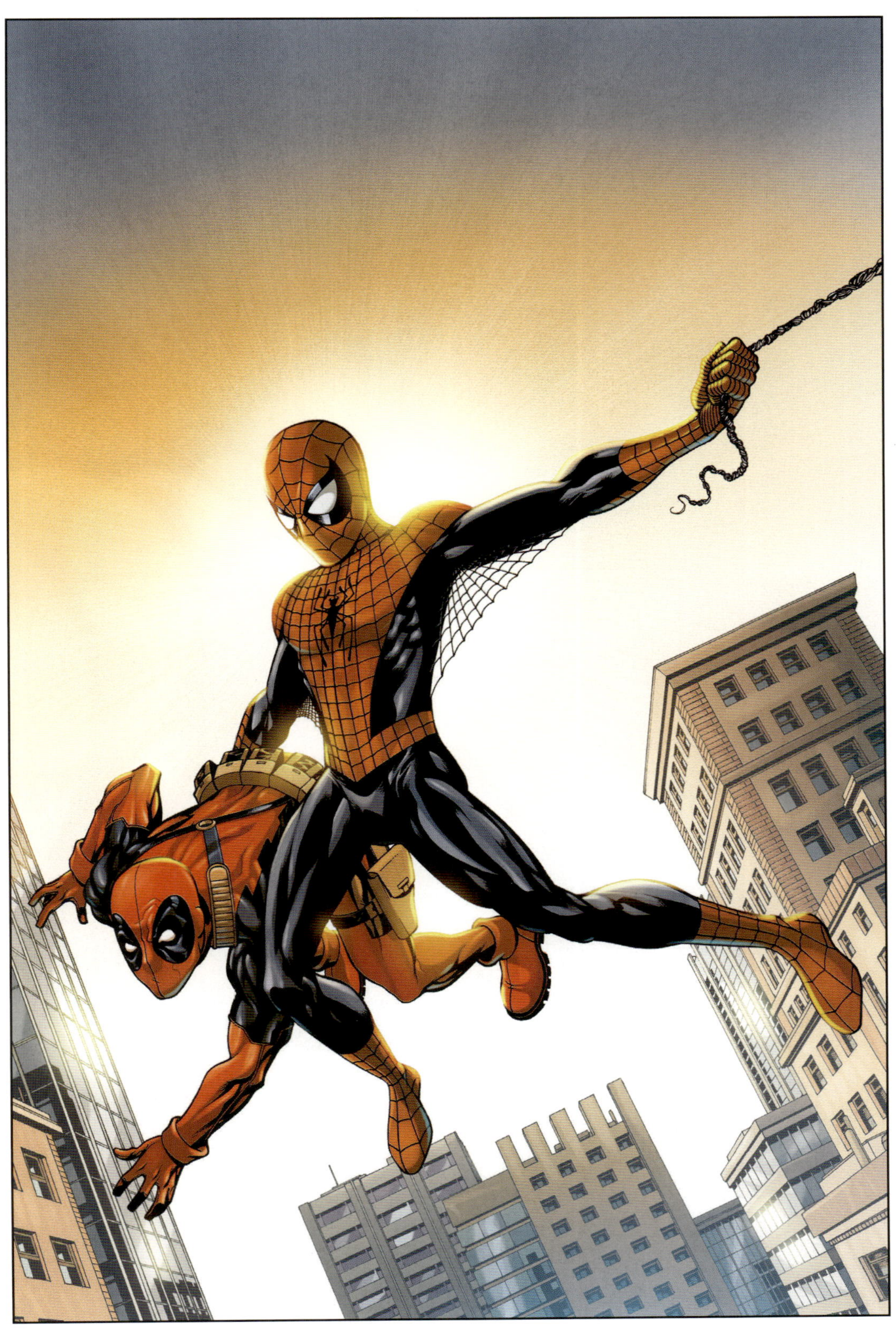

Deadpool: Suicide Kings (2009) 4
Cover von **MIKE McKONE**

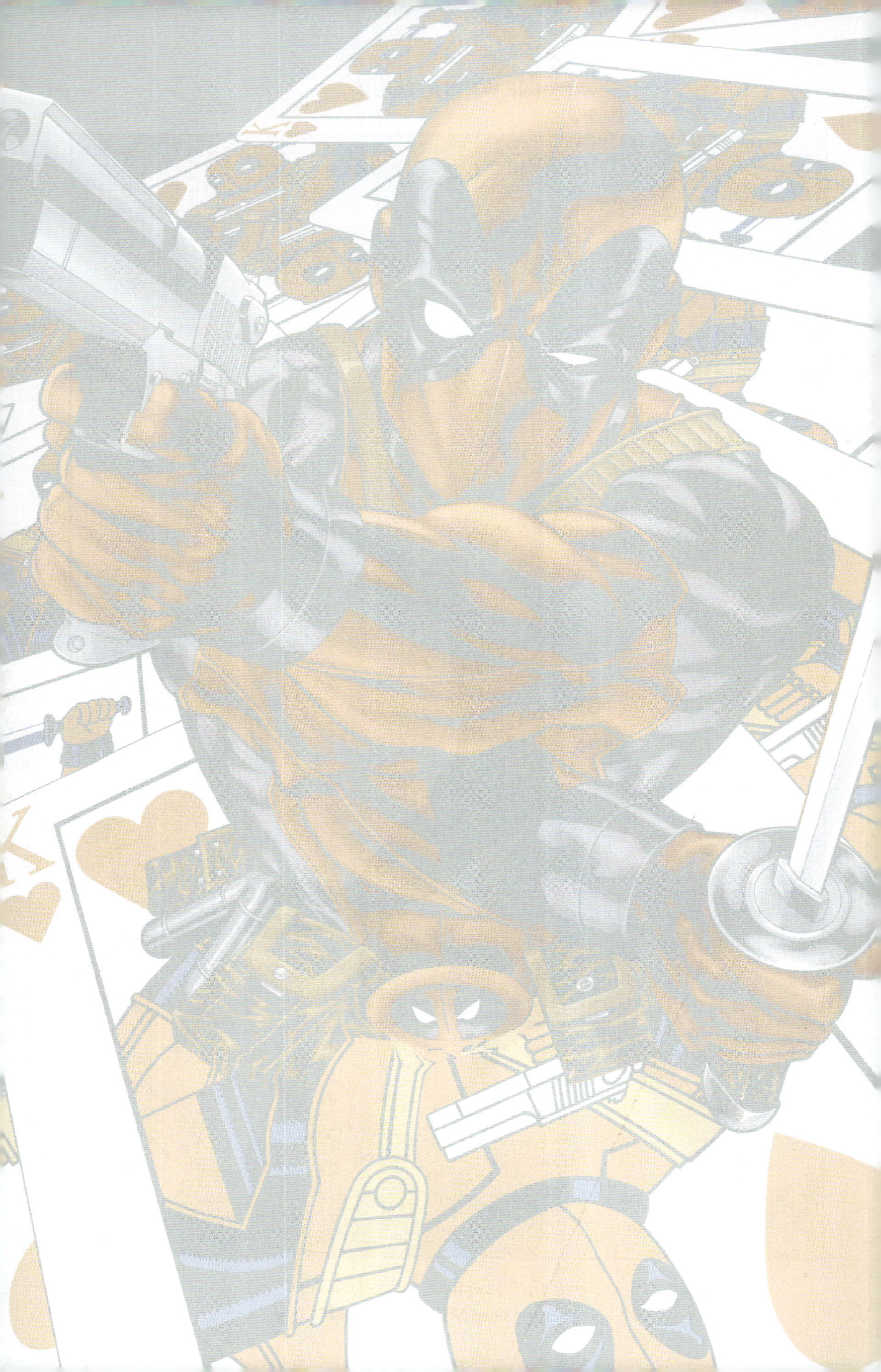

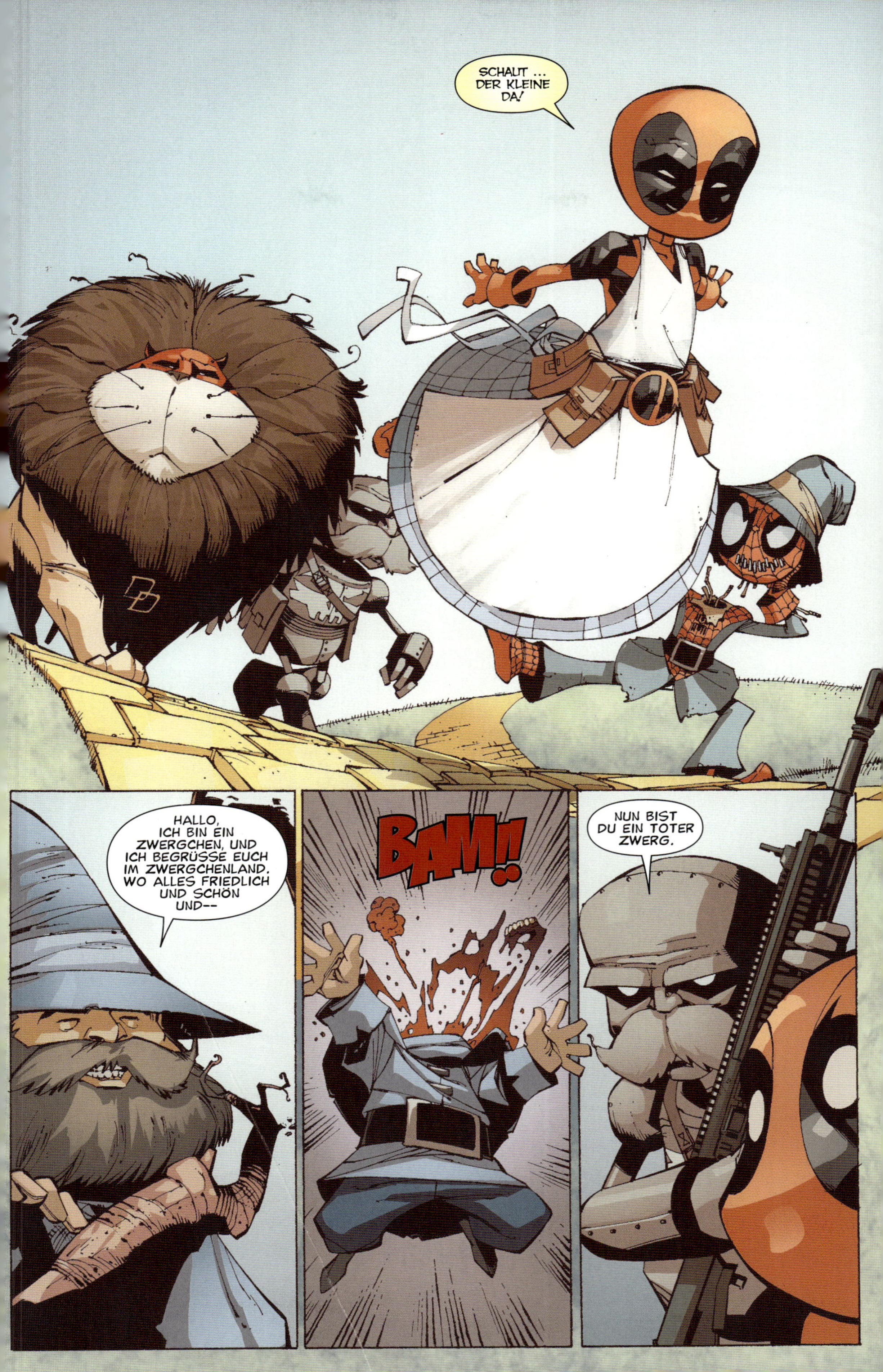
SCHAUT ... DER KLEINE DA!
HALLO, ICH BIN EIN ZWERGCHEN, UND ICH BEGRÜSSE EUCH IM ZWERGCHENLAND. WO ALLES FRIEDLICH UND SCHÖN UND--
BAM!!
NUN BIST DU EIN TOTER ZWERG.

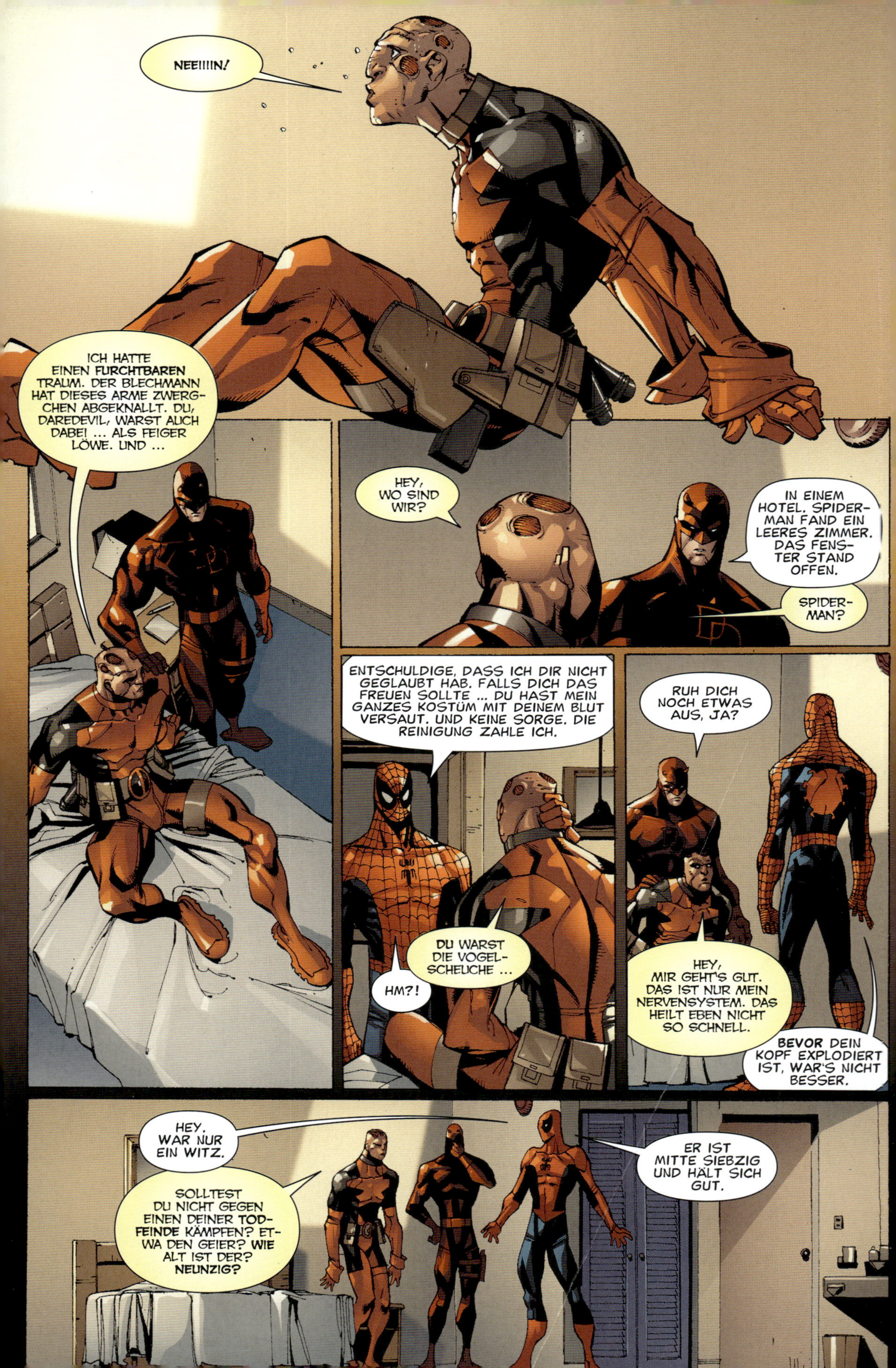
NEEIIIIN!
ICH HATTE EINEN FURCHTBAREN TRAUM. DER BLECHMANN HAT DIESES ARME ZWERGCHEN ABGEKNALLT. DU, DAREDEVIL, WARST AUCH DABEI! ... ALS FEIGER LÖWE. UND ...
HEY, WO SIND WIR?
IN EINEM HOTEL. SPIDERMAN FAND EIN LEERES ZIMMER. DAS FENSTER STAND OFFEN.
SPIDERMAN?
ENTSCHULDIGE, DASS ICH DIR NICHT GEGLAUBT HAB. FALLS DICH DAS FREUEN SOLLTE ... DU HAST MEIN GANZES KOSTÜM MIT DEINEM BLUT VERSAUT. UND KEINE SORGE. DIE REINIGUNG ZAHLE ICH.
DU WARST DIE VOGELSCHEUCHE ...
HM?!
RUH DICH NOCH ETWAS AUS, JA?
HEY, MIR GEHT'S GUT. DAS IST NUR MEIN NERVENSYSTEM. DAS HEILT EBEN NICHT SO SCHNELL.
BEVOR DEIN KOPF EXPLODIERT IST, WAR'S NICHT BESSER.
HEY. WAR NUR EIN WITZ.
SOLLTEST DU NICHT GEGEN EINEN DEINER TODFEINDE KÄMPFEN? ETWA DEN GEIER? WIE ALT IST DER? NEUNZIG?
ER IST MITTE SIEBZIG UND HÄLT SICH GUT.

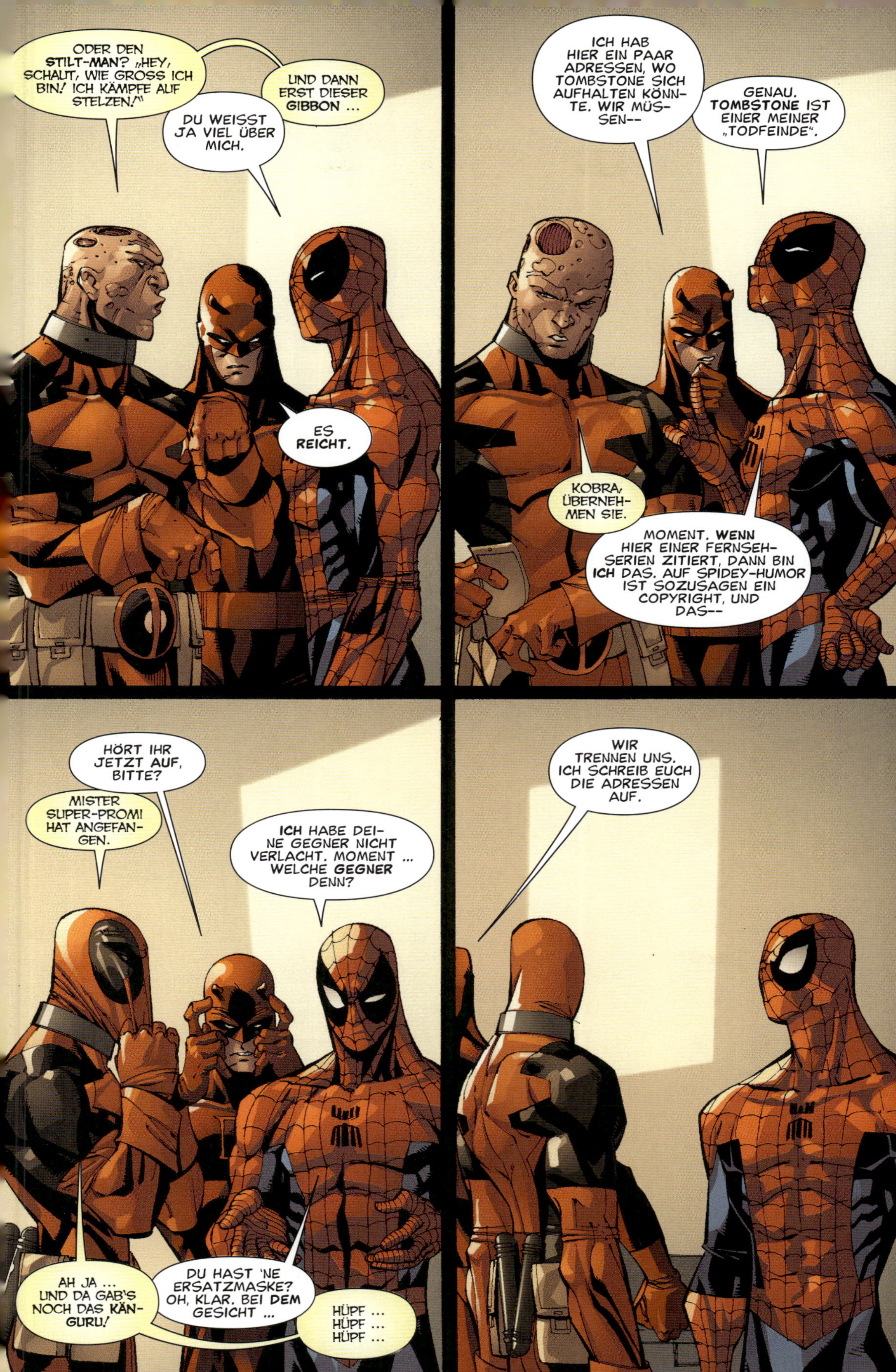
ODER DEN STILT-MAN? „HEY, SCHAUT, WIE GROSS ICH BIN! ICH KÄMPFE AUF STELZEN!“
UND DANN ERST DIESER GIBBON ...
DU WEISST JA VIEL ÜBER MICH.
ES REICHT.
ICH HAB HIER EIN PAAR ADRESSEN, WO TOMBSTONE SICH AUFHALTEN KÖNNTE. WIR MÜSSEN--
GENAU. TOMBSTONE IST EINER MEINER „TODFEINDE“.
KOBRA, ÜBERNEHMEN SIE.
MOMENT. WENN HIER EINER FERNSEH-SERIEN ZITIERT, DANN BIN ICH DAS. AUF SPIDEY-HUMOR IST SOZUSAGEN EIN COPYRIGHT, UND DAS--
HÖRT IHR JETZT AUF, BITTE?
MISTER SUPER-PROMI HAT ANGEFANGEN.
ICH HABE DEINE GEGNER NICHT VERLACHT. MOMENT ... WELCHE GEGNER DENN?
AH JA ... UND DA GAB'S NOCH DAS KÄNGURU!
DU HAST 'NE ERSATZMASKE? OH, KLAR. BEI DEM GESICHT ...
HÜPF ...
HÜPF ...
HÜPF ...
WIR TRENNEN UNS. ICH SCHREIB EUCH DIE ADRESSEN AUF.

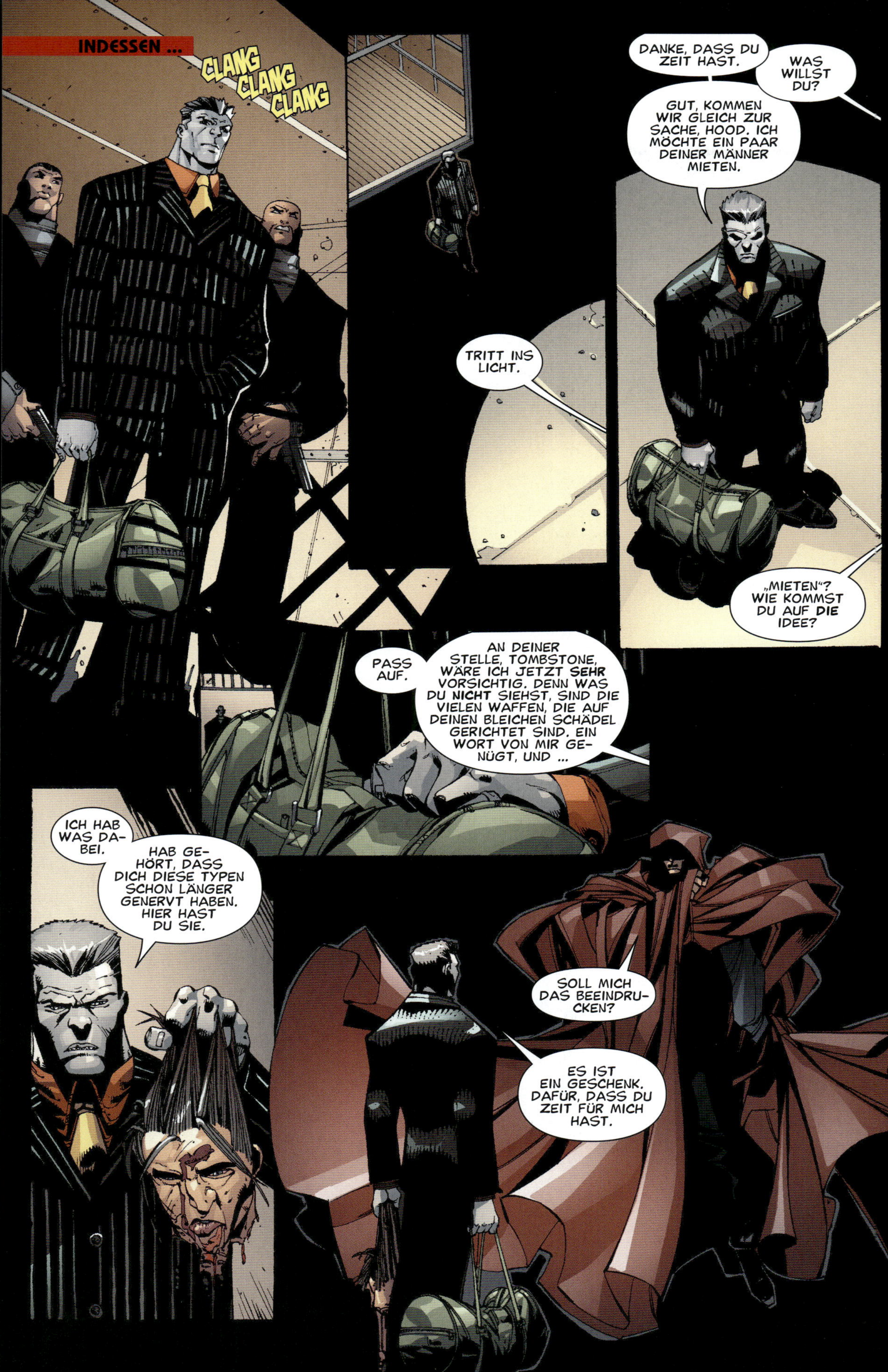
INDESSEN ...
CLANG CLANG CLANG
DANKE, DASS DU ZEIT HAST.
WAS WILLST DU?
GUT, KOMMEN WIR GLEICH ZUR SACHE, HOOD. ICH MÖCHTE EIN PAAR DEINER MÄNNER MIETEN.
TRITT INS LICHT.
„MIETEN"? WIE KOMMST DU AUF DIE IDEE?
PASS AUF.
AN DEINER STELLE, TOMBSTONE, WÄRE ICH JETZT SEHR VORSICHTIG. DENN WAS DU NICHT SIEHST, SIND DIE VIELEN WAFFEN, DIE AUF DEINEN BLEICHEN SCHÄDEL GERICHTET SIND. EIN WORT VON MIR GENÜGT, UND ...
ICH HAB WAS DABEI.
HAB GEHÖRT, DASS DICH DIESE TYPEN SCHON LÄNGER GENERVT HABEN. HIER HAST DU SIE.
SOLL MICH DAS BEEINDRUCKEN?
ES IST EIN GESCHENK. DAFÜR, DASS DU ZEIT FÜR MICH HAST.

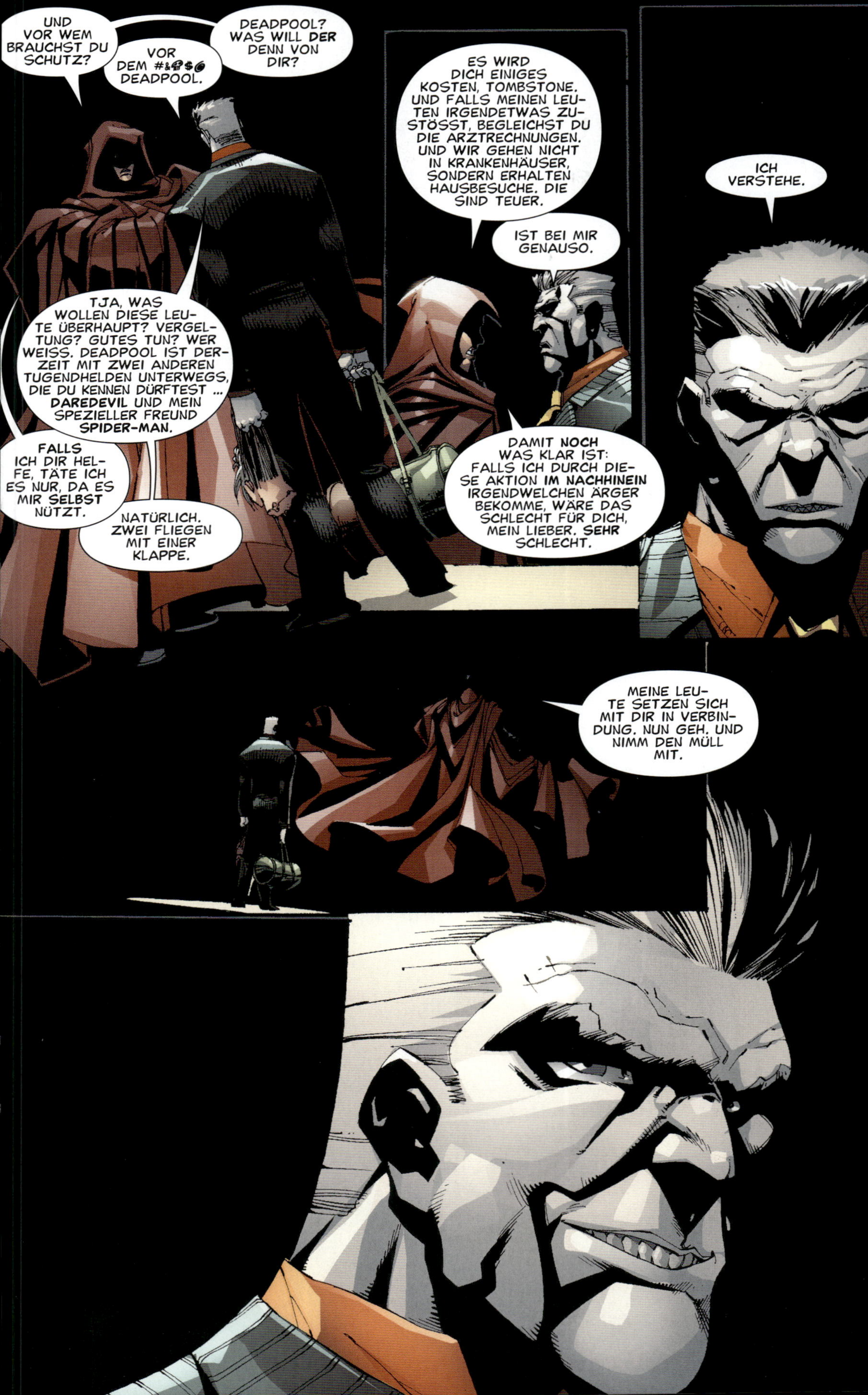
UND VOR WEM BRAUCHST DU SCHUTZ?
VOR DEM #&$ DEADPOOL.
DEADPOOL? WAS WILL DER DENN VON DIR?
TJA, WAS WOLLEN DIESE LEUTE ÜBERHAUPT? VERGELTUNG? GUTES TUN? WER WEISS. DEADPOOL IST DERZEIT MIT ZWEI ANDEREN TUGENDHELDEN UNTERWEGS, DIE DU KENNEN DÜRFTEST ... DAREDEVIL UND MEIN SPEZIELLER FREUND SPIDER-MAN.
FALLS ICH DIR HELFE, TÄTE ICH ES NUR, DA ES MIR SELBST NÜTZT.
NATÜRLICH. ZWEI FLIEGEN MIT EINER KLAPPE.
ES WIRD DICH EINIGES KOSTEN, TOMBSTONE. UND FALLS MEINEN LEUTEN IRGENDETWAS ZUSTÖSST, BEGLEICHST DU DIE ARZTRECHNUNGEN. UND WIR GEHEN NICHT IN KRANKENHÄUSER, SONDERN ERHALTEN HAUSBESUCHE. DIE SIND TEUER.
IST BEI MIR GENAUSO.
DAMIT NOCH WAS KLAR IST: FALLS ICH DURCH DIESE AKTION IM NACHHINEIN IRGENDWELCHEN ÄRGER BEKOMME, WÄRE DAS SCHLECHT FÜR DICH, MEIN LIEBER. SEHR SCHLECHT.
ICH VERSTEHE.
MEINE LEUTE SETZEN SICH MIT DIR IN VERBINDUNG. NUN GEH. UND NIMM DEN MÜLL MIT.

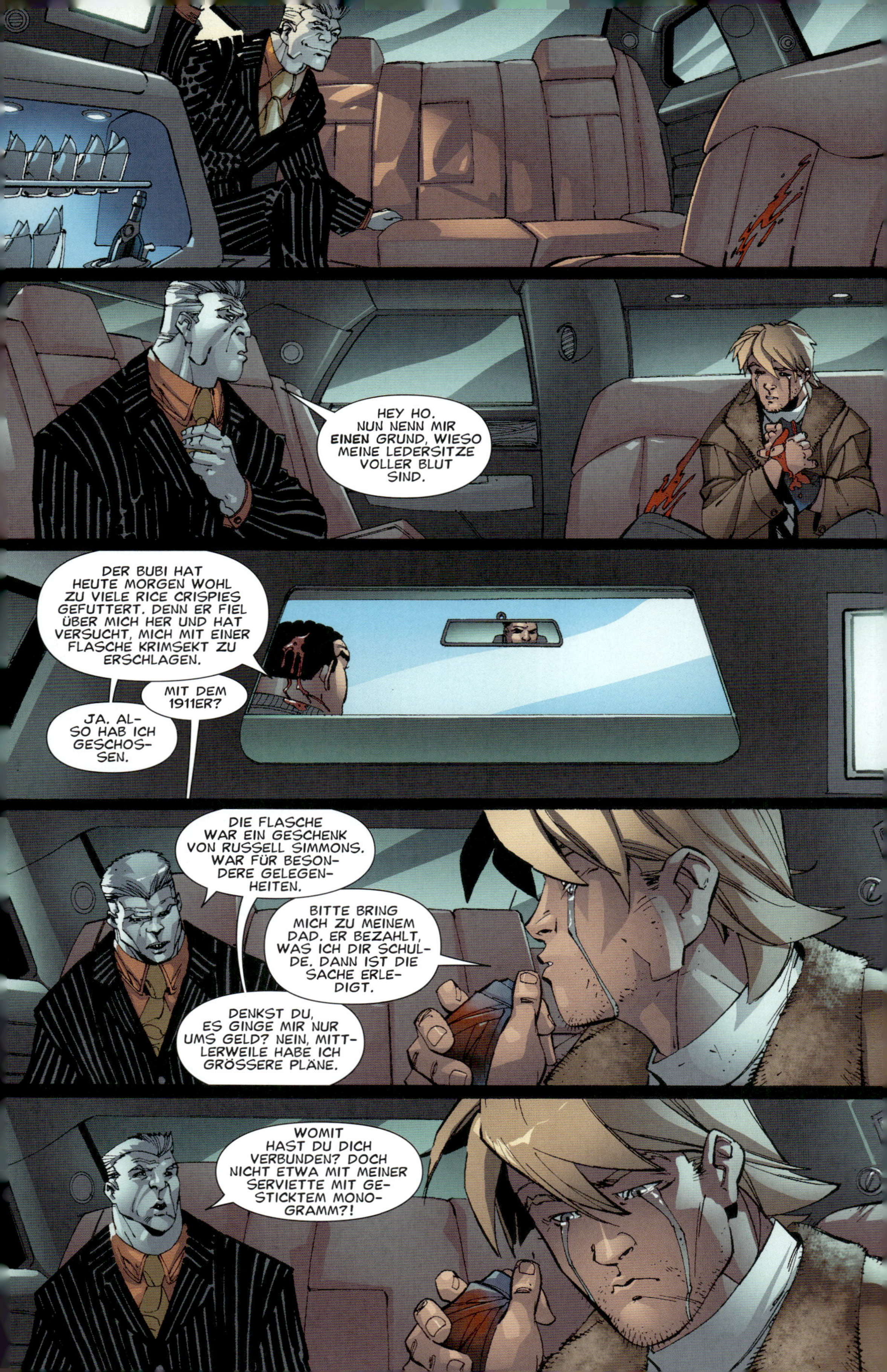

HEY HO. NUN NENN MIR EINEN GRUND, WIESO MEINE LEDERSITZE VOLLER BLUT SIND.
DER BUBI HAT HEUTE MORGEN WOHL ZU VIELE RICE CRISPIES GEFUTTERT. DENN ER FIEL ÜBER MICH HER UND HAT VERSUCHT, MICH MIT EINER FLASCHE KRIMSEKT ZU ERSCHLAGEN.
MIT DEM 1911ER?
JA. ALSO HAB ICH GESCHOSSEN.
DIE FLASCHE WAR EIN GESCHENK VON RUSSELL SIMMONS. WAR FÜR BESONDERE GELEGENHEITEN.
BITTE BRING MICH ZU MEINEM DAD. ER BEZAHLT, WAS ICH DIR SCHULDE. DANN IST DIE SACHE ERLEDIGT.
DENKST DU, ES GINGE MIR NUR UMS GELD? NEIN, MITTLERWEILE HABE ICH GRÖSSERE PLÄNE.
WOMIT HAST DU DICH VERBUNDEN? DOCH NICHT ETWA MIT MEINER SERVIETTE MIT GESTICKTEM MONOGRAMM?!

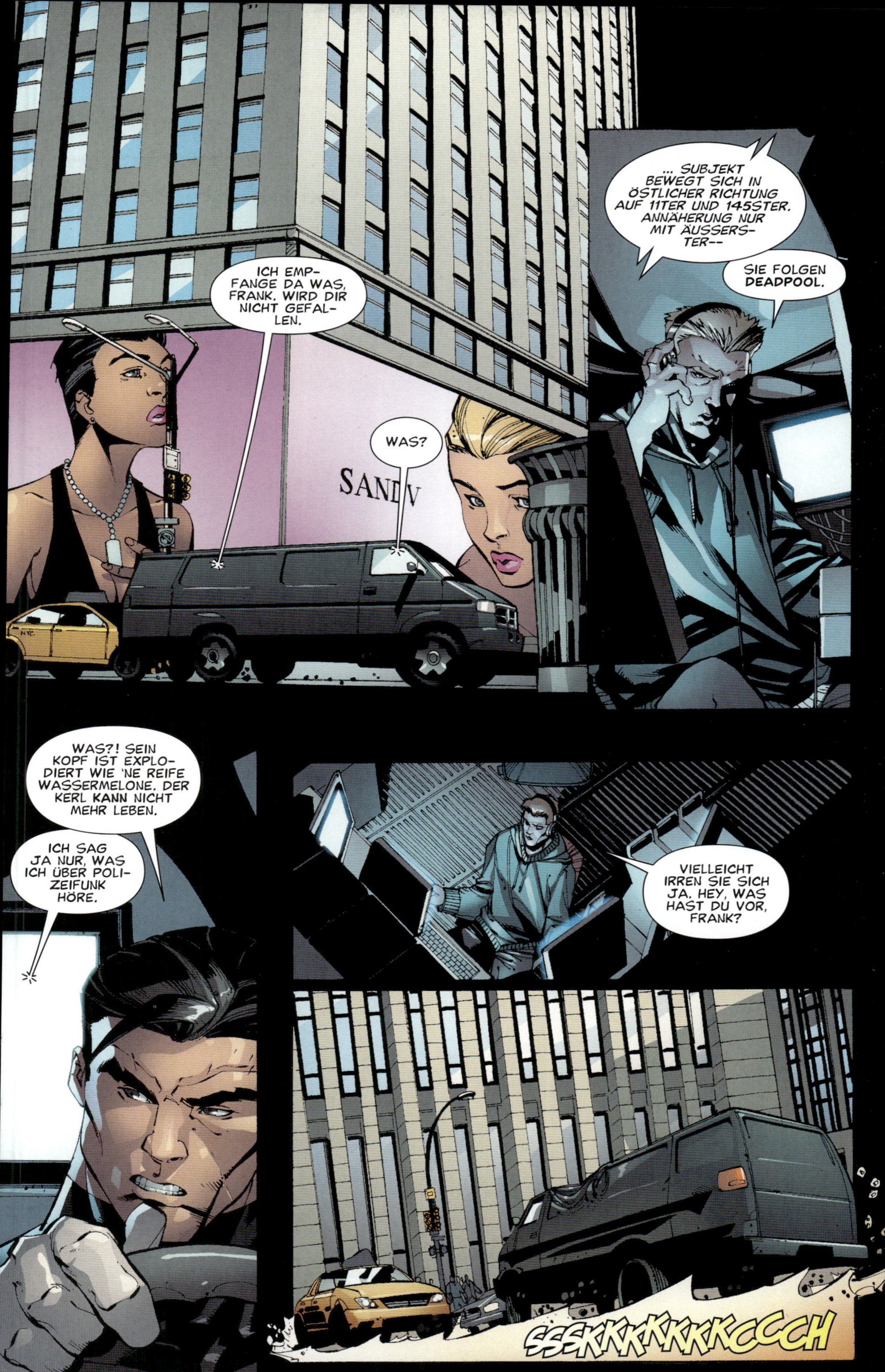
ICH EMPFANGE DA WAS, FRANK. WIRD DIR NICHT GEFALLEN.
WAS?
SAND V
... SUBJEKT BEWEGT SICH IN ÖSTLICHER RICHTUNG AUF 11TER UND 145STER. ANNÄHERUNG NUR MIT ÄUSSERSTER--
SIE FOLGEN DEADPOOL.
WAS?! SEIN KOPF IST EXPLODIERT WIE 'NE REIFE WASSERMELONE. DER KERL KANN NICHT MEHR LEBEN.
ICH SAG JA NUR, WAS ICH ÜBER POLIZEIFUNK HÖRE.
VIELLEICHT IRREN SIE SICH JA. HEY, WAS HAST DU VOR, FRANK?
SSSKKKKKKKKCCCH

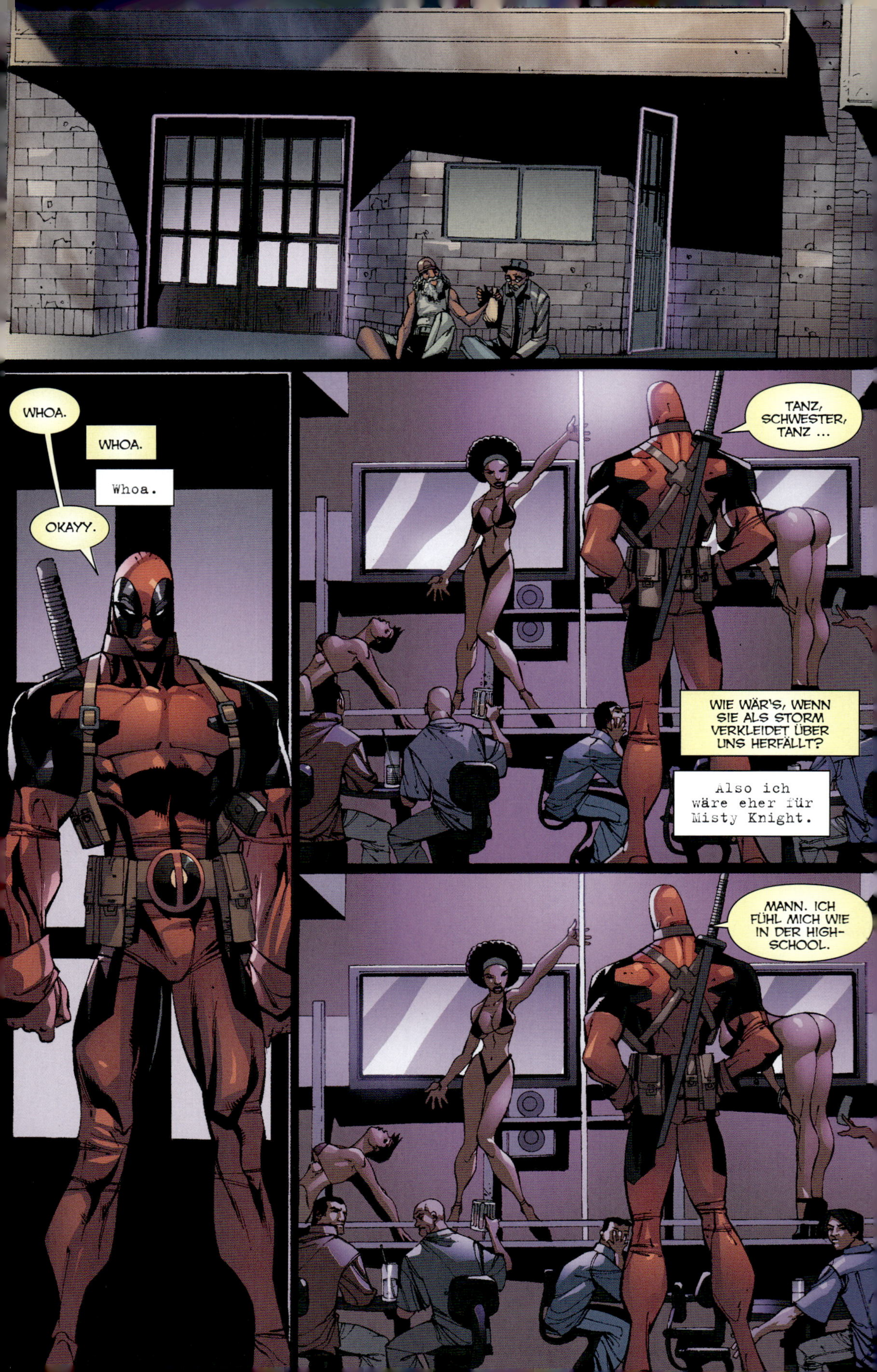
WHOA.
WHOA.
Whoa.
OKAYY.
TANZ, SCHWESTER, TANZ ...
WIE WÄR'S, WENN SIE ALS STORM VERKLEIDET ÜBER UNS HERFÄLLT?
Also ich wäre eher für Misty Knight.
MANN. ICH FÜHL MICH WIE IN DER HIGH-SCHOOL.

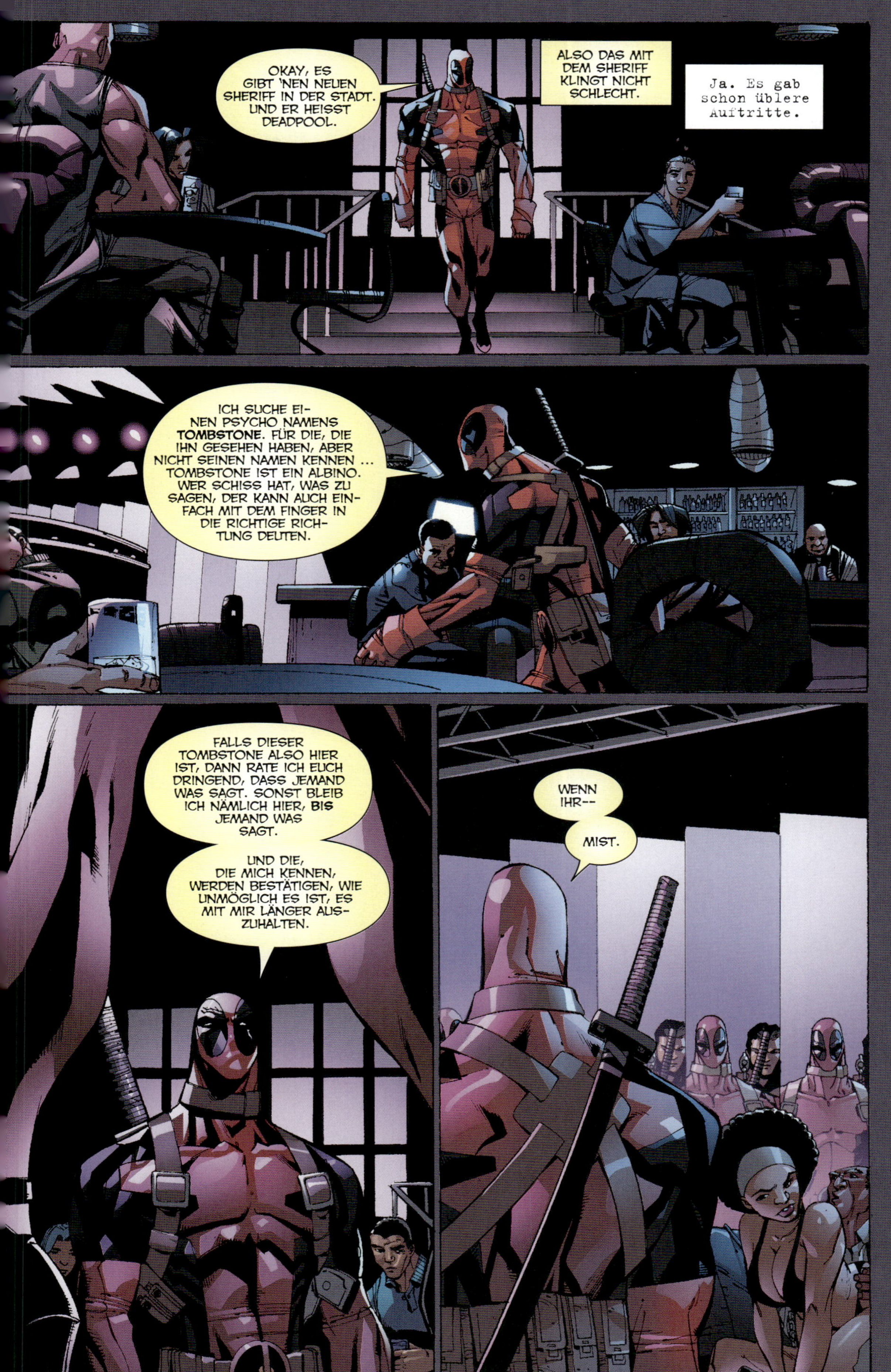
OKAY, ES GIBT 'NEN NEUEN SHERIFF IN DER STADT. UND ER HEISST DEADPOOL.
ALSO DAS MIT DEM SHERIFF KLINGT NICHT SCHLECHT.
Ja. Es gab schon üblere Auftritte.
ICH SUCHE EINEN PSYCHO NAMENS TOMBSTONE. FÜR DIE, DIE IHN GESEHEN HABEN, ABER NICHT SEINEN NAMEN KENNEN ... TOMBSTONE IST EIN ALBINO. WER SCHISS HAT, WAS ZU SAGEN, DER KANN AUCH EINFACH MIT DEM FINGER IN DIE RICHTIGE RICHTUNG DEUTEN.
FALLS DIESER TOMBSTONE ALSO HIER IST, DANN RATE ICH EUCH DRINGEND, DASS JEMAND WAS SAGT. SONST BLEIB ICH NÄMLICH HIER, BIS JEMAND WAS SAGT.
UND DIE, DIE MICH KENNEN, WERDEN BESTÄTIGEN, WIE UNMÖGLICH ES IST, ES MIT MIR LÄNGER AUSZUHALTEN.
WENN IHR--
MIST.

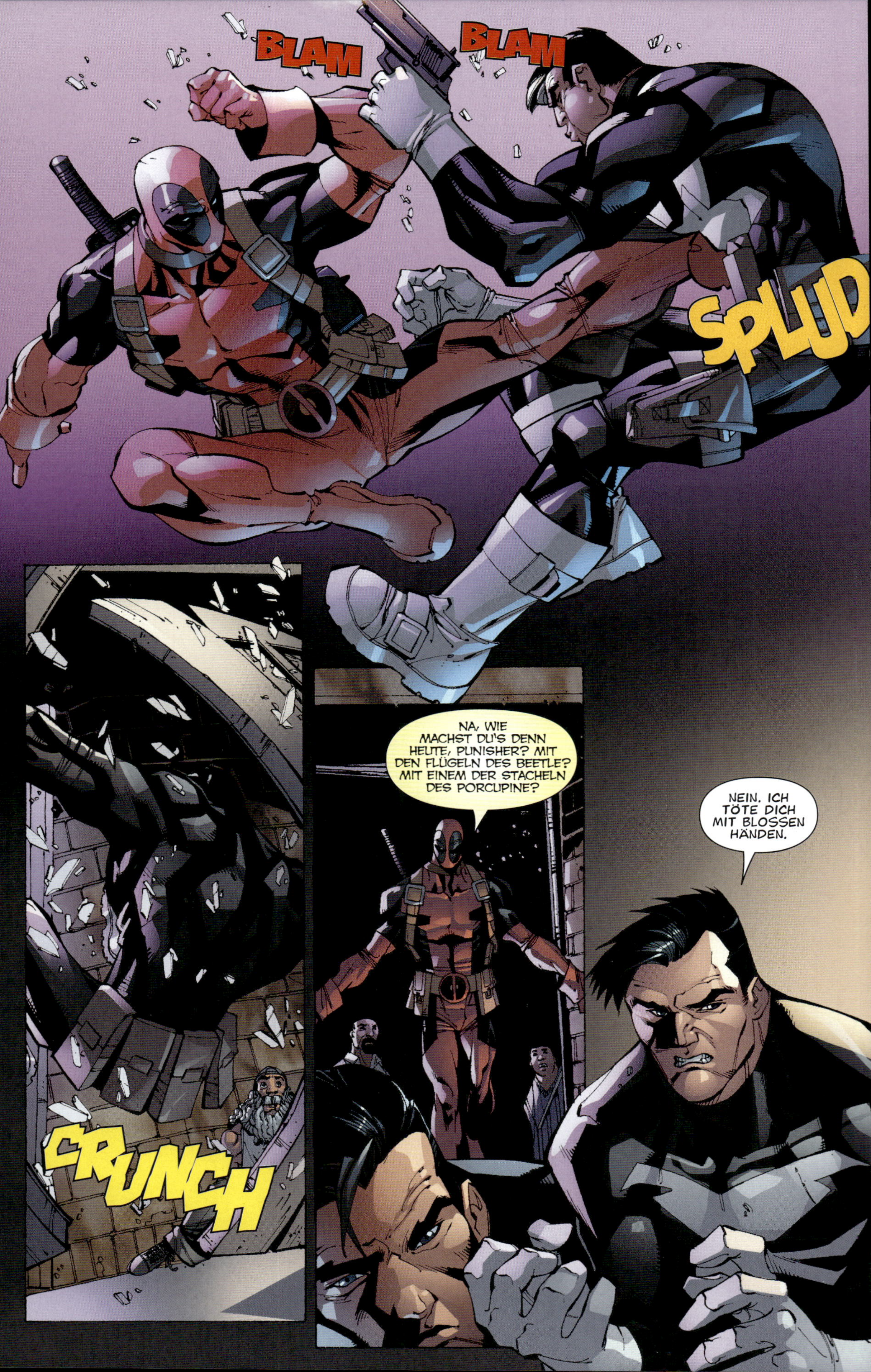
BLAM
BLAM
SPLUD
CRUNCH
NA, WIE MACHST DU'S DENN HEUTE, PUNISHER? MIT DEN FLÜGELN DES BEETLE? MIT EINEM DER STACHELN DES PORCUPINE?
NEIN. ICH TÖTE DICH MIT BLOSSEN HÄNDEN.

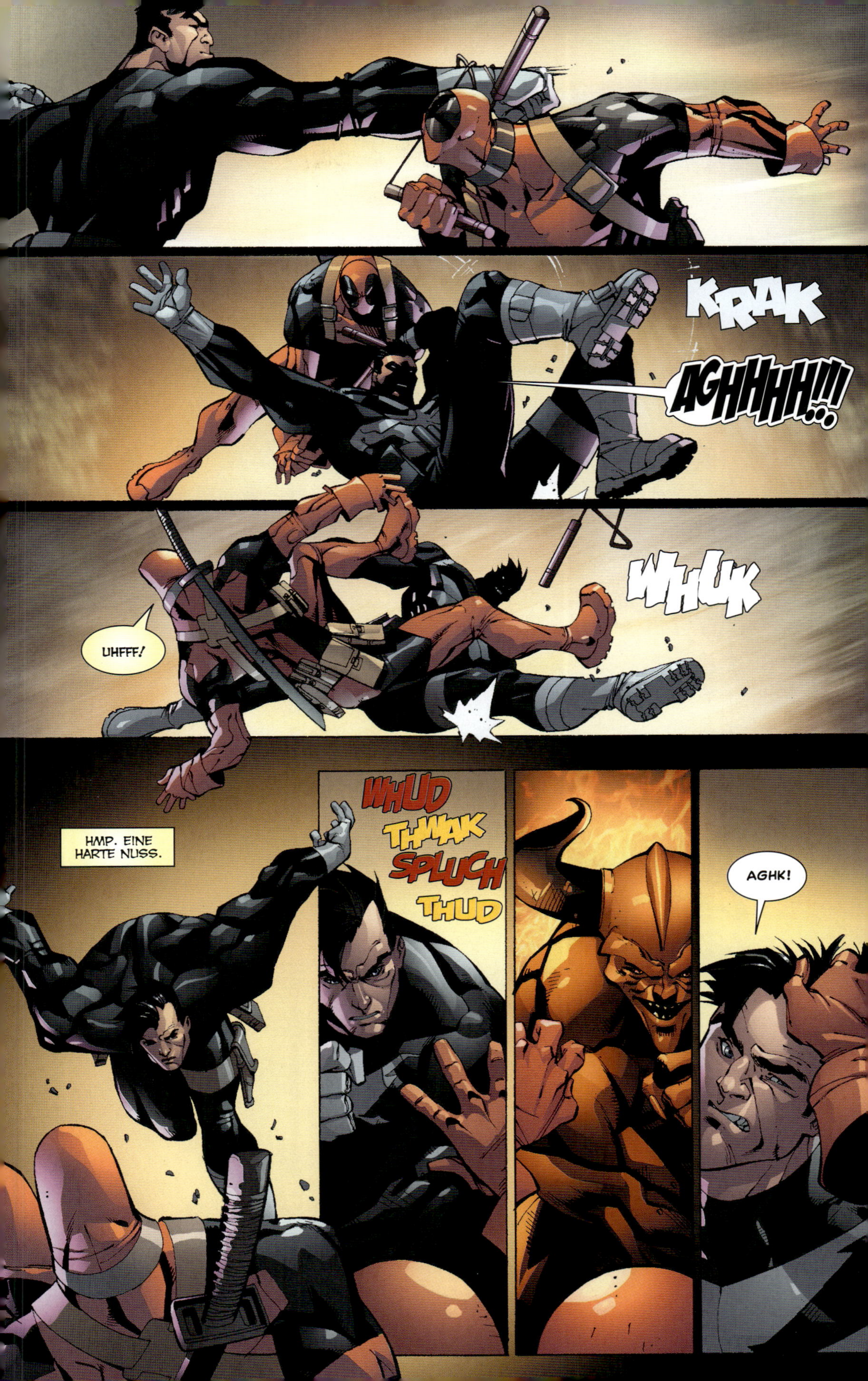
KRAK
AGHHHH!!!
WHUK
UHFFF!
HMP. EINE HARTE NUSS.
WHUD
THWAK
SPLUCH
THUD
AGHK!

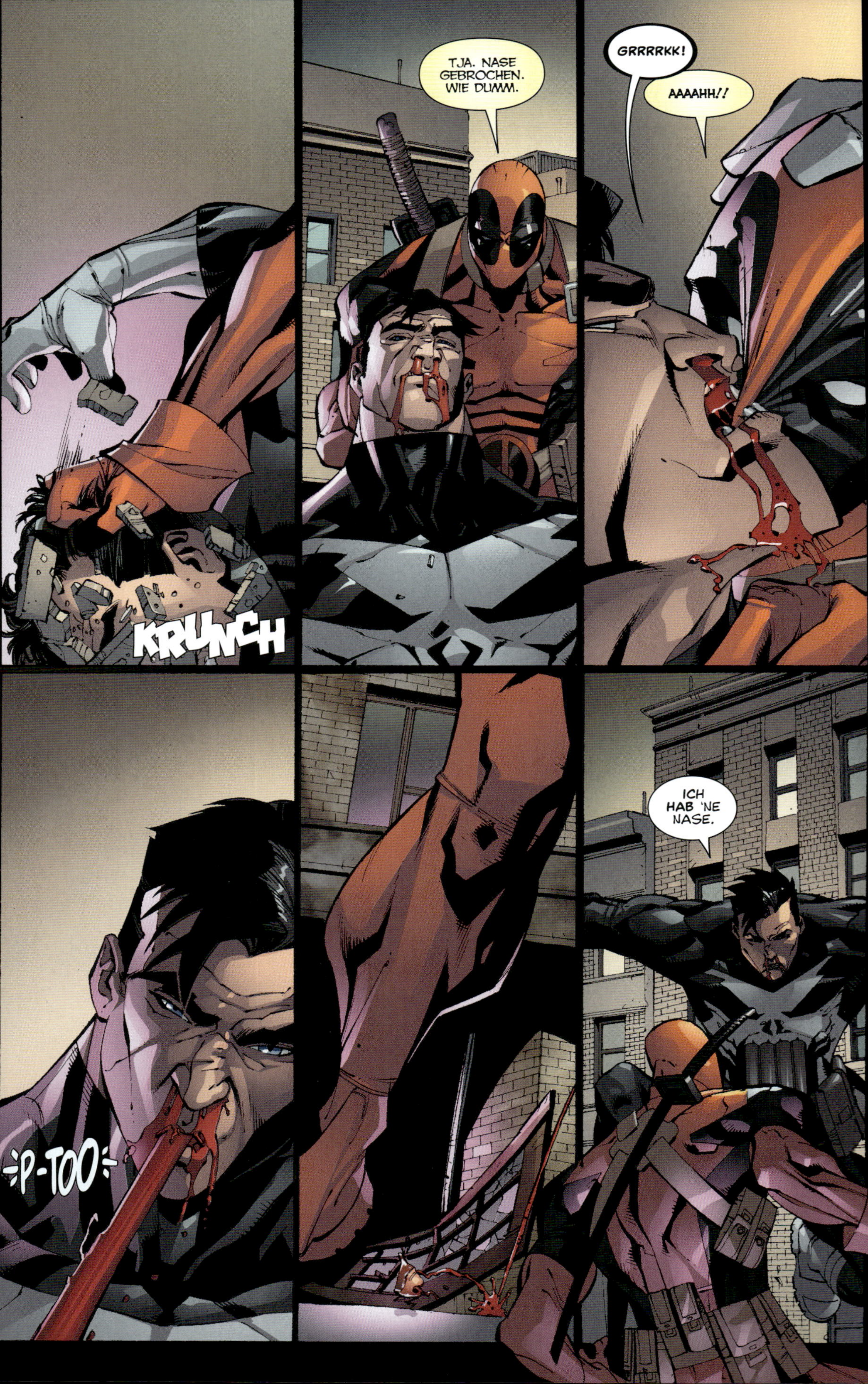
KRUNCH
TJA. NASE GEBROCHEN. WIE DUMM.
GRRRRKK!
AAAAHH!!
P-TOO
ICH HAB 'NE NASE.

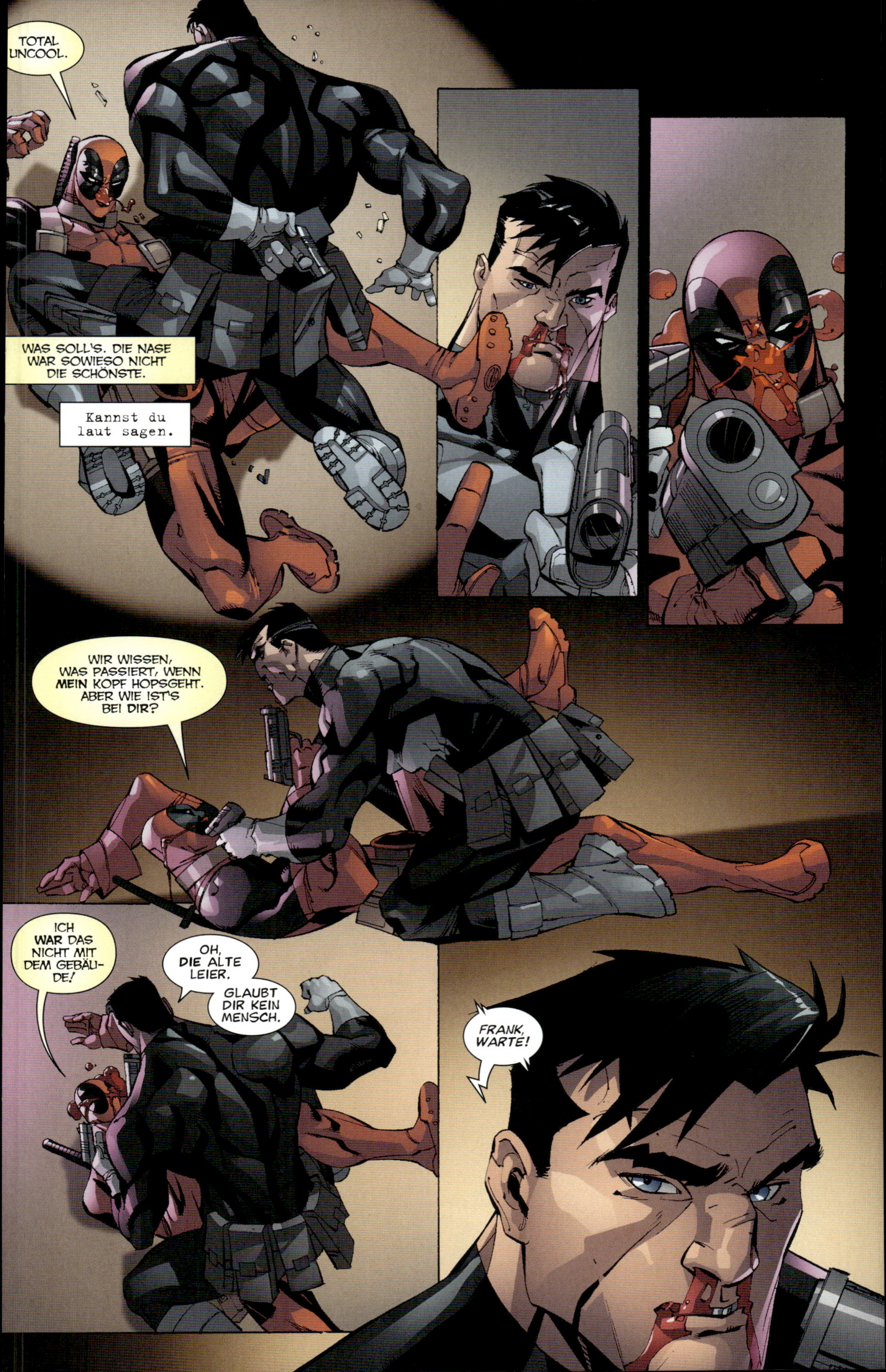
TOTAL UNCOOL.
WAS SOLL'S. DIE NASE WAR SOWIESO NICHT DIE SCHÖNSTE.
Kannst du laut sagen.
WIR WISSEN, WAS PASSIERT, WENN MEIN KOPF HOPSGEHT. ABER WIE IST'S BEI DIR?
ICH WAR DAS NICHT MIT DEM GEBÄUDE!
OH, DIE ALTE LEIER.
GLAUBT DIR KEIN MENSCH.
FRANK, WARTE!

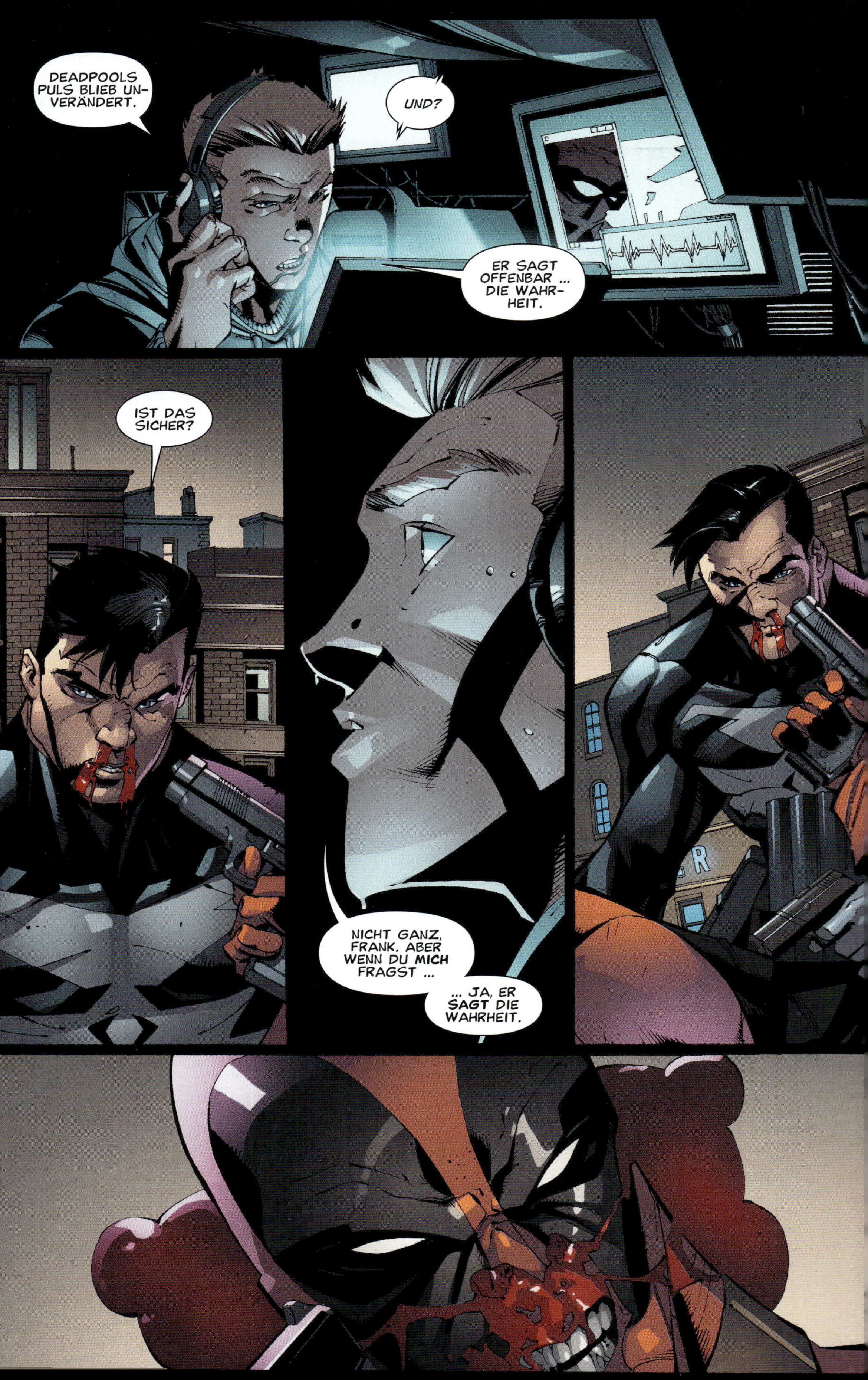
DEADPOOLS PULS BLIEB UN-VERÄNDERT.
UND?
ER SAGT OFFENBAR ... DIE WAHR-HEIT.
IST DAS SICHER?
NICHT GANZ, FRANK. ABER WENN DU MICH FRAGST ...
... JA, ER SAGT DIE WAHRHEIT.

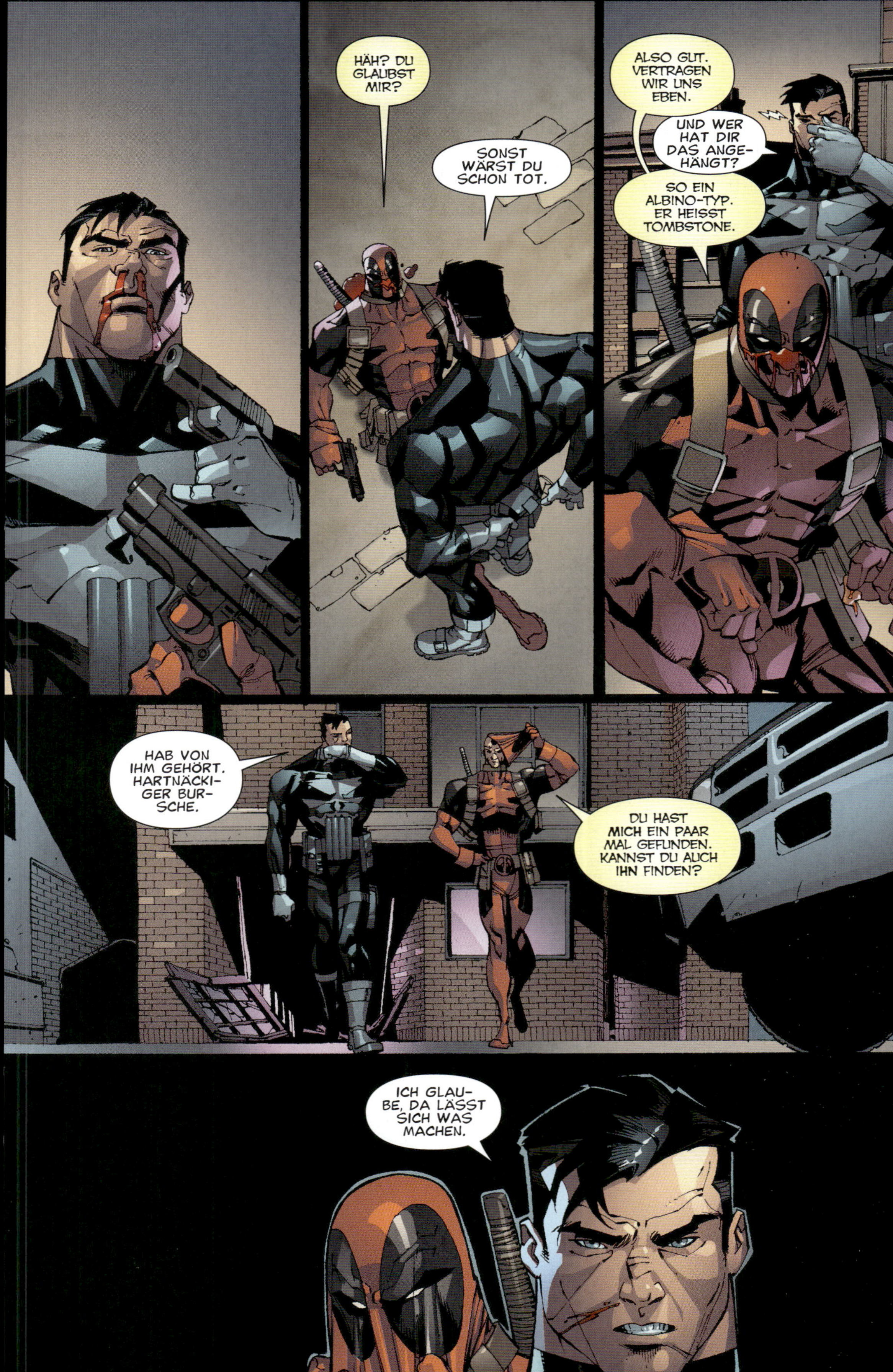
HÄH? DU GLAUBST MIR?
SONST WÄRST DU SCHON TOT.
ALSO GUT. VERTRAGEN WIR UNS EBEN.
UND WER HAT DIR DAS ANGE-HÄNGT?
SO EIN ALBINO-TYP. ER HEISST TOMBSTONE.
HAB VON IHM GEHÖRT. HARTNÄCKI-GER BUR-SCHE.
DU HAST MICH EIN PAAR MAL GEFUNDEN. KANNST DU AUCH IHN FINDEN?
ICH GLAU-BE, DA LÄSST SICH WAS MACHEN.

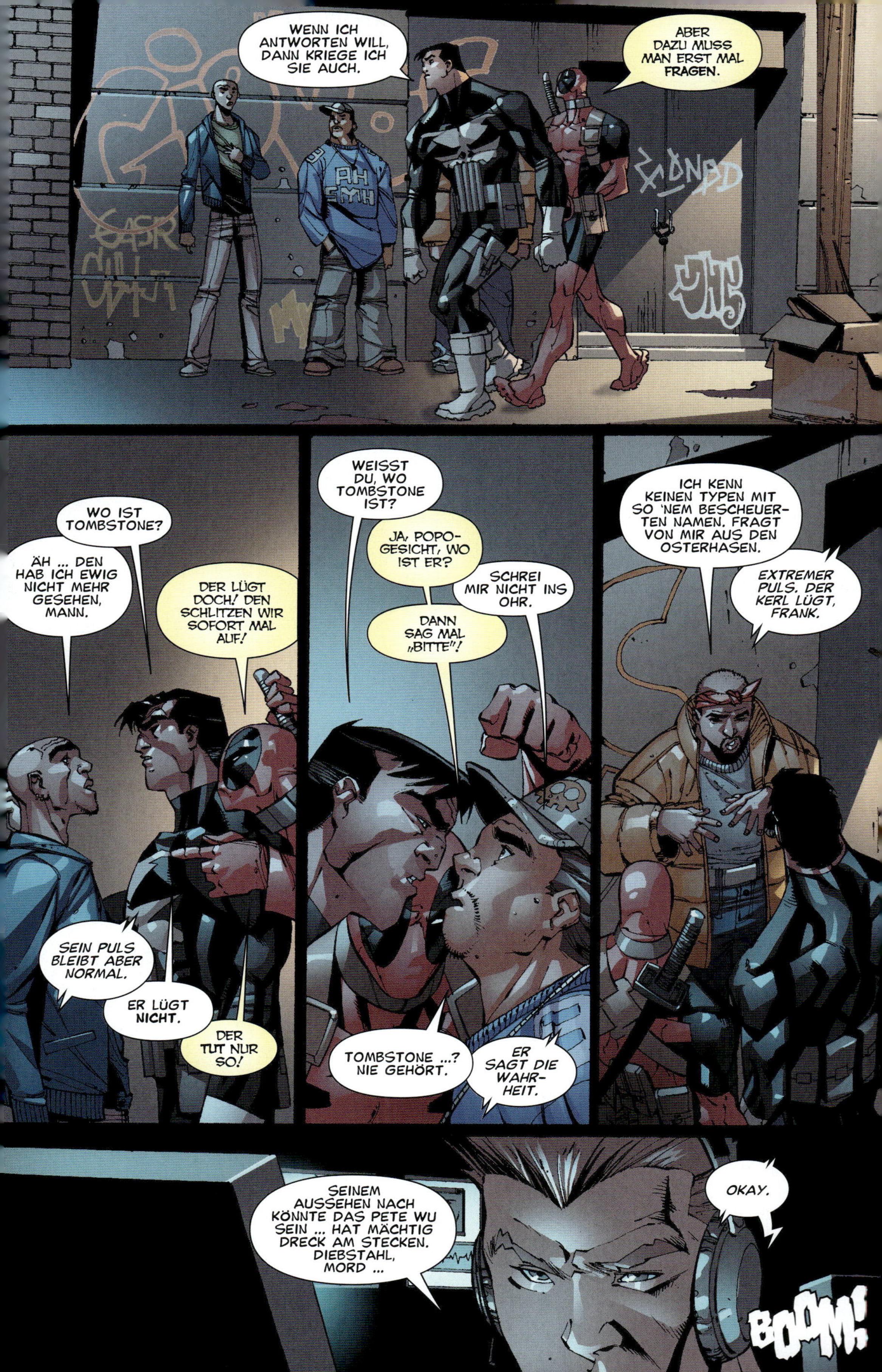

WENN ICH ANTWORTEN WILL, DANN KRIEGE ICH SIE AUCH.
ABER DAZU MUSS MAN ERST MAL FRAGEN.
WO IST TOMBSTONE?
ÄH ... DEN HAB ICH EWIG NICHT MEHR GESEHEN, MANN.
DER LÜGT DOCH! DEN SCHLITZEN WIR SOFORT MAL AUF!
SEIN PULS BLEIBT ABER NORMAL.
ER LÜGT NICHT.
DER TUT NUR SO!
WEISST DU, WO TOMBSTONE IST?
JA, POPOGESICHT, WO IST ER?
SCHREI MIR NICHT INS OHR.
DANN SAG MAL „BITTE"!
TOMBSTONE ...? NIE GEHÖRT.
ER SAGT DIE WAHRHEIT.
ICH KENN KEINEN TYPEN MIT SO 'NEM BESCHEUERTEN NAMEN. FRAGT VON MIR AUS DEN OSTERHASEN.
EXTREMER PULS. DER KERL LÜGT, FRANK.
SEINEM AUSSEHEN NACH KÖNNTE DAS PETE WU SEIN ... HAT MÄCHTIG DRECK AM STECKEN. DIEBSTAHL, MORD ...
OKAY.
BOOM!

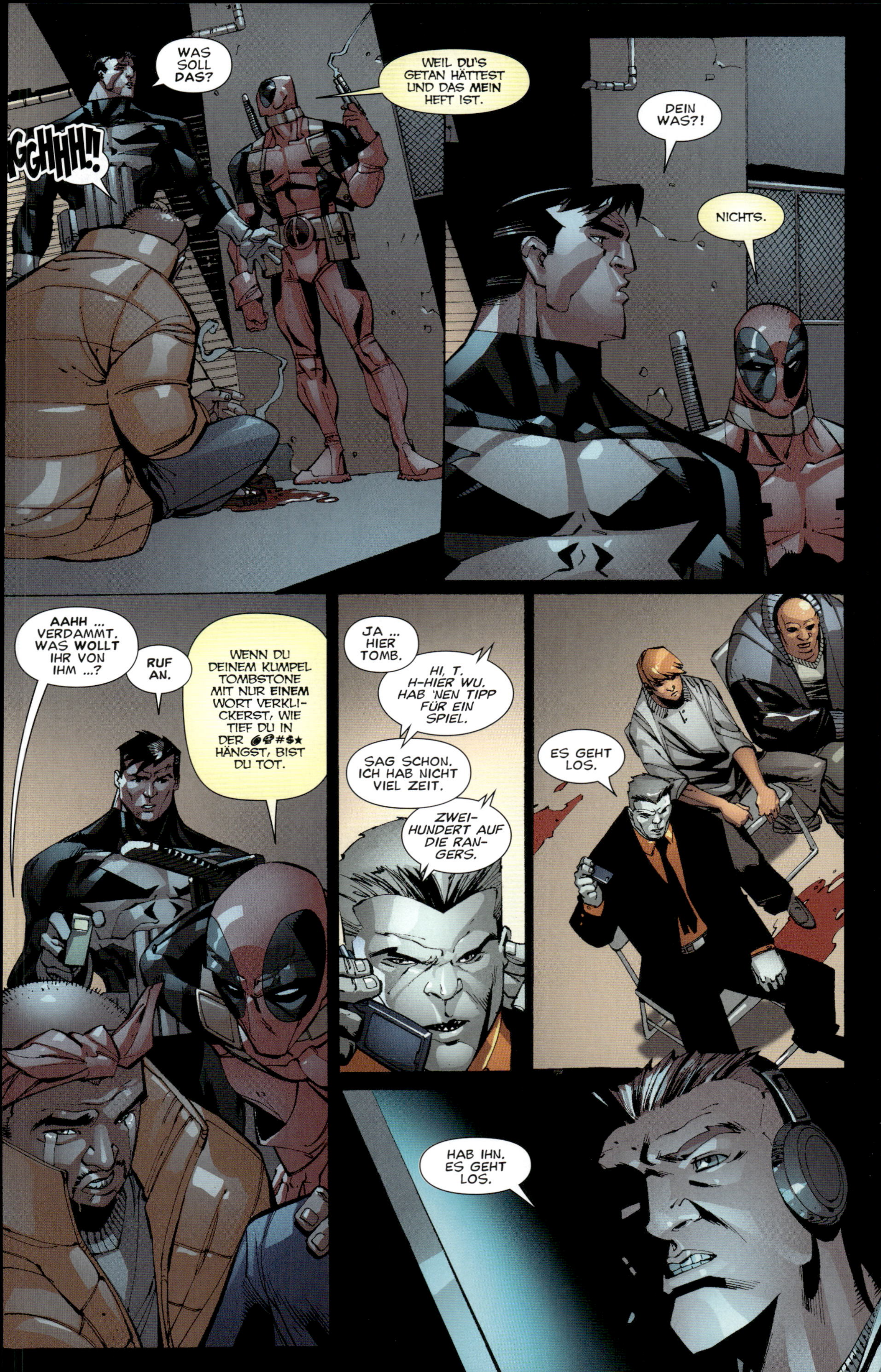

GGHHH!!
WAS SOLL DAS?
WEIL DU'S GETAN HÄTTEST UND DAS MEIN HEFT IST.
DEIN WAS?!
NICHTS.
AAHH ... VERDAMMT. WAS WOLLT IHR VON IHM ...?
RUF AN.
WENN DU DEINEM KUMPEL TOMBSTONE MIT NUR EINEM WORT VERKLI-CKERST, WIE TIEF DU IN DER @@#$* HÄNGST, BIST DU TOT.
JA ... HIER TOMB.
HI, T. H-HIER WU. HAB 'NEN TIPP FÜR EIN SPIEL.
SAG SCHON. ICH HAB NICHT VIEL ZEIT.
ZWEI-HUNDERT AUF DIE RAN-GERS.
ES GEHT LOS.
HAB IHN. ES GEHT LOS.

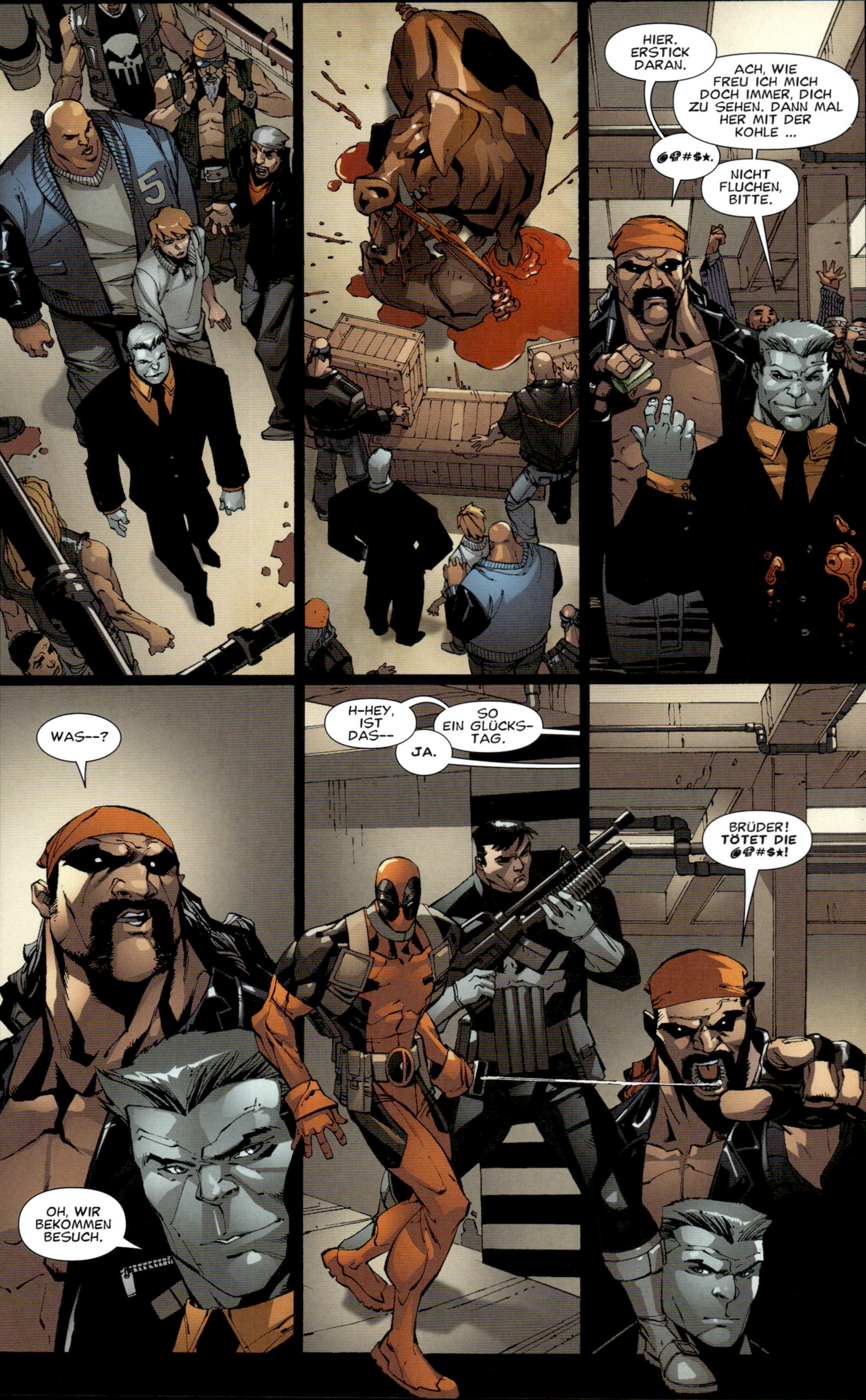
HIER. ERSTICK DARAN.
ACH, WIE FREU ICH MICH DOCH IMMER, DICH ZU SEHEN. DANN MAL HER MIT DER KOHLE ...
@?#$★.
NICHT FLUCHEN, BITTE.
WAS--?
OH, WIR BEKOMMEN BESUCH.
H-HEY, IST DAS--
SO EIN GLÜCKSTAG.
JA.
BRÜDER! TÖTET DIE @?#$★!

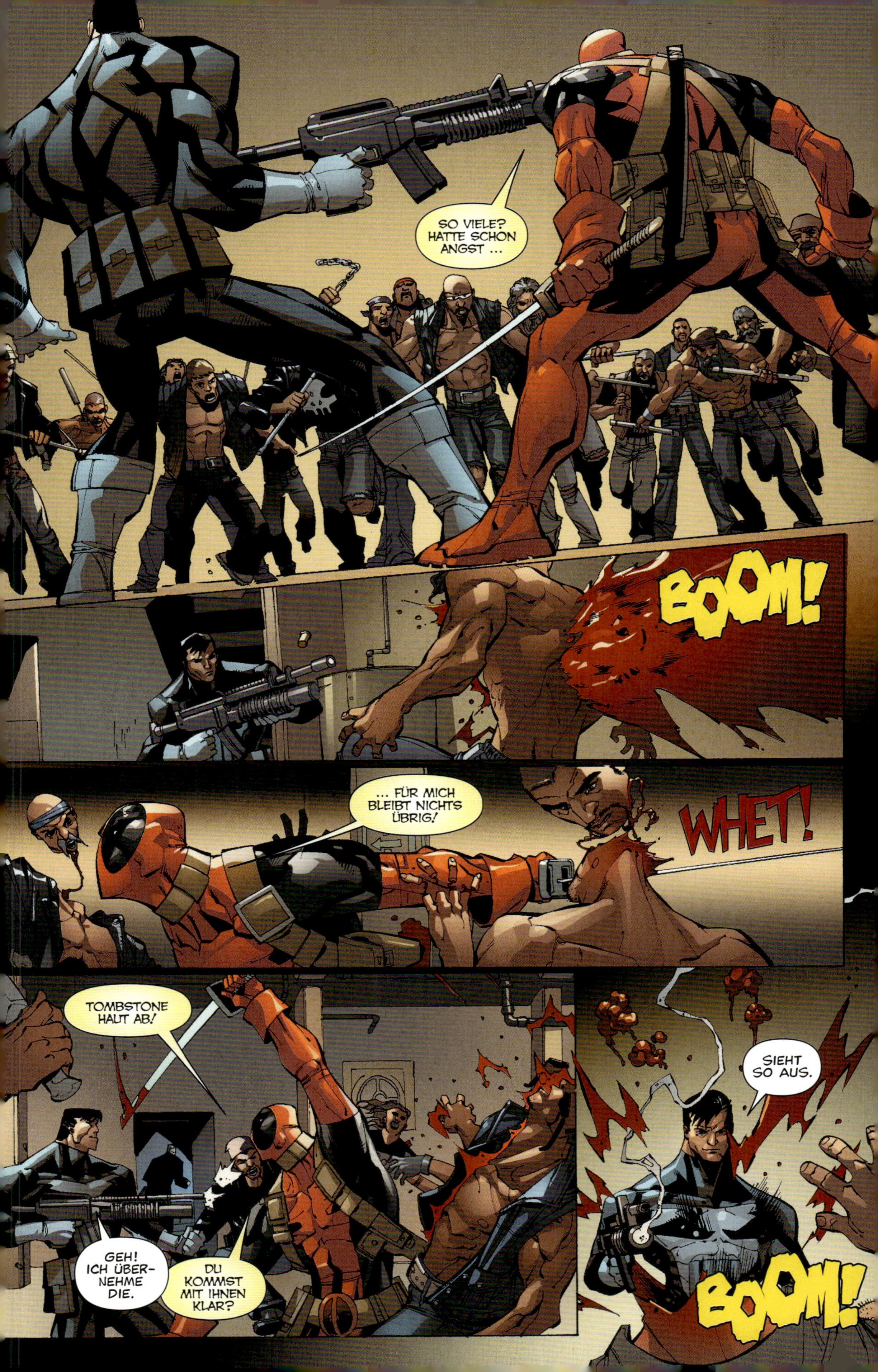
SO VIELE? HATTE SCHON ANGST ...
BOOM!
... FÜR MICH BLEIBT NICHTS ÜBRIG!
WHET!
TOMBSTONE HAUT AB!
GEH! ICH ÜBER-NEHME DIE.
DU KOMMST MIT IHNEN KLAR?
SIEHT SO AUS.
BOOM!

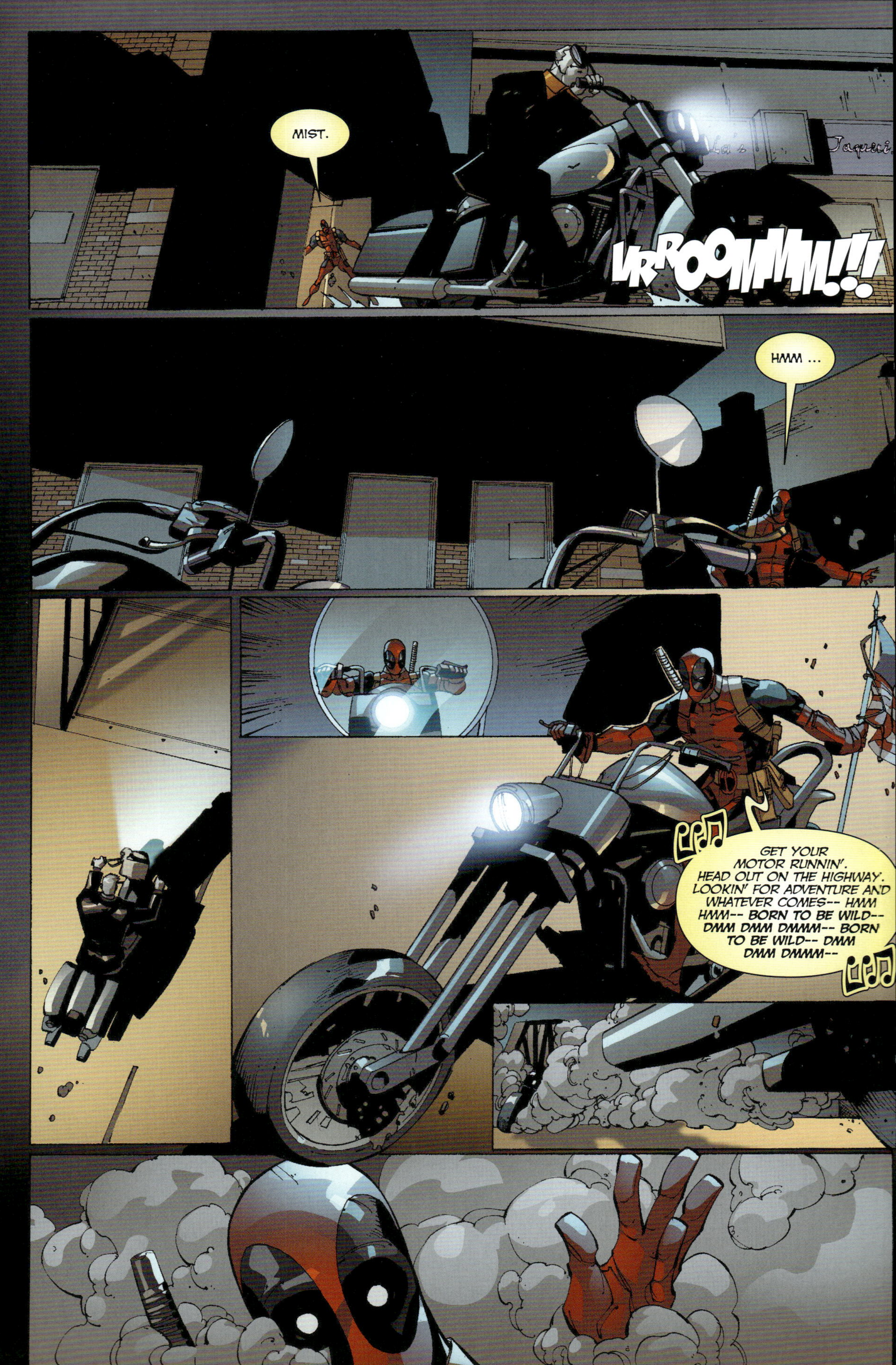
MIST.
VRROOMMM!!!
HMM ...
GET YOUR MOTOR RUNNIN'. HEAD OUT ON THE HIGHWAY. LOOKIN' FOR ADVENTURE AND WHATEVER COMES-- HMM HMM-- BORN TO BE WILD-- DMM DMM DMMM-- BORN TO BE WILD-- DMM DMM DMMM--

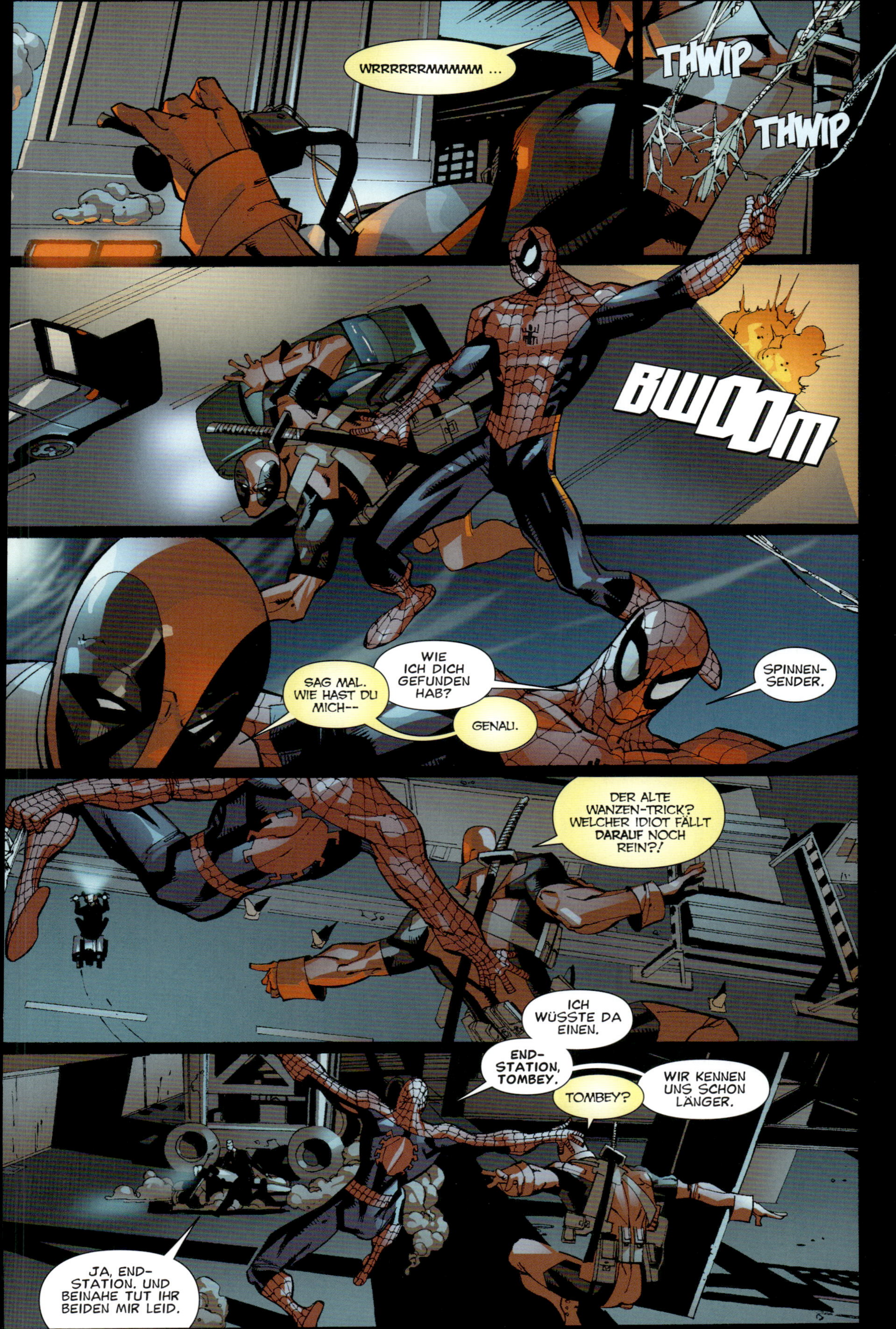
WRRRRRRMMMMM ...
THWIP
THWIP
BWOOM
SAG MAL. WIE HAST DU MICH--
WIE ICH DICH GEFUNDEN HAB?
GENAU.
SPINNEN-SENDER.
DER ALTE WANZEN-TRICK? WELCHER IDIOT FÄLLT DARAUF NOCH REIN?!
ICH WÜSSTE DA EINEN.
END-STATION, TOMBEY.
TOMBEY?
WIR KENNEN UNS SCHON LÄNGER.
JA, END-STATION. UND BEINAHE TUT IHR BEIDEN MIR LEID.

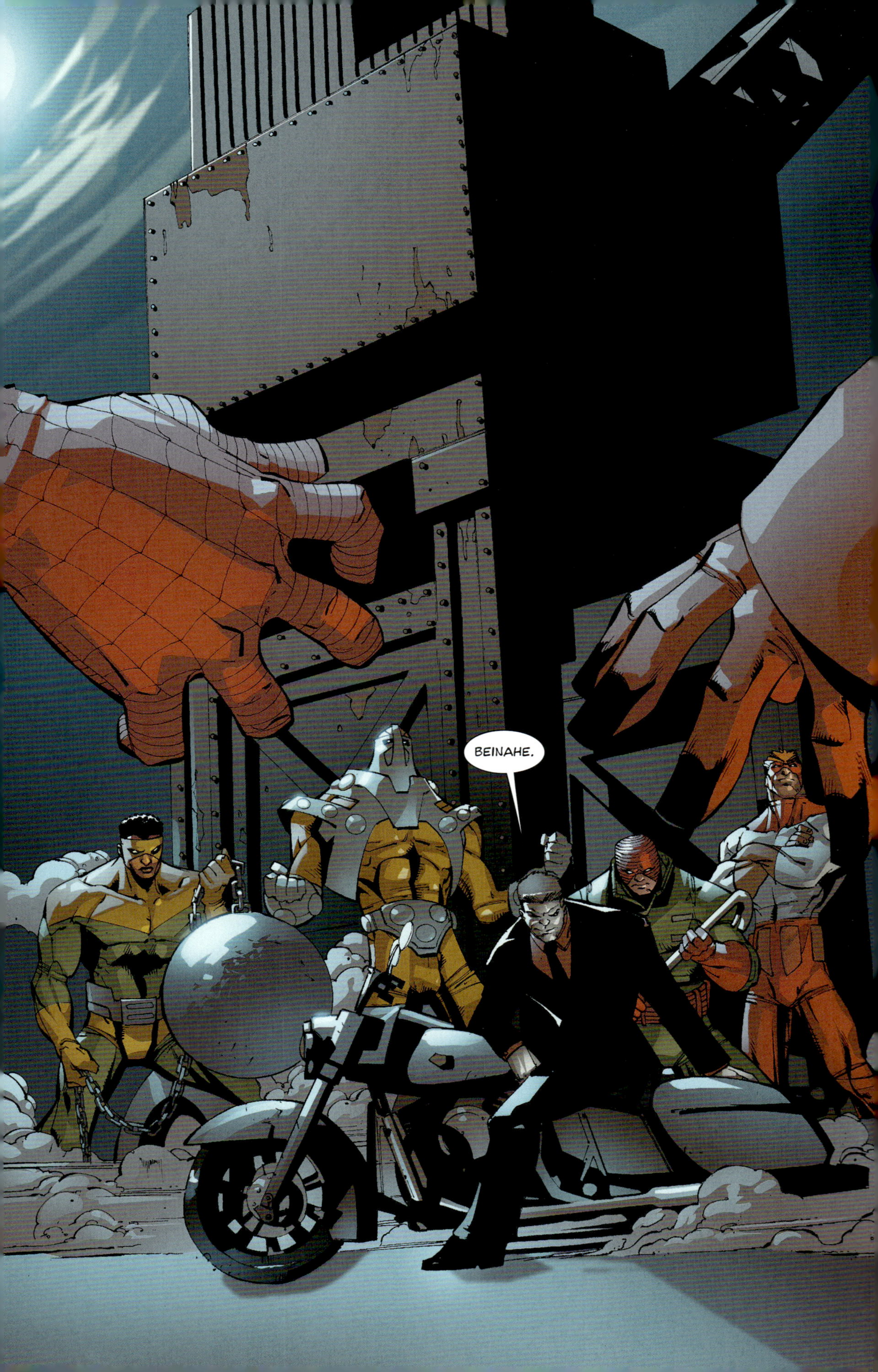
BEINAHE.

DIE WETTE, TEIL 5

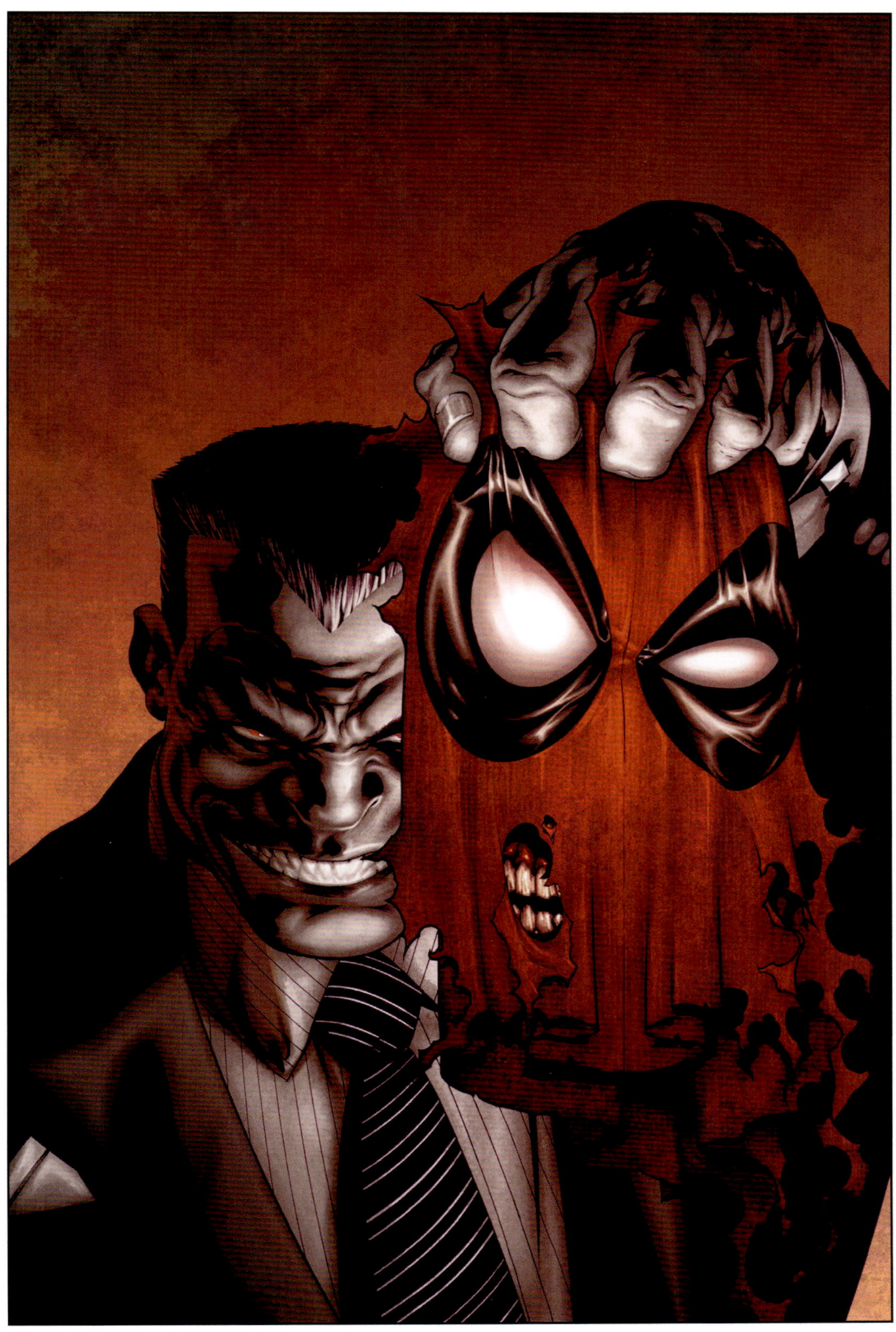

Deadpool: Suicide Kings (2009) 5
Cover von **MIKE McKONE**

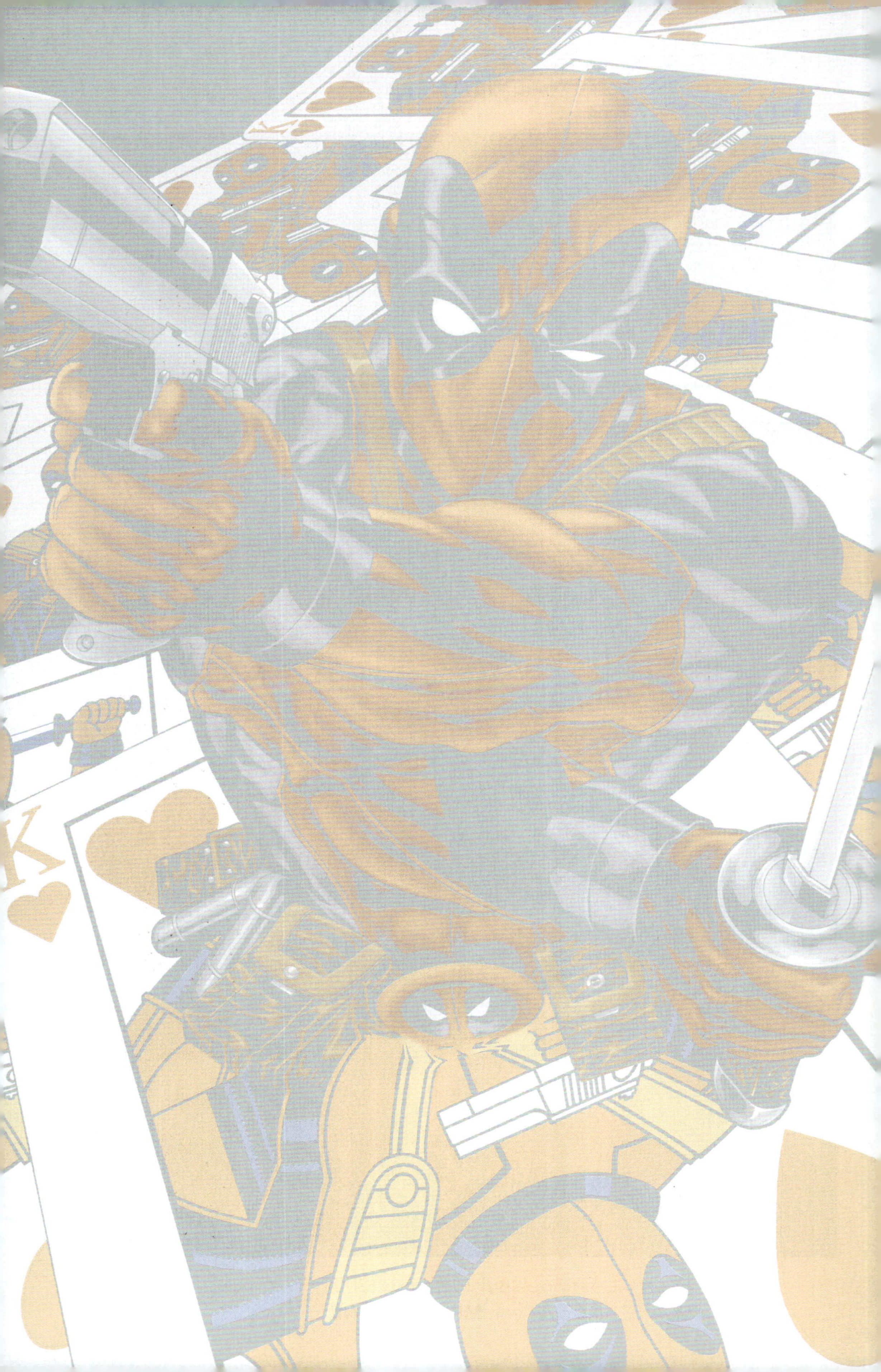

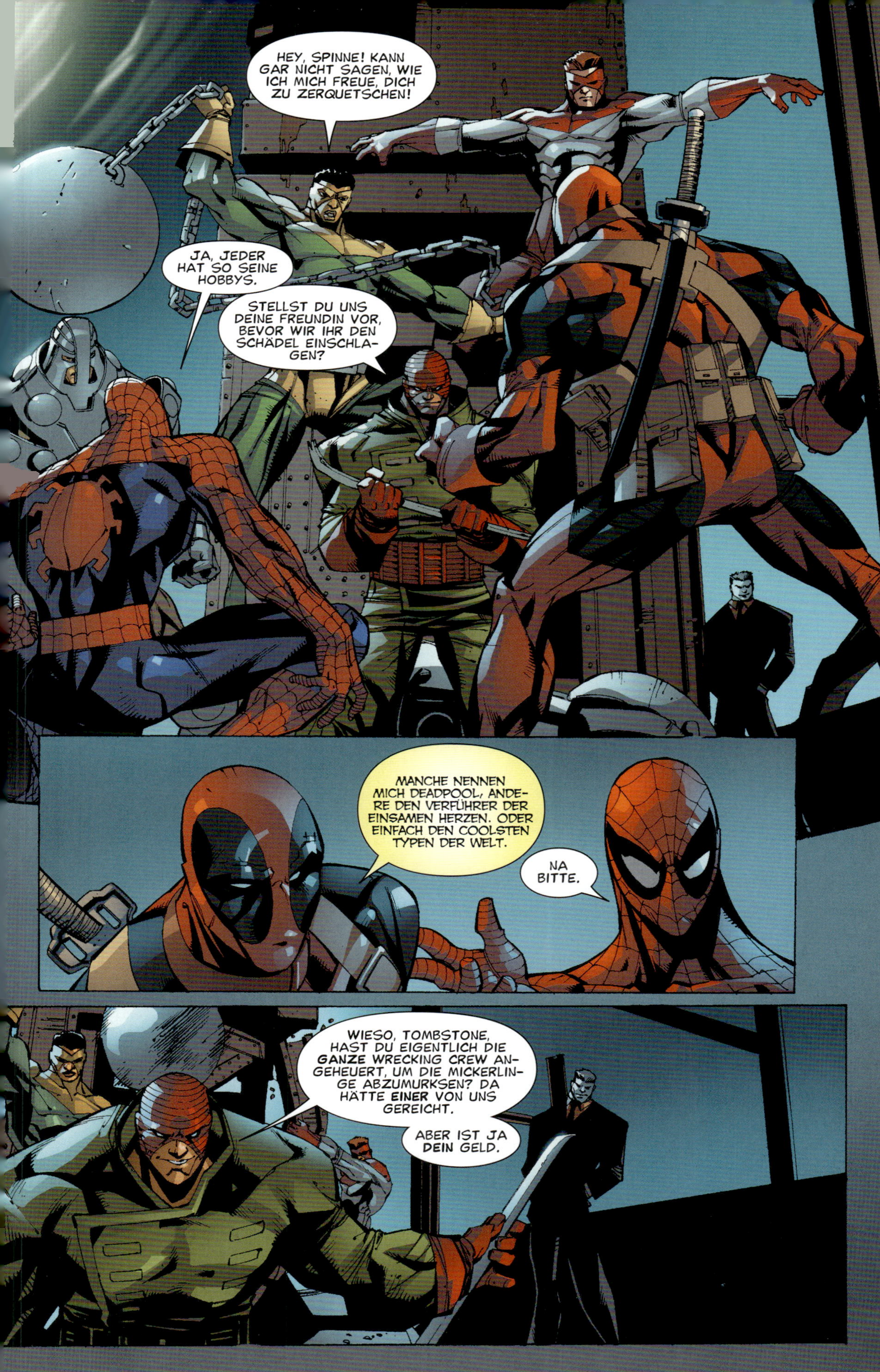
HEY, SPINNE! KANN GAR NICHT SAGEN, WIE ICH MICH FREUE, DICH ZU ZERQUETSCHEN!
JA, JEDER HAT SO SEINE HOBBYS.
STELLST DU UNS DEINE FREUNDIN VOR, BEVOR WIR IHR DEN SCHÄDEL EINSCHLA-GEN?
MANCHE NENNEN MICH DEADPOOL, ANDE-RE DEN VERFÜHRER DER EINSAMEN HERZEN. ODER EINFACH DEN COOLSTEN TYPEN DER WELT.
NA BITTE.
WIESO, TOMBSTONE, HAST DU EIGENTLICH DIE **GANZE** WRECKING CREW AN-GEHEUERT, UM DIE MICKERLIN-GE ABZUMURKSEN? DA HÄTTE **EINER** VON UNS GEREICHT.
ABER IST JA **DEIN** GELD.

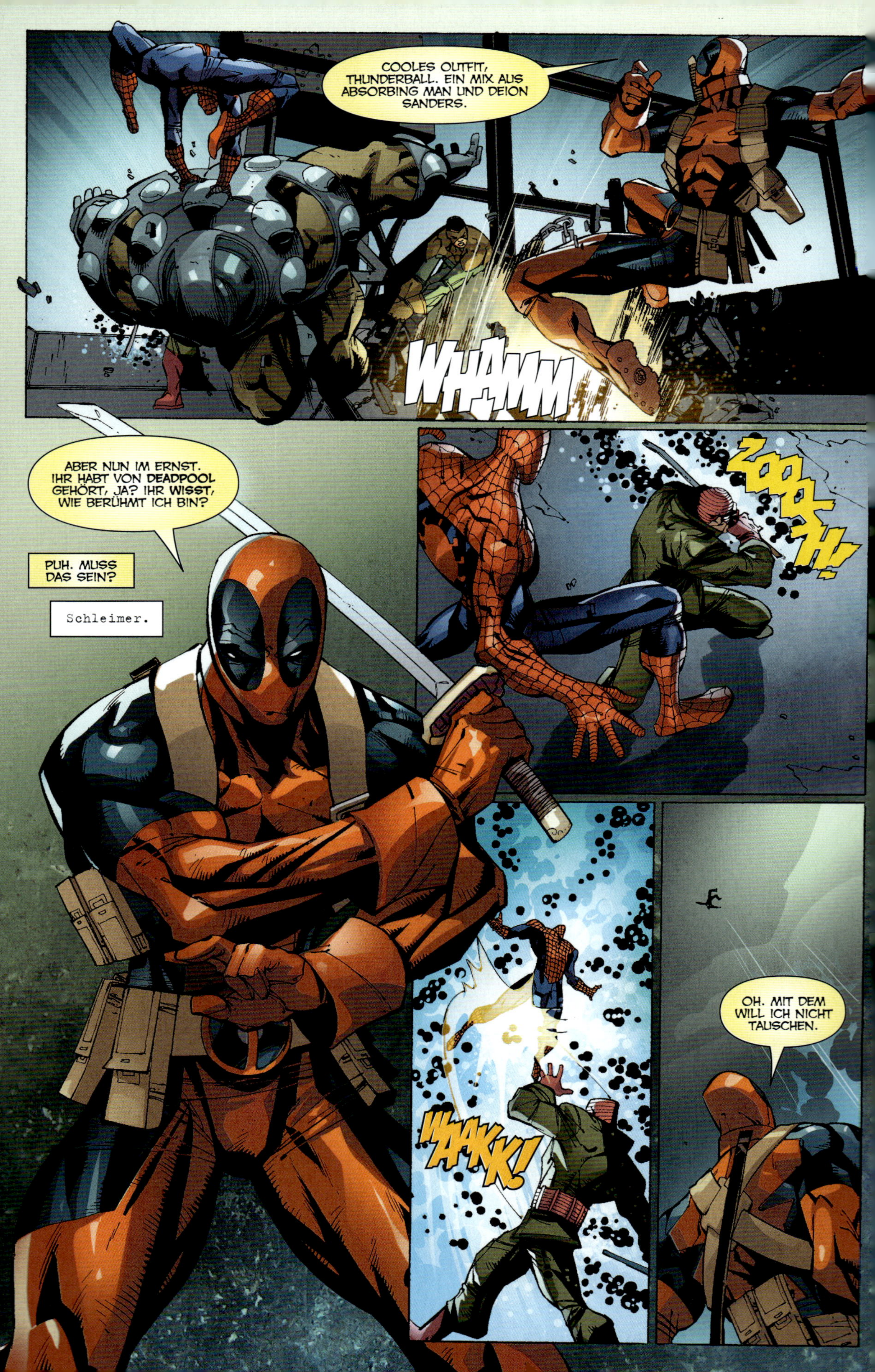
COOLES OUTFIT, THUNDERBALL. EIN MIX AUS ABSORBING MAN UND DEION SANDERS.
WHAMM
ABER NUN IM ERNST. IHR HABT VON DEADPOOL GEHÖRT, JA? IHR WISST, WIE BERÜHMT ICH BIN?
PUH. MUSS DAS SEIN?
Schleimer.
ZOOOSH!
WAKK!
OH. MIT DEM WILL ICH NICHT TAUSCHEN.

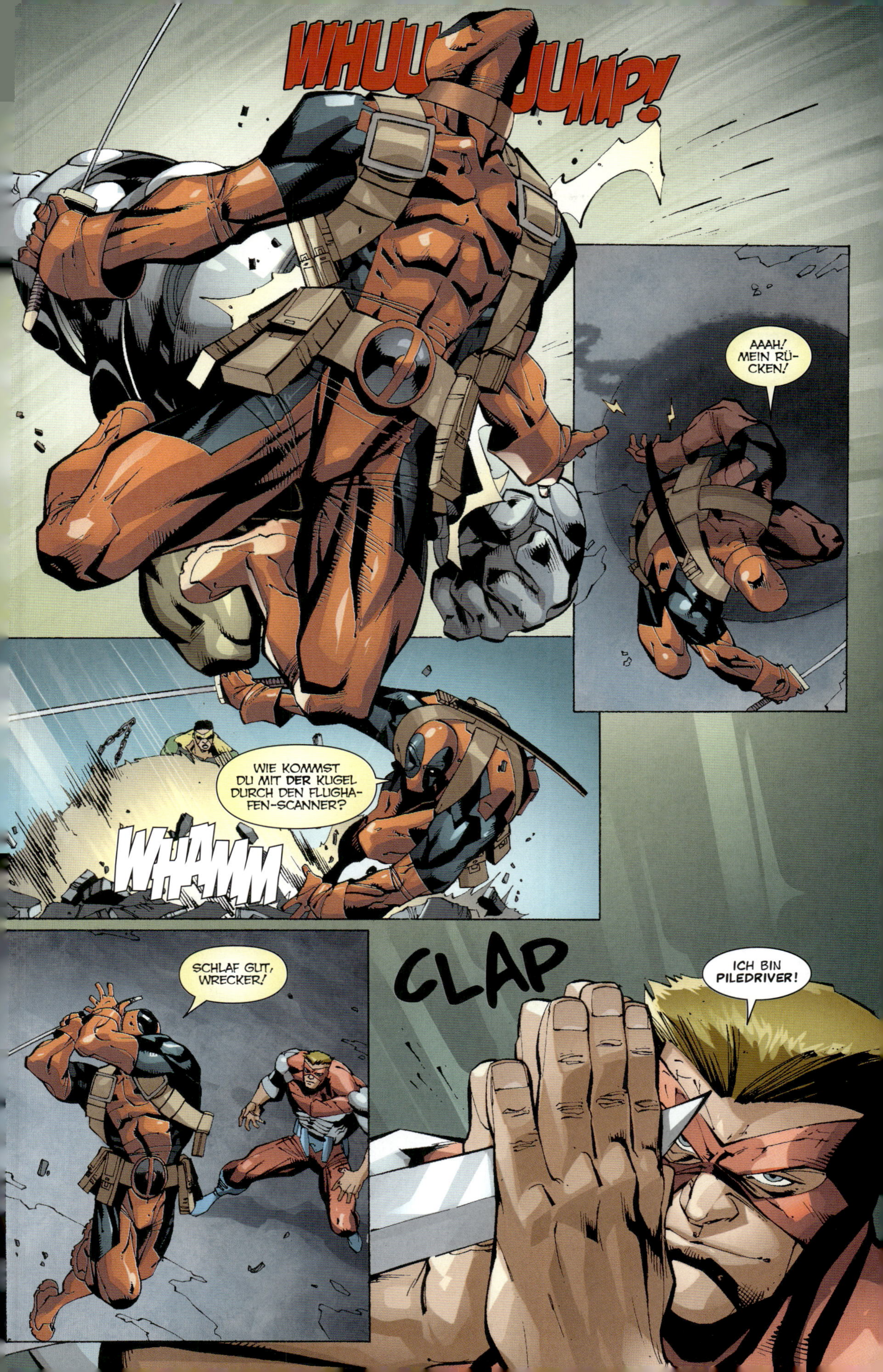
WHUUMMPJUMP!
AAAH! MEIN RÜCKEN!
WIE KOMMST DU MIT DER KUGEL DURCH DEN FLUGHAFEN-SCANNER?
WHAMM
SCHLAF GUT, WRECKER!
CLAP
ICH BIN PILEDRIVER!

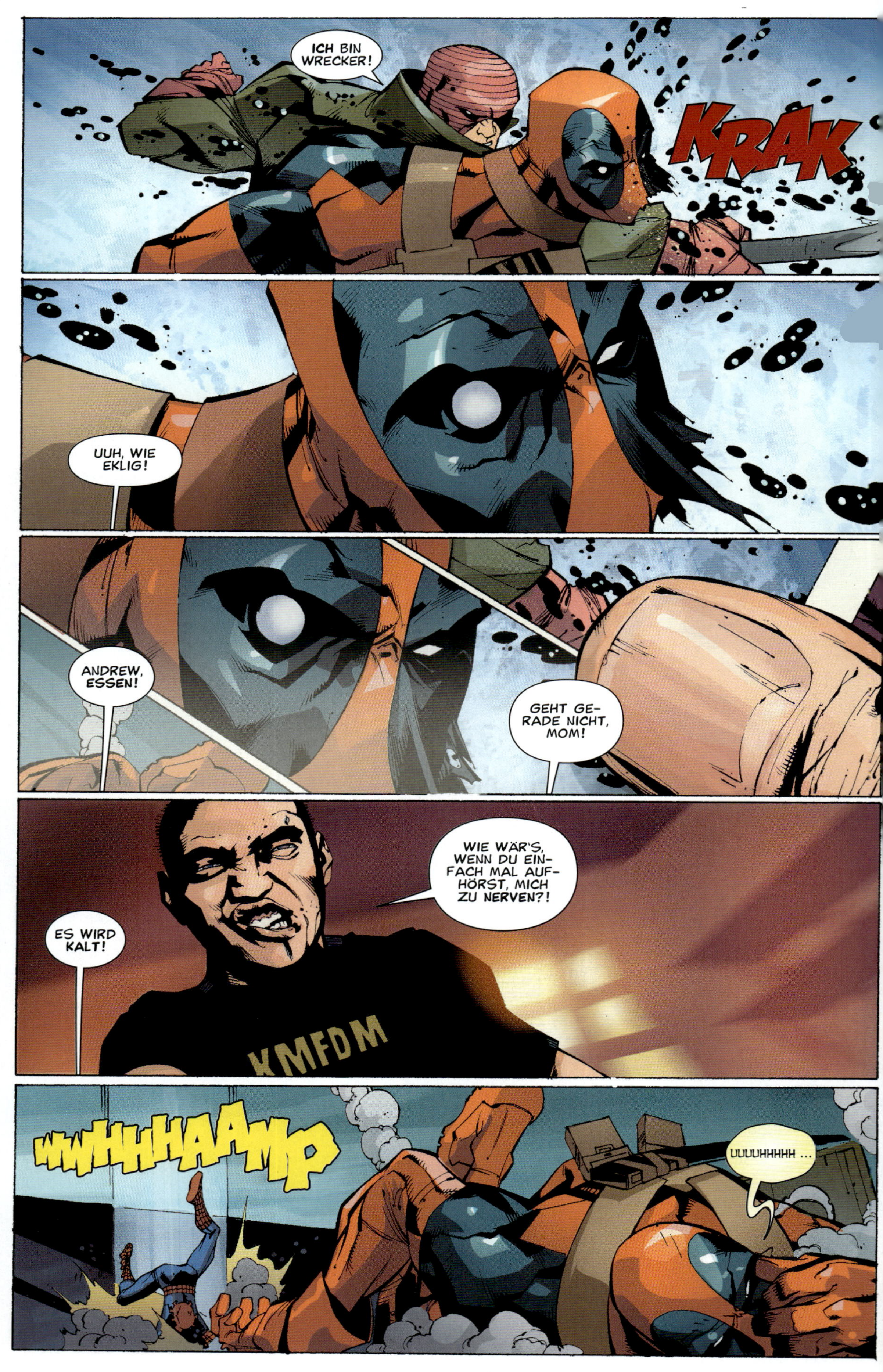
ICH BIN WRECKER!
KRAK
UUH, WIE EKLIG!
ANDREW, ESSEN!
GEHT GE-RADE NICHT, MOM!
ES WIRD KALT!
WIE WÄR'S, WENN DU EIN-FACH MAL AUF-HÖRST, MICH ZU NERVEN?!
KMFDM
WWHHHAAMP
UUUUHHHHH ...

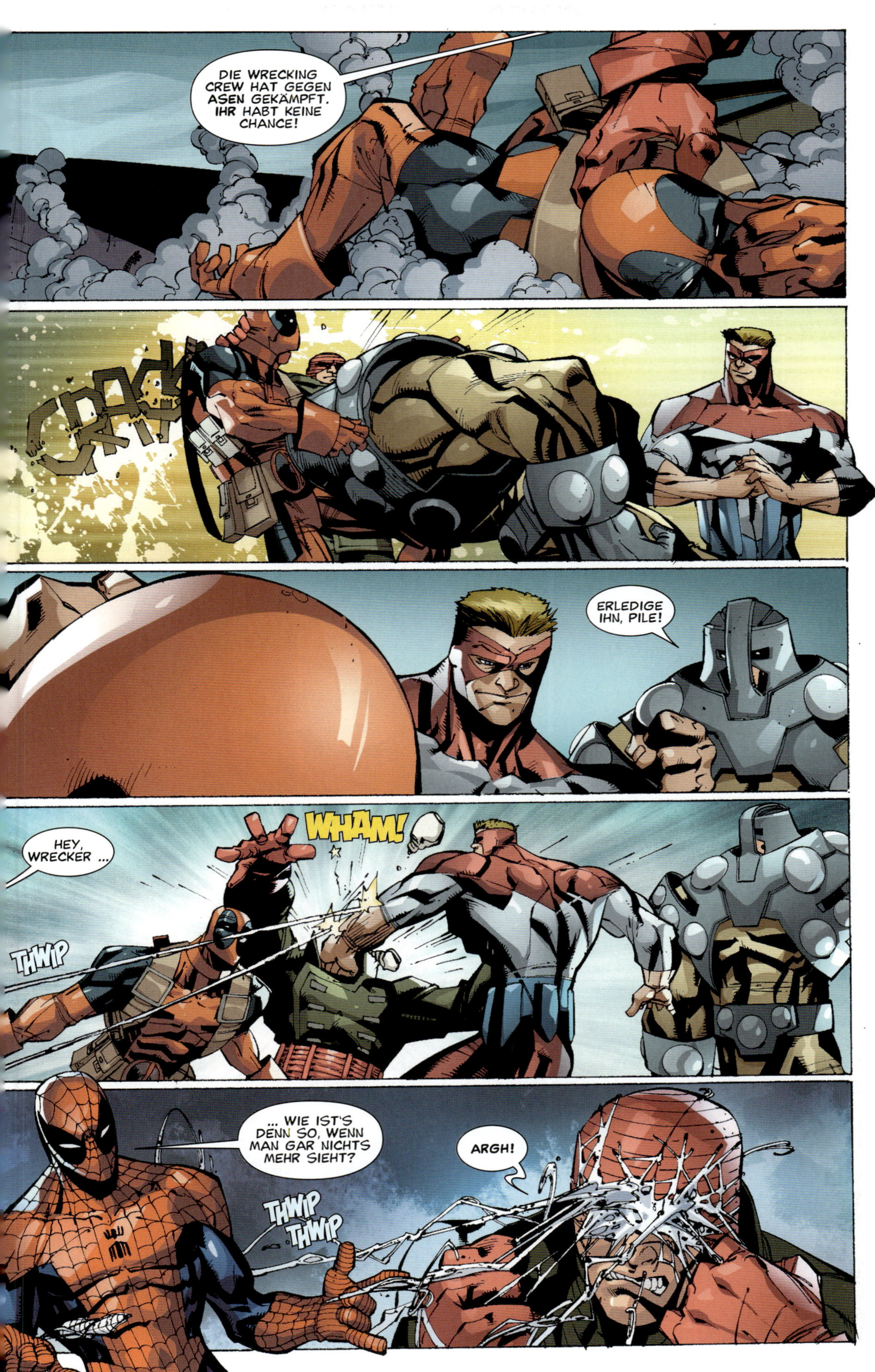
DIE WRECKING CREW HAT GEGEN ASEN GEKÄMPFT. IHR HABT KEINE CHANCE!
CRACK
ERLEDIGE IHN, PILE!
HEY, WRECKER ...
WHAM!
THWIP
... WIE IST'S DENN SO, WENN MAN GAR NICHTS MEHR SIEHT?
ARGH!
THWIP THWIP

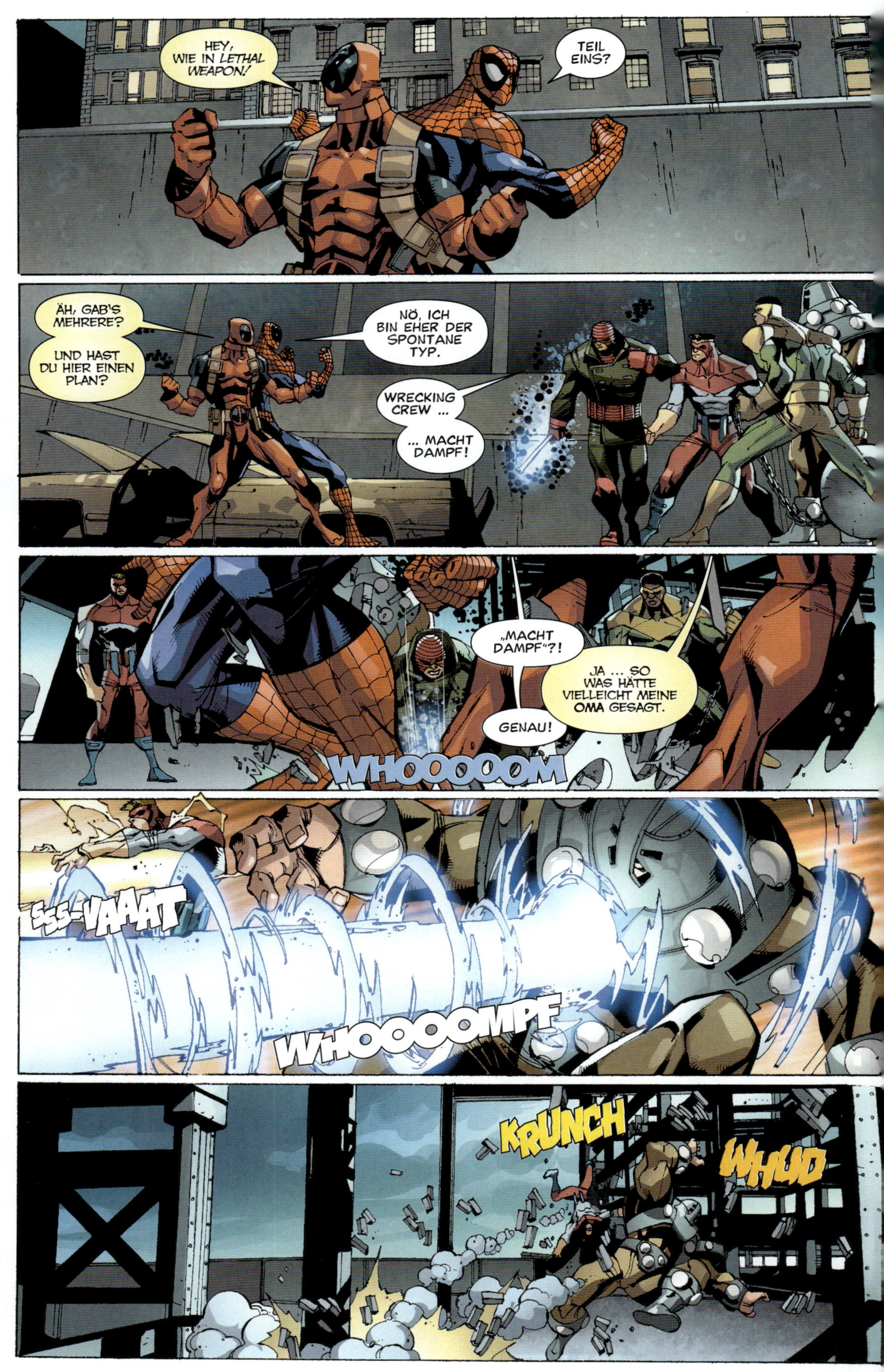
HEY, WIE IN LETHAL WEAPON!
TEIL EINS?
ÄH, GAB'S MEHRERE?
UND HAST DU HIER EINEN PLAN?
NÖ, ICH BIN EHER DER SPONTANE TYP.
WRECKING CREW ...
... MACHT DAMPF!
„MACHT DAMPF"?!
JA ... SO WAS HÄTTE VIELLEICHT MEINE OMA GESAGT.
GENAU!
WHOOOOOOM
SSS-VAAAT
WHOOOOOMPF
KRUNCH
WHUD

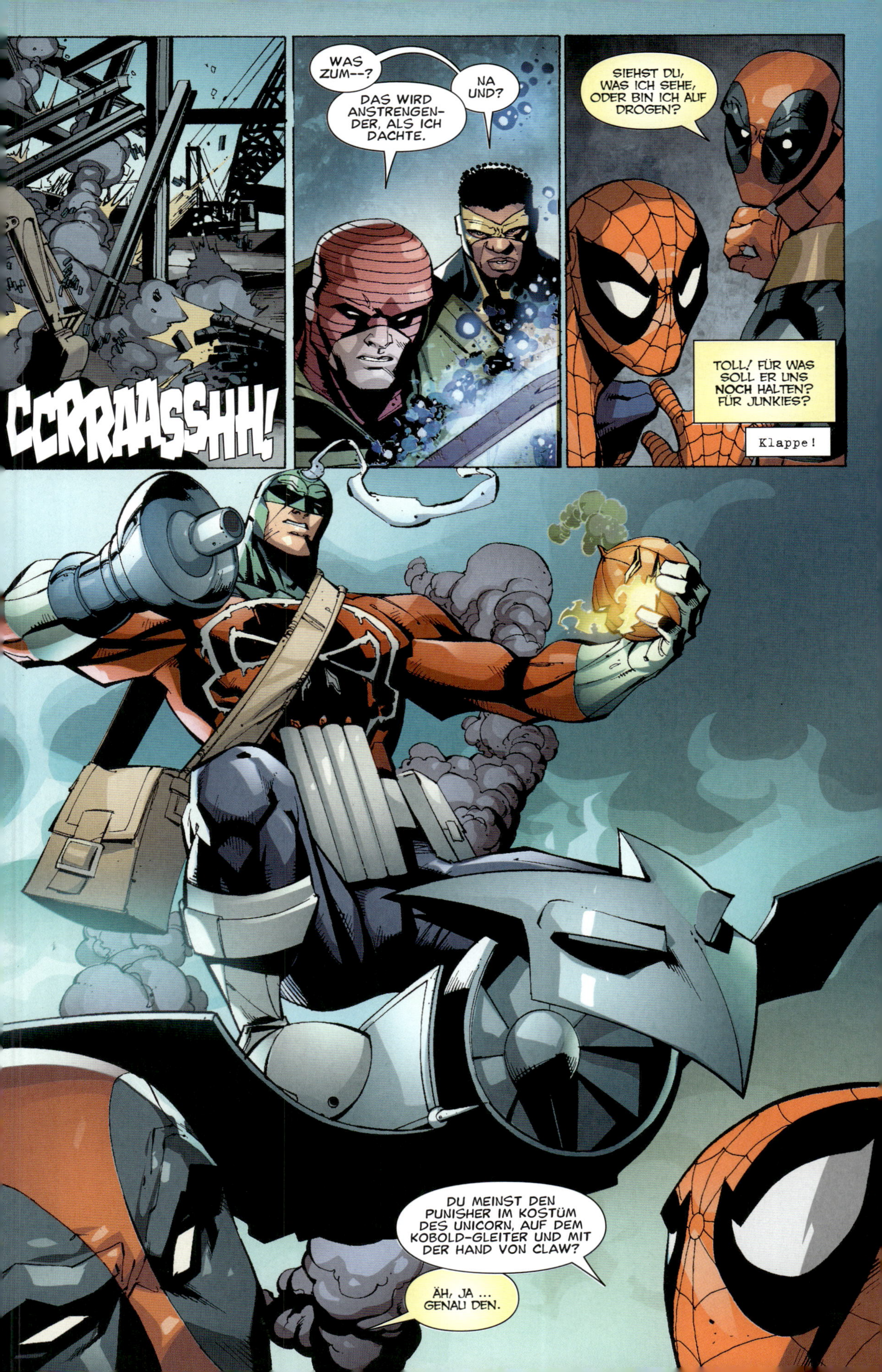
CCRRAASSHH!
WAS ZUM--?
NA UND?
DAS WIRD ANSTRENGENDER, ALS ICH DACHTE.
SIEHST DU, WAS ICH SEHE, ODER BIN ICH AUF DROGEN?
TOLL! FÜR WAS SOLL ER UNS NOCH HALTEN? FÜR JUNKIES?
Klappe!
DU MEINST DEN PUNISHER IM KOSTÜM DES UNICORN, AUF DEM KOBOLD-GLEITER UND MIT DER HAND VON CLAW?
ÄH, JA ... GENAU DEN.

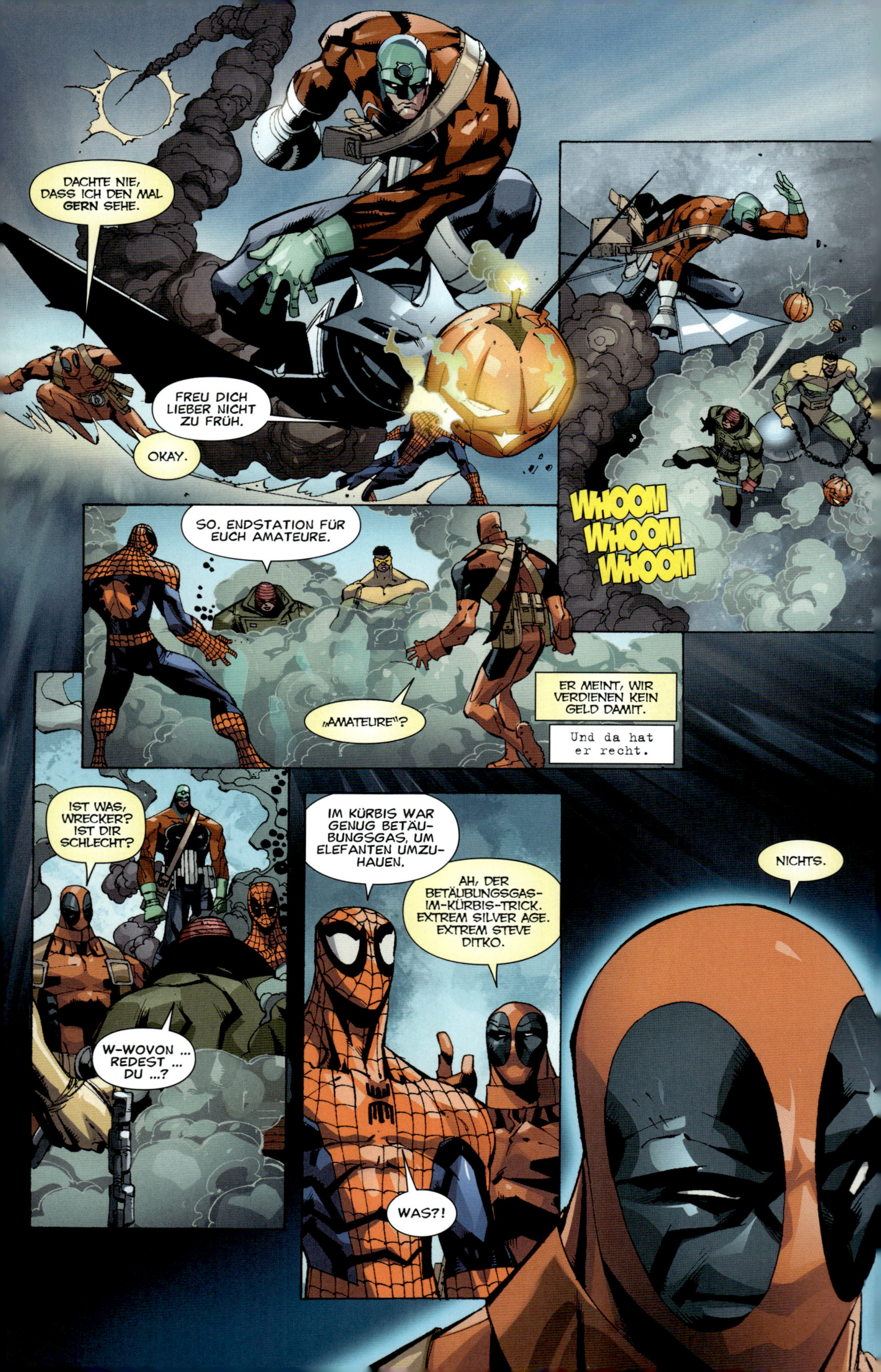
DACHTE NIE, DASS ICH DEN MAL GERN SEHE.
FREU DICH LIEBER NICHT ZU FRÜH.
OKAY.
WHOOM WHOOM WHOOM
SO. ENDSTATION FÜR EUCH AMATEURE.
„AMATEURE"?
ER MEINT, WIR VERDIENEN KEIN GELD DAMIT.
Und da hat er recht.
IST WAS, WRECKER? IST DIR SCHLECHT?
W-WOVON ... REDEST ... DU ...?
IM KÜRBIS WAR GENUG BETÄUBUNGSGAS, UM ELEFANTEN UMZUHAUEN.
AH, DER BETÄUBUNGSGAS-IM-KÜRBIS-TRICK. EXTREM SILVER AGE. EXTREM STEVE DITKO.
WAS?!
NICHTS.

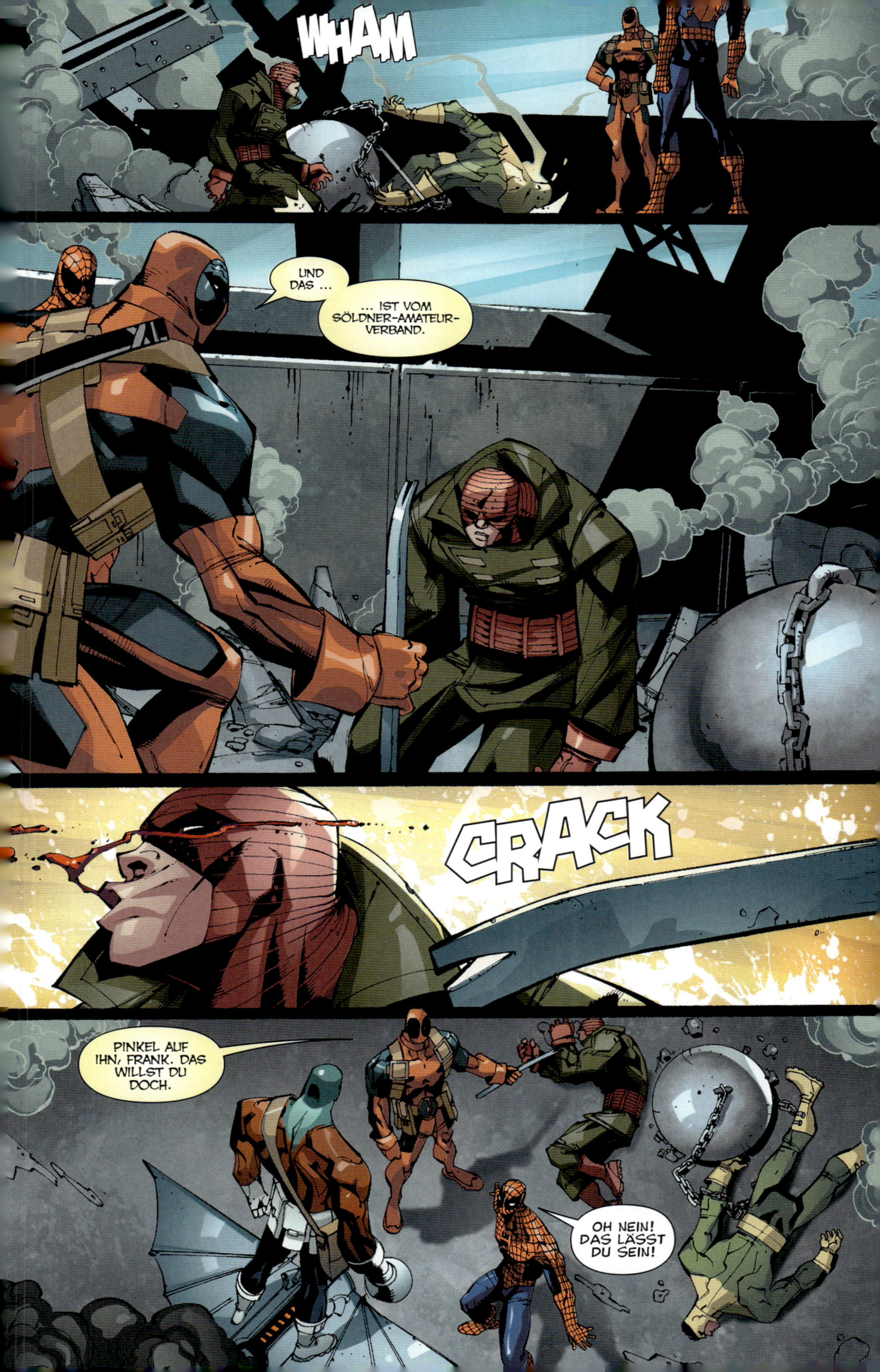
WHAM
UND DAS ...
... IST VOM SÖLDNER-AMATEUR-VERBAND.
CRACK
PINKEL AUF IHN, FRANK. DAS WILLST DU DOCH.
OH NEIN! DAS LÄSST DU SEIN!

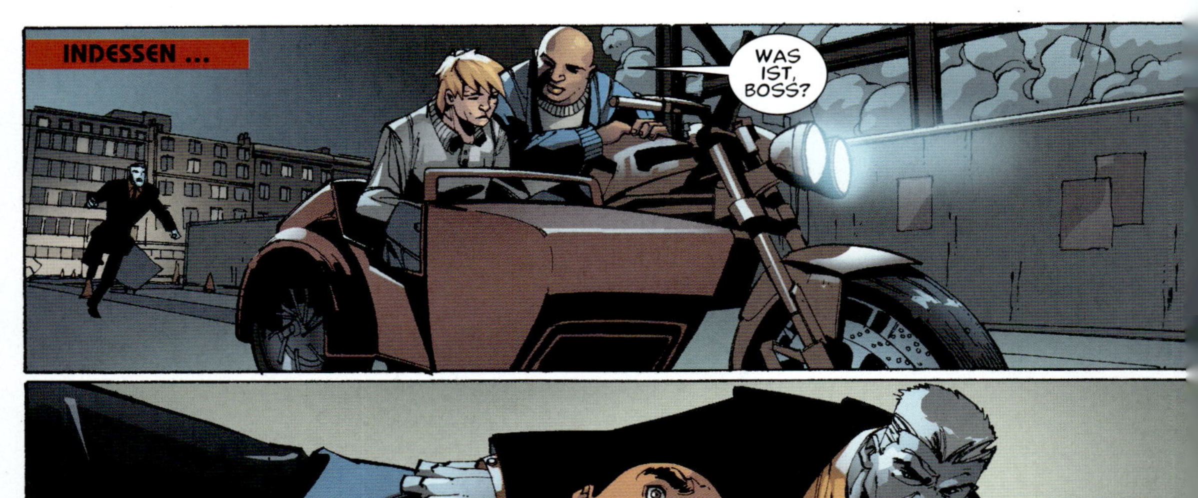
INDESSEN ...
WAS IST, BOSS?

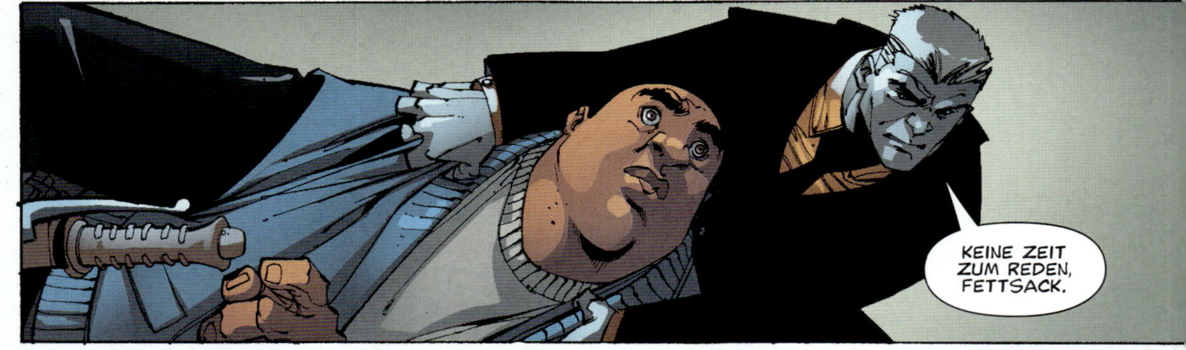
KEINE ZEIT ZUM REDEN, FETTSACK.

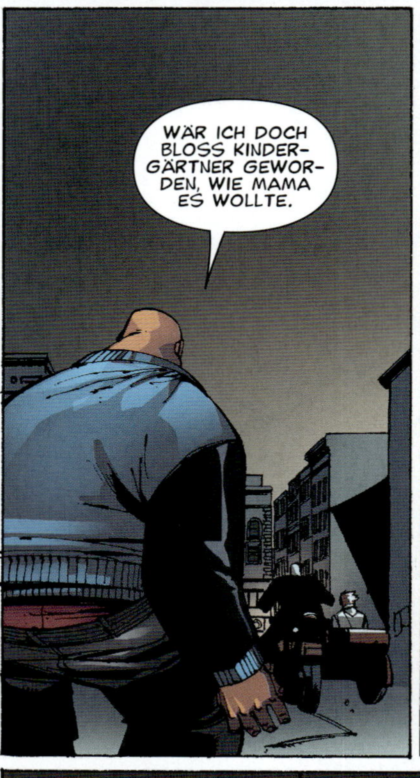
WÄR ICH DOCH BLOSS KINDERGÄRTNER GEWORDEN, WIE MAMA ES WOLLTE.

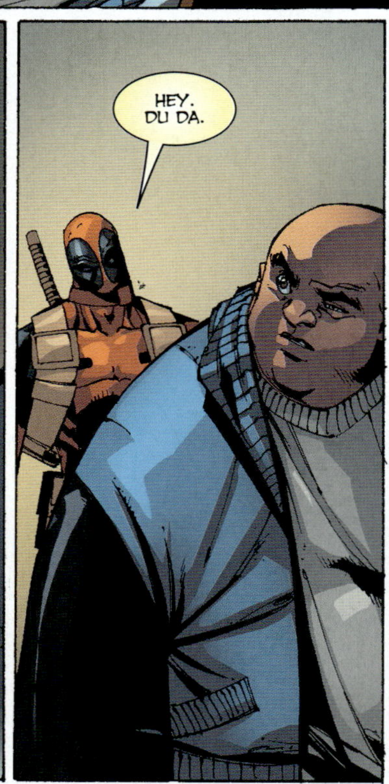
HEY. DU DA.

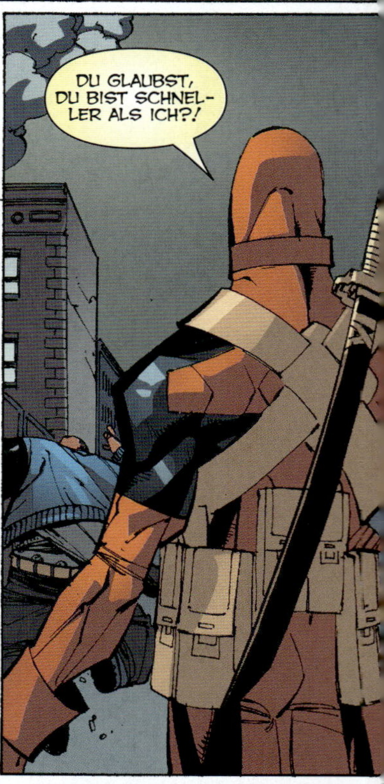
DU GLAUBST, DU BIST SCHNELLER ALS ICH?!

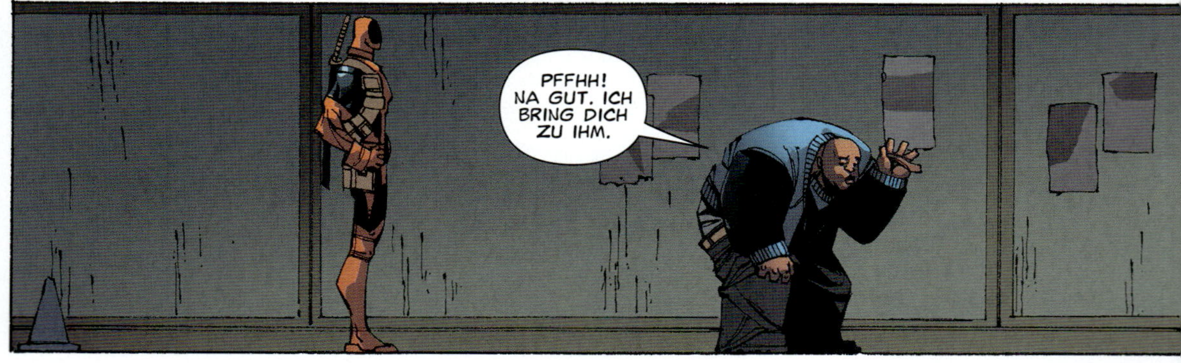
PFFHH! NA GUT. ICH BRING DICH ZU IHM.

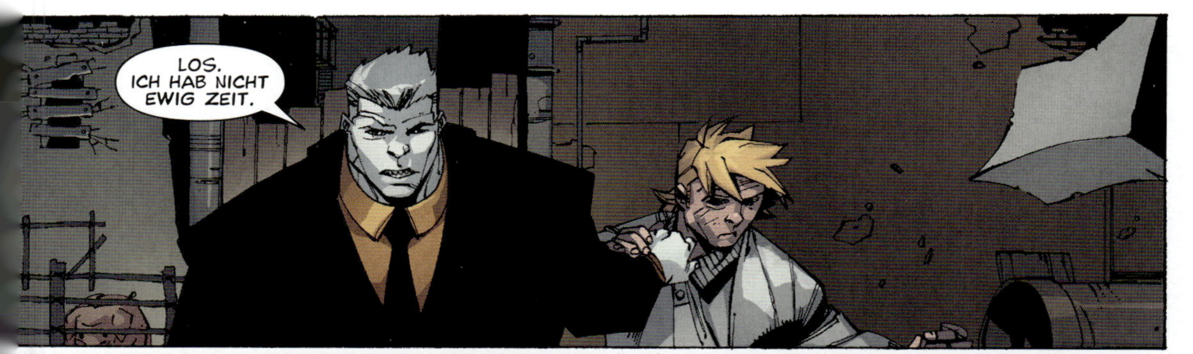
LOS.
ICH HAB NICHT
EWIG ZEIT.

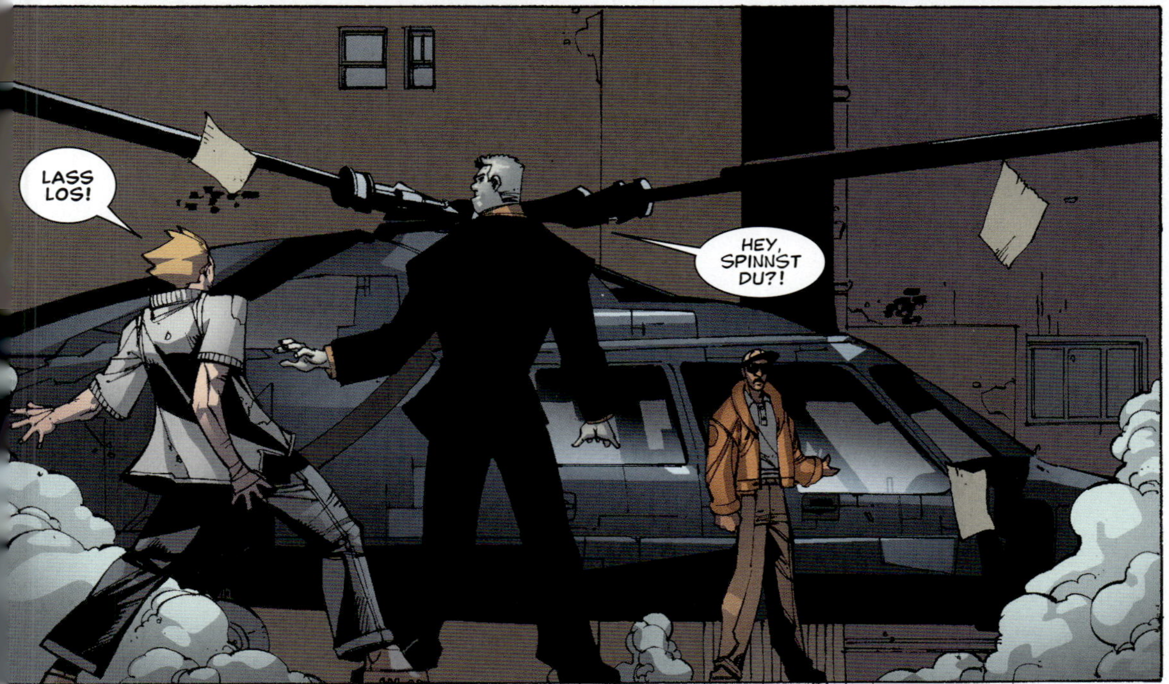
LASS
LOS!
HEY,
SPINNST
DU?!

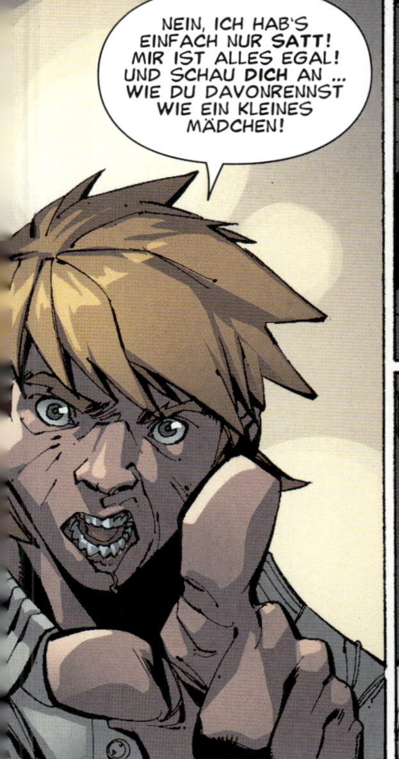
NEIN, ICH HAB'S
EINFACH NUR SATT!
MIR IST ALLES EGAL!
UND SCHAU DICH AN ...
WIE DU DAVONRENNST
WIE EIN KLEINES
MÄDCHEN!

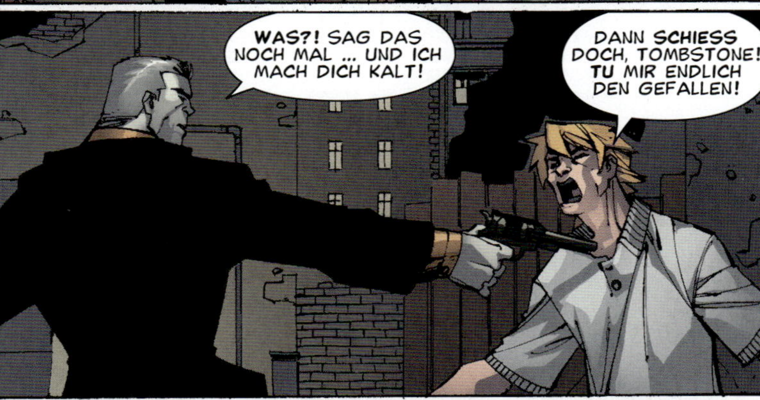
WAS?! SAG DAS
NOCH MAL ... UND ICH
MACH DICH KALT!
DANN SCHIESS
DOCH, TOMBSTONE!
TU MIR ENDLICH
DEN GEFALLEN!

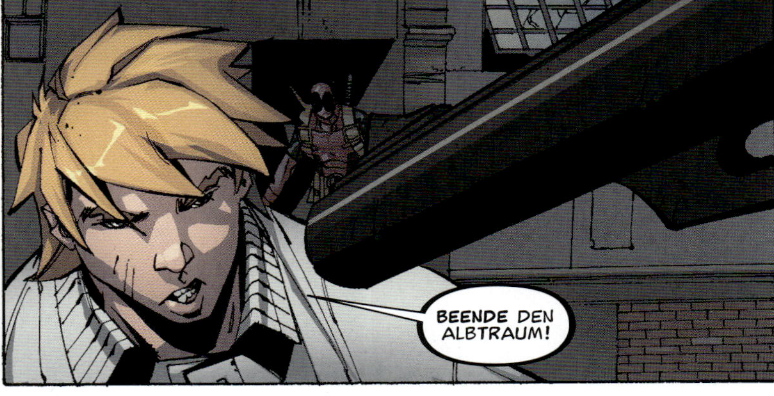
BEENDE DEN
ALBTRAUM!

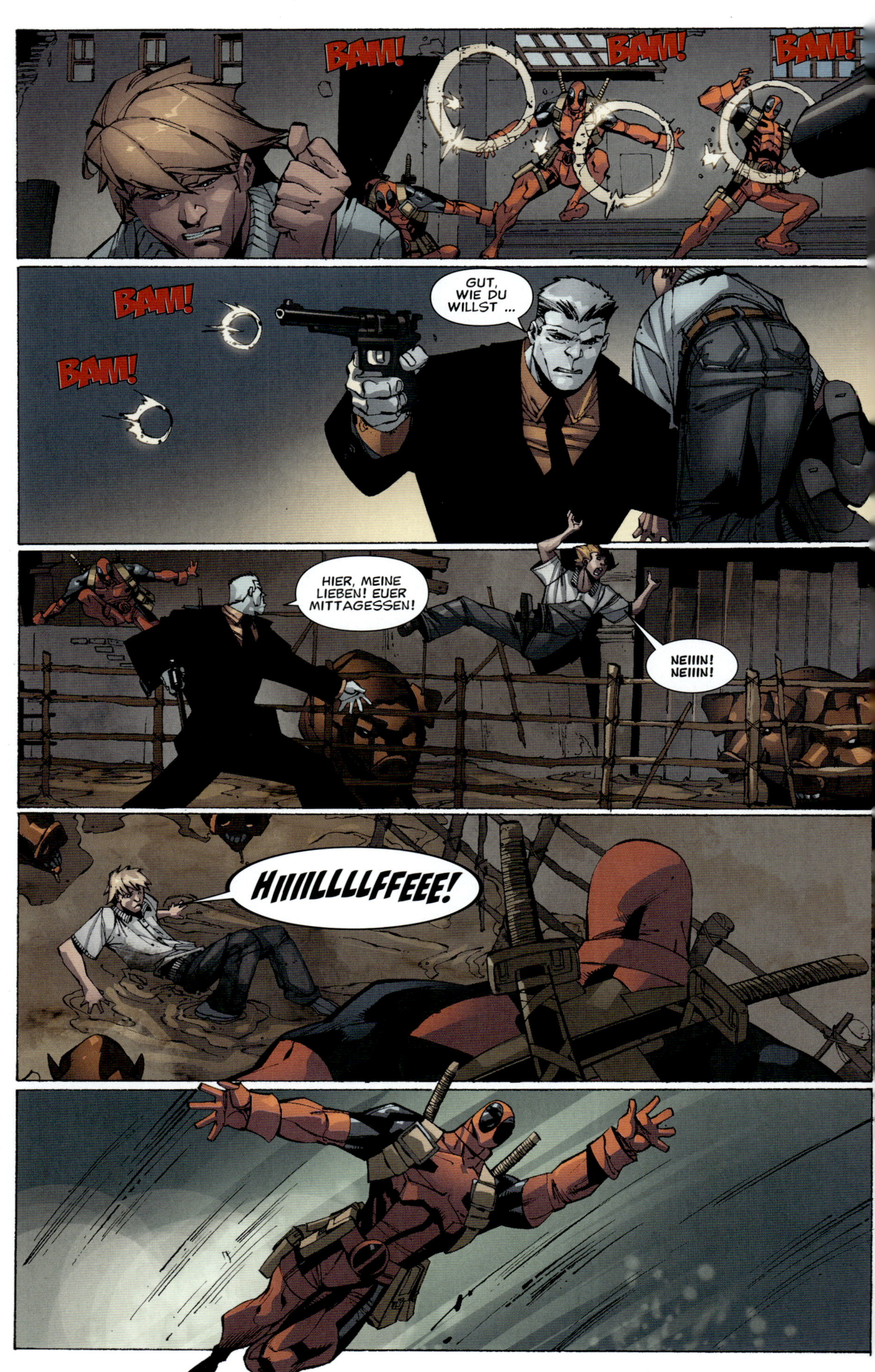
BAM!
BAM!
BAM!
BAM!
BAM!
GUT, WIE DU WILLST ...
HIER, MEINE LIEBEN! EUER MITTAGESSEN!
NEIIIN! NEIIIN!
HIIIILLLLLFFEEE!

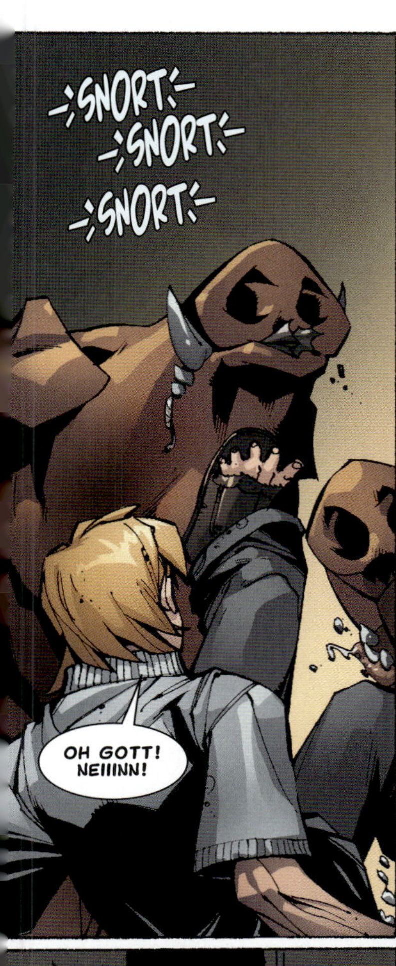
SNORT
SNORT
SNORT
OH GOTT! NEIIINN!
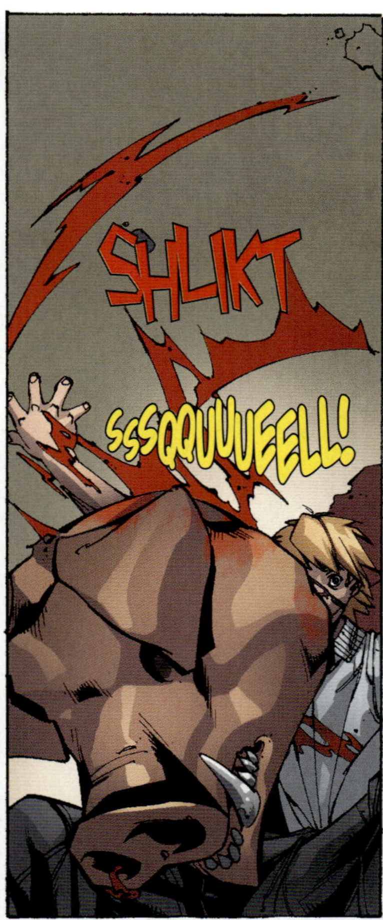
SHLIKT
SSSQQUUUEELL!
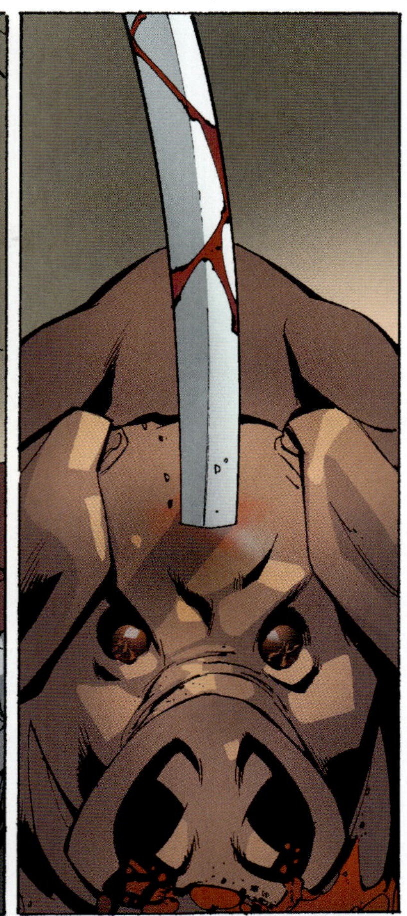
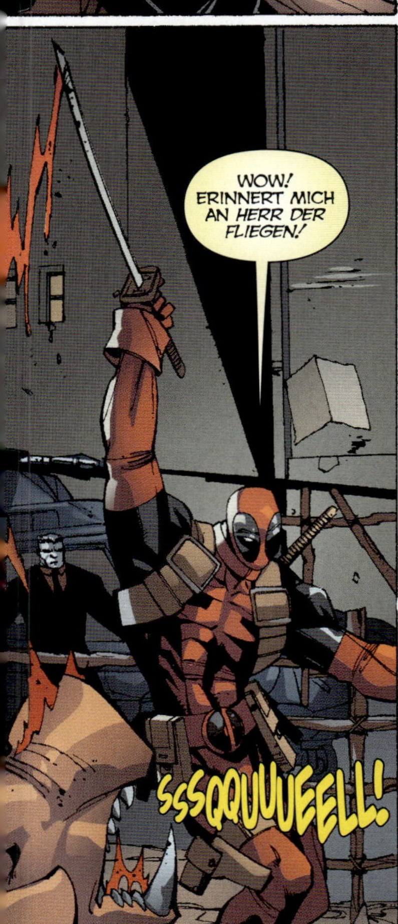
WOW! ERINNERT MICH AN HERR DER FLIEGEN!
SSSQQUUUEELL!
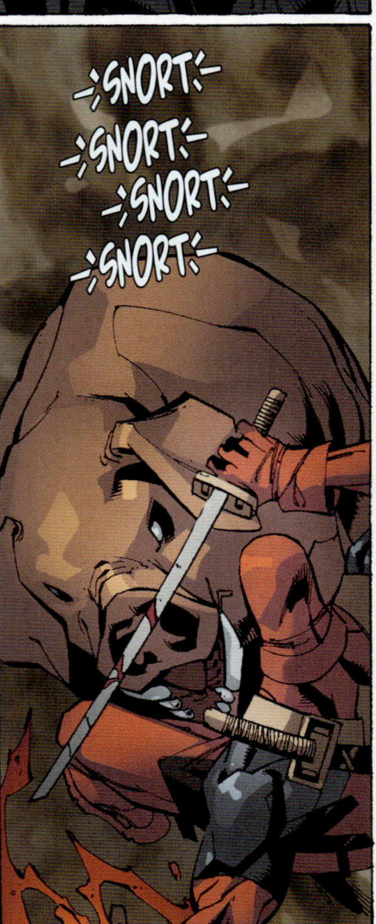
SNORT
SNORT
SNORT
SNORT
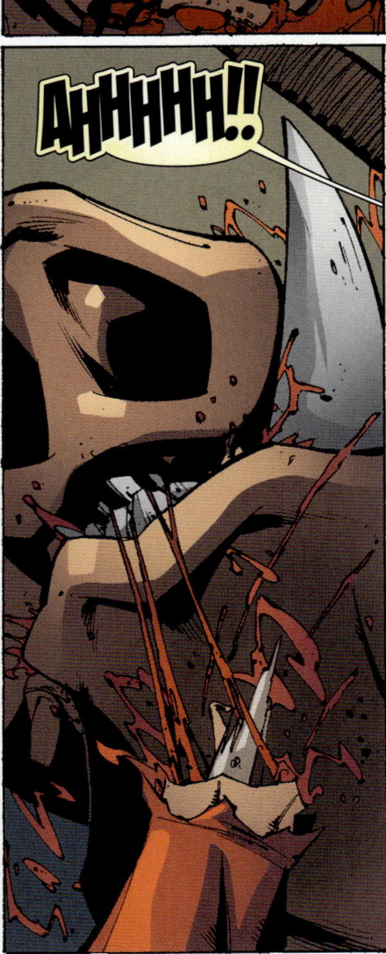
AHHHHH!!

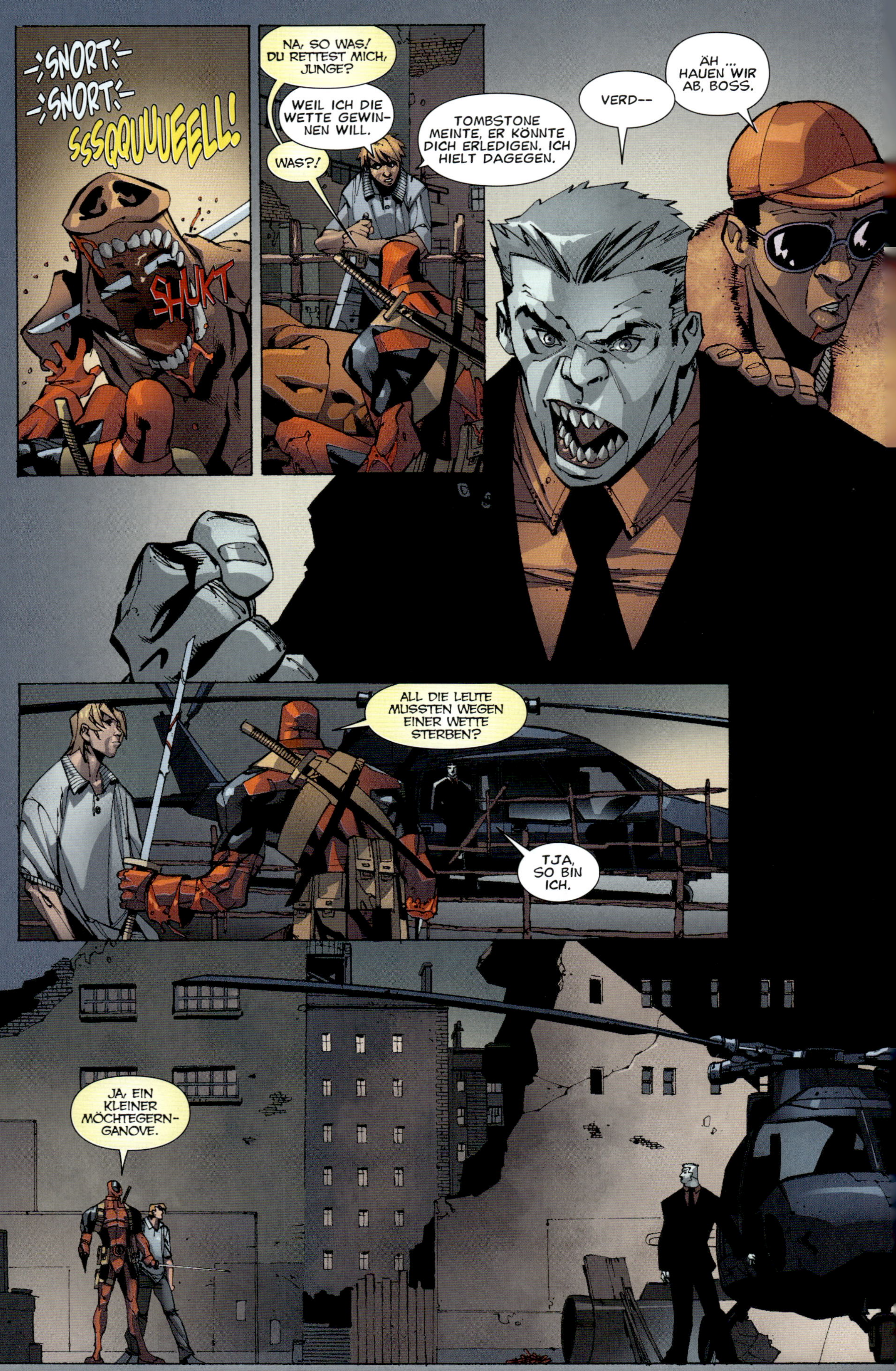
SNORT
SNORT
SSSQQUUUEELL!
SHUKT
NA, SO WAS! DU RETTEST MICH, JUNGE?
WEIL ICH DIE WETTE GEWINNEN WILL.
WAS?!
TOMBSTONE MEINTE, ER KÖNNTE DICH ERLEDIGEN. ICH HIELT DAGEGEN.
VERD--
ÄH ... HAUEN WIR AB, BOSS.
ALL DIE LEUTE MUSSTEN WEGEN EINER WETTE STERBEN?
TJA, SO BIN ICH.
JA, EIN KLEINER MÖCHTEGERN-GANOVE.

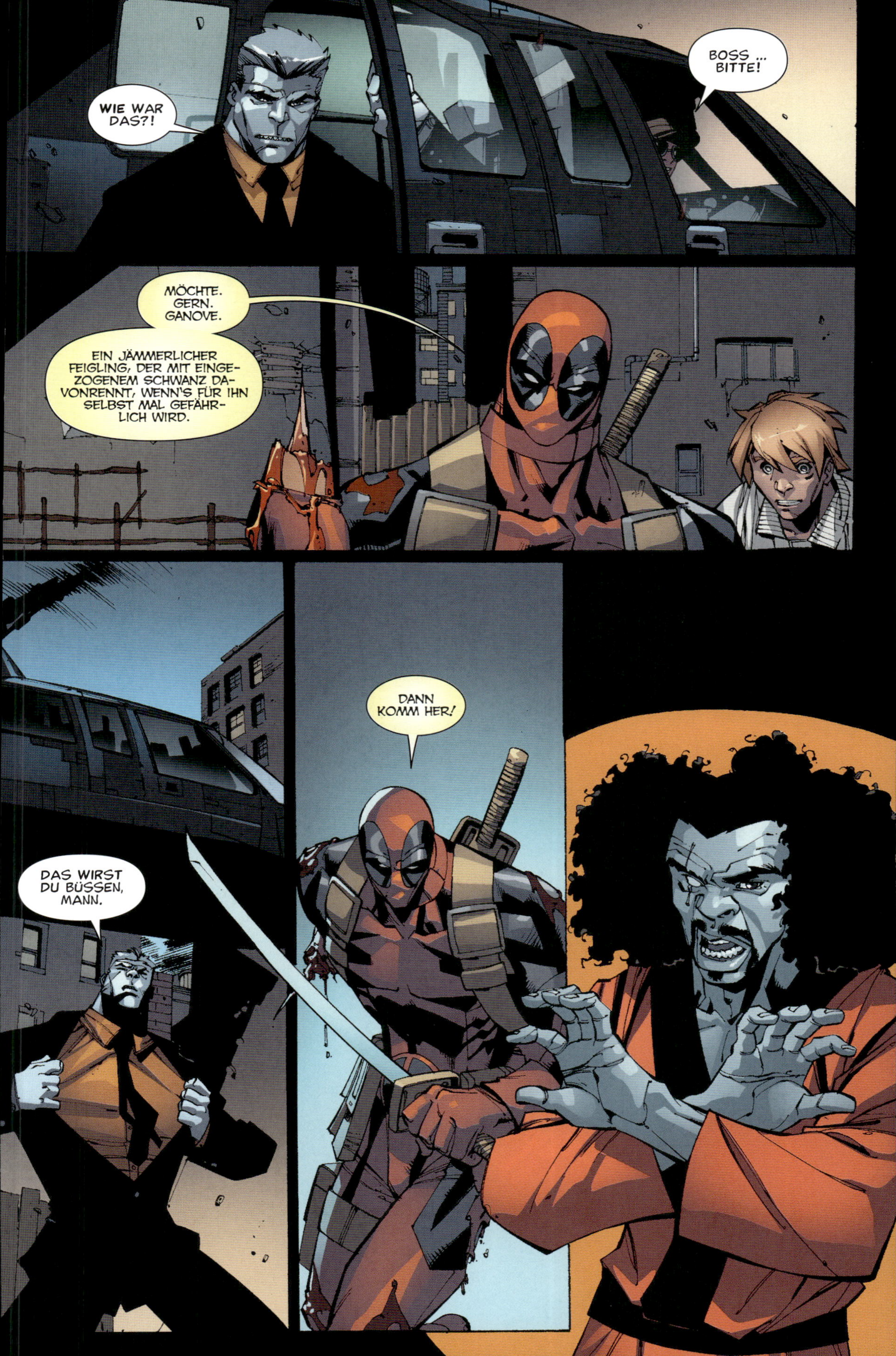
WIE WAR DAS?!
BOSS ... BITTE!
MÖCHTE. GERN. GANOVE.
EIN JÄMMERLICHER FEIGLING, DER MIT EINGEZOGENEM SCHWANZ DAVONRENNT, WENN'S FÜR IHN SELBST MAL GEFÄHRLICH WIRD.
DAS WIRST DU BÜSSEN, MANN.
DANN KOMM HER!

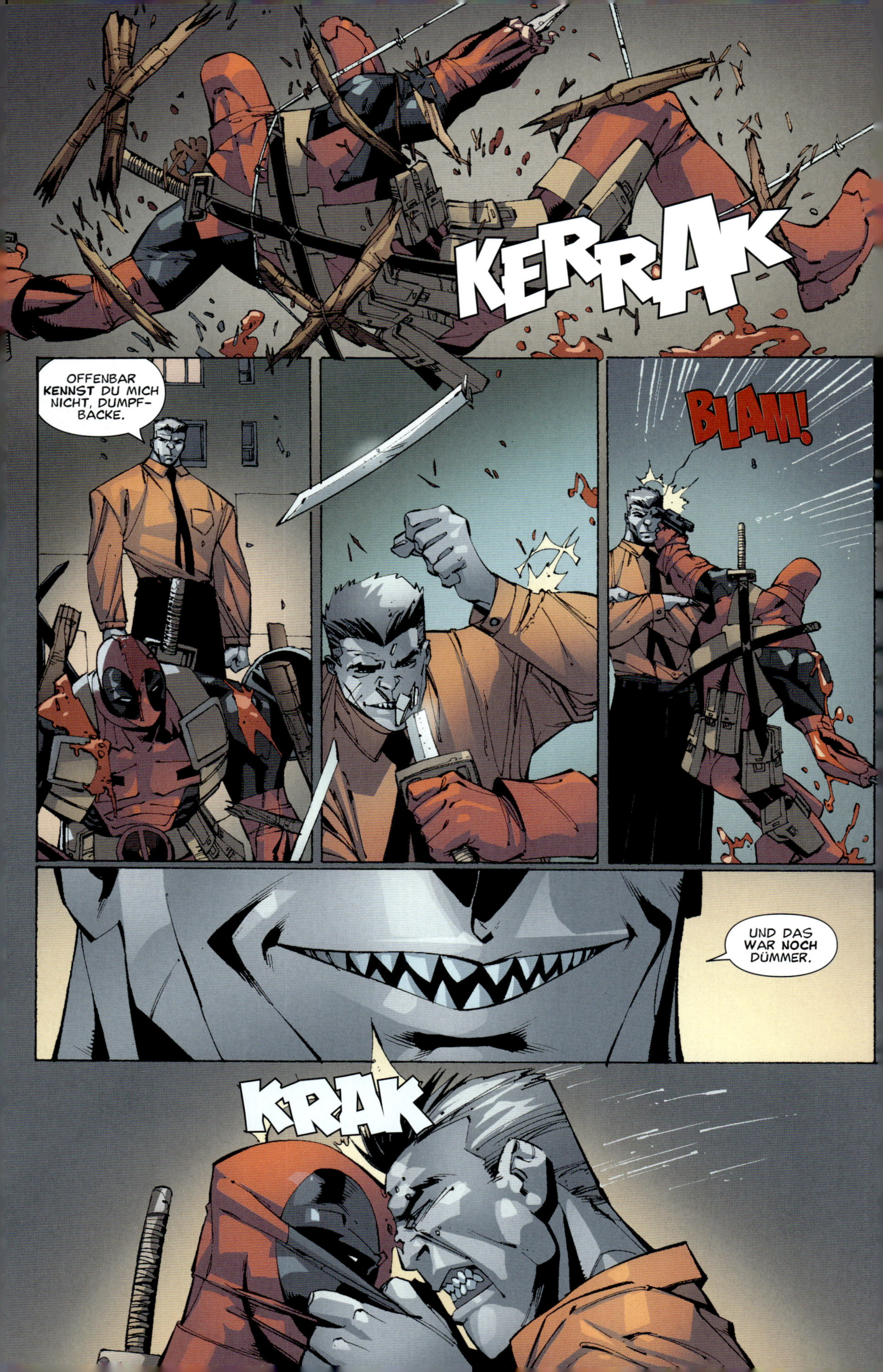
KERRAK
OFFENBAR KENNST DU MICH NICHT, DUMPFBACKE.
BLAM!
UND DAS WAR NOCH DÜMMER.
KRAK

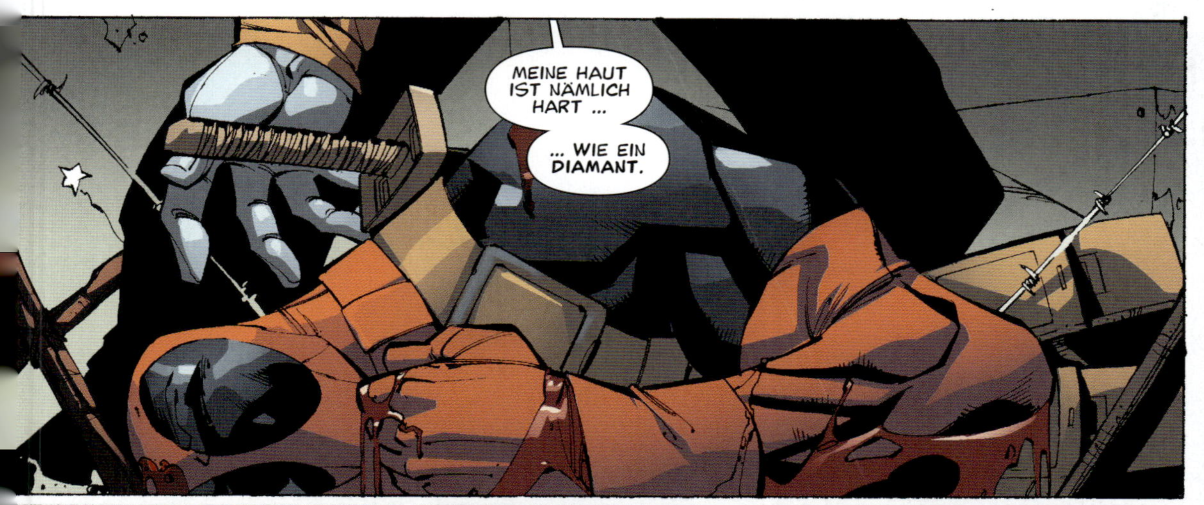
MEINE HAUT IST NÄMLICH HART ...
... WIE EIN DIAMANT.

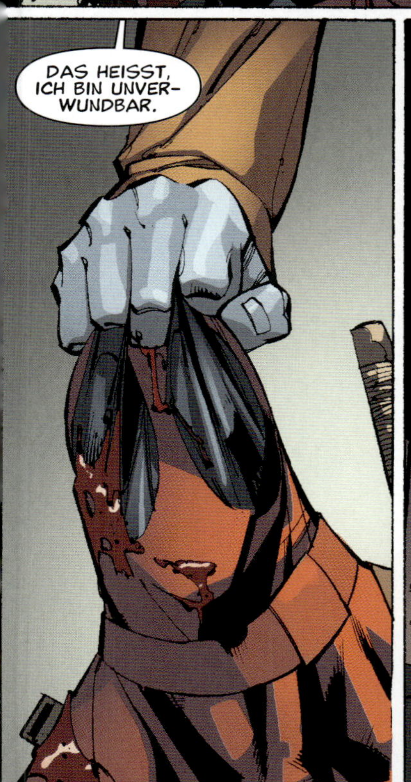
DAS HEISST, ICH BIN UNVER-WUNDBAR.

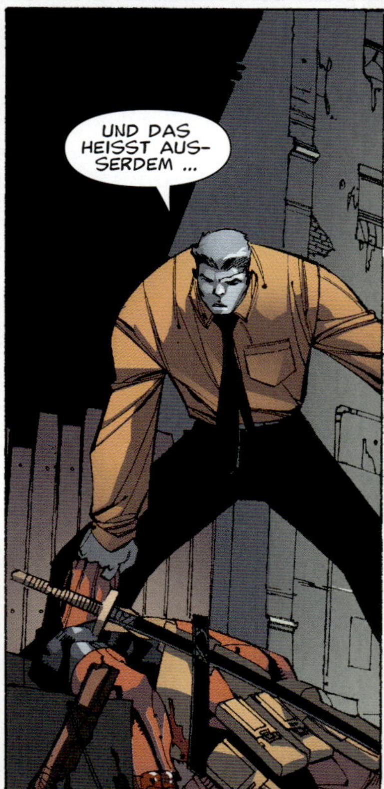
UND DAS HEISST AUS-SERDEM ...

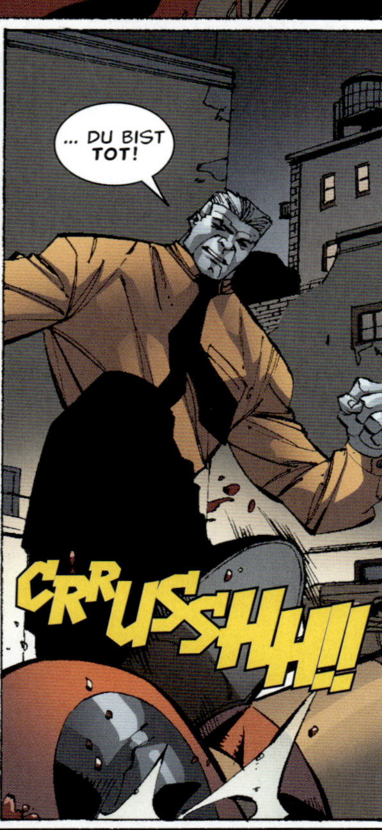
... DU BIST TOT!
CRRUSSHH!!

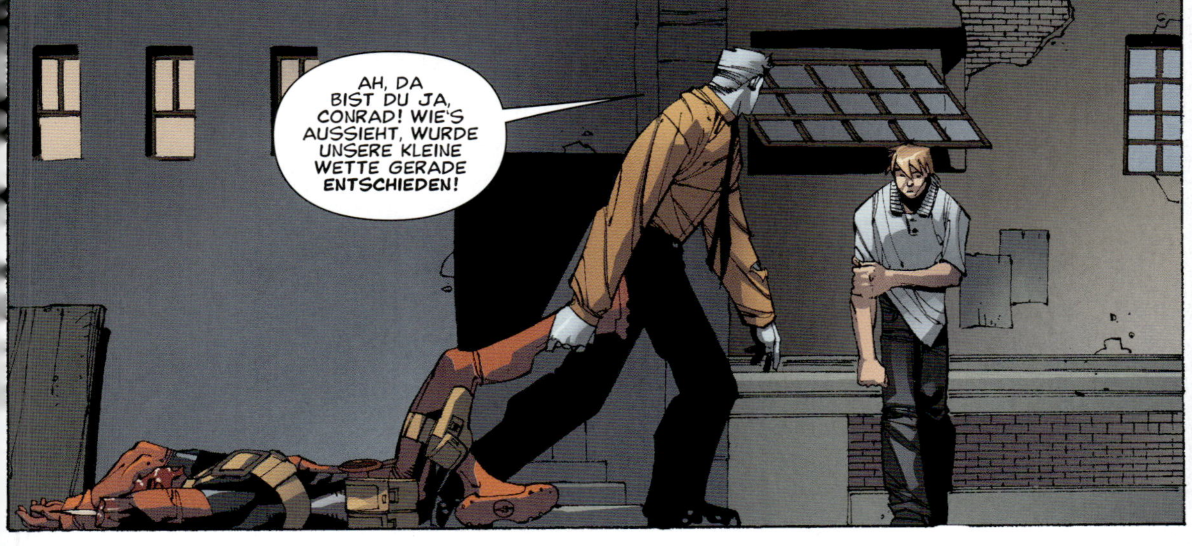
AH, DA BIST DU JA, CONRAD! WIE'S AUSSIEHT, WURDE UNSERE KLEINE WETTE GERADE ENTSCHIEDEN!

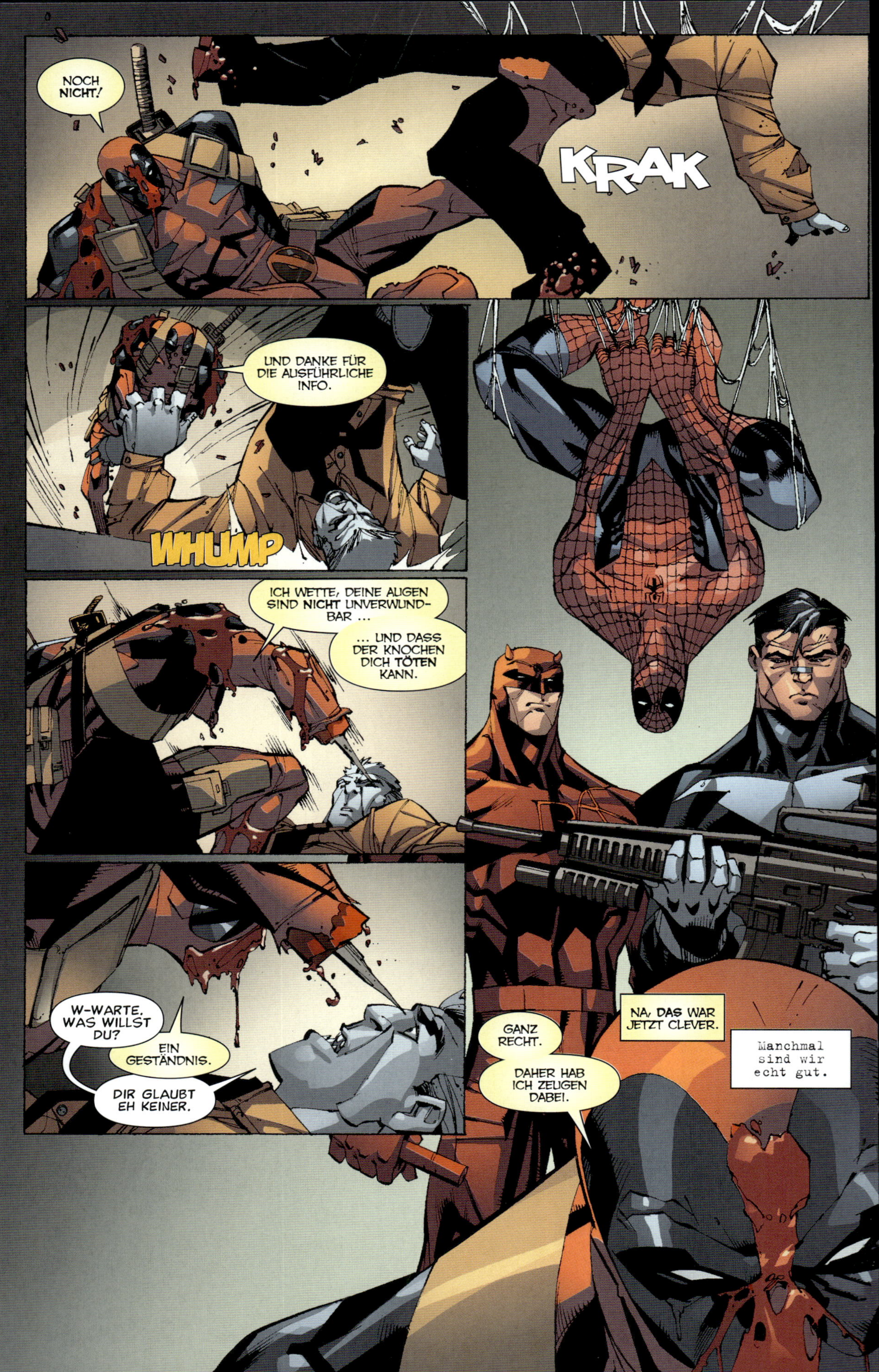
NOCH NICHT!
KRAK
UND DANKE FÜR DIE AUSFÜHRLICHE INFO.
WHUMP
ICH WETTE, DEINE AUGEN SIND NICHT UNVERWUND-BAR ...
... UND DASS DER KNOCHEN DICH TÖTEN KANN.
W-WARTE. WAS WILLST DU?
EIN GESTÄNDNIS.
DIR GLAUBT EH KEINER.
GANZ RECHT.
DAHER HAB ICH ZEUGEN DABEI.
NA, DAS WAR JETZT CLEVER.
Manchmal sind wir echt gut.

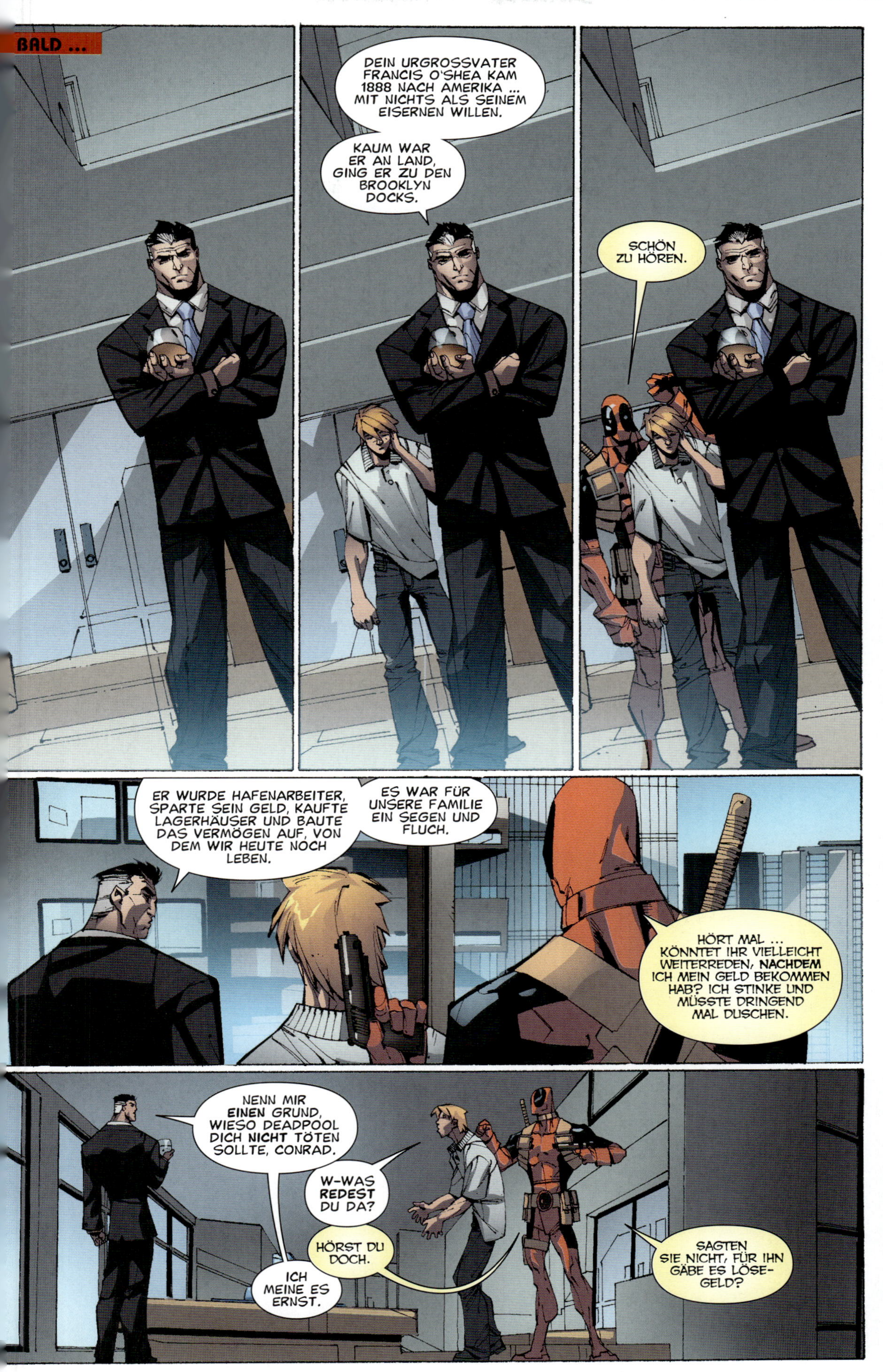
BALD ...
DEIN URGROSSVATER FRANCIS O'SHEA KAM 1888 NACH AMERIKA ... MIT NICHTS ALS SEINEM EISERNEN WILLEN.
KAUM WAR ER AN LAND, GING ER ZU DEN BROOKLYN DOCKS.
SCHÖN ZU HÖREN.
ER WURDE HAFENARBEITER, SPARTE SEIN GELD, KAUFTE LAGERHÄUSER UND BAUTE DAS VERMÖGEN AUF, VON DEM WIR HEUTE NOCH LEBEN.
ES WAR FÜR UNSERE FAMILIE EIN SEGEN UND FLUCH.
HÖRT MAL ... KÖNNTET IHR VIELLEICHT WEITERREDEN, NACHDEM ICH MEIN GELD BEKOMMEN HAB? ICH STINKE UND MÜSSTE DRINGEND MAL DUSCHEN.
NENN MIR EINEN GRUND, WIESO DEADPOOL DICH NICHT TÖTEN SOLLTE, CONRAD.
W-WAS REDEST DU DA?
HÖRST DU DOCH.
ICH MEINE ES ERNST.
SAGTEN SIE NICHT, FÜR IHN GÄBE ES LÖSEGELD?

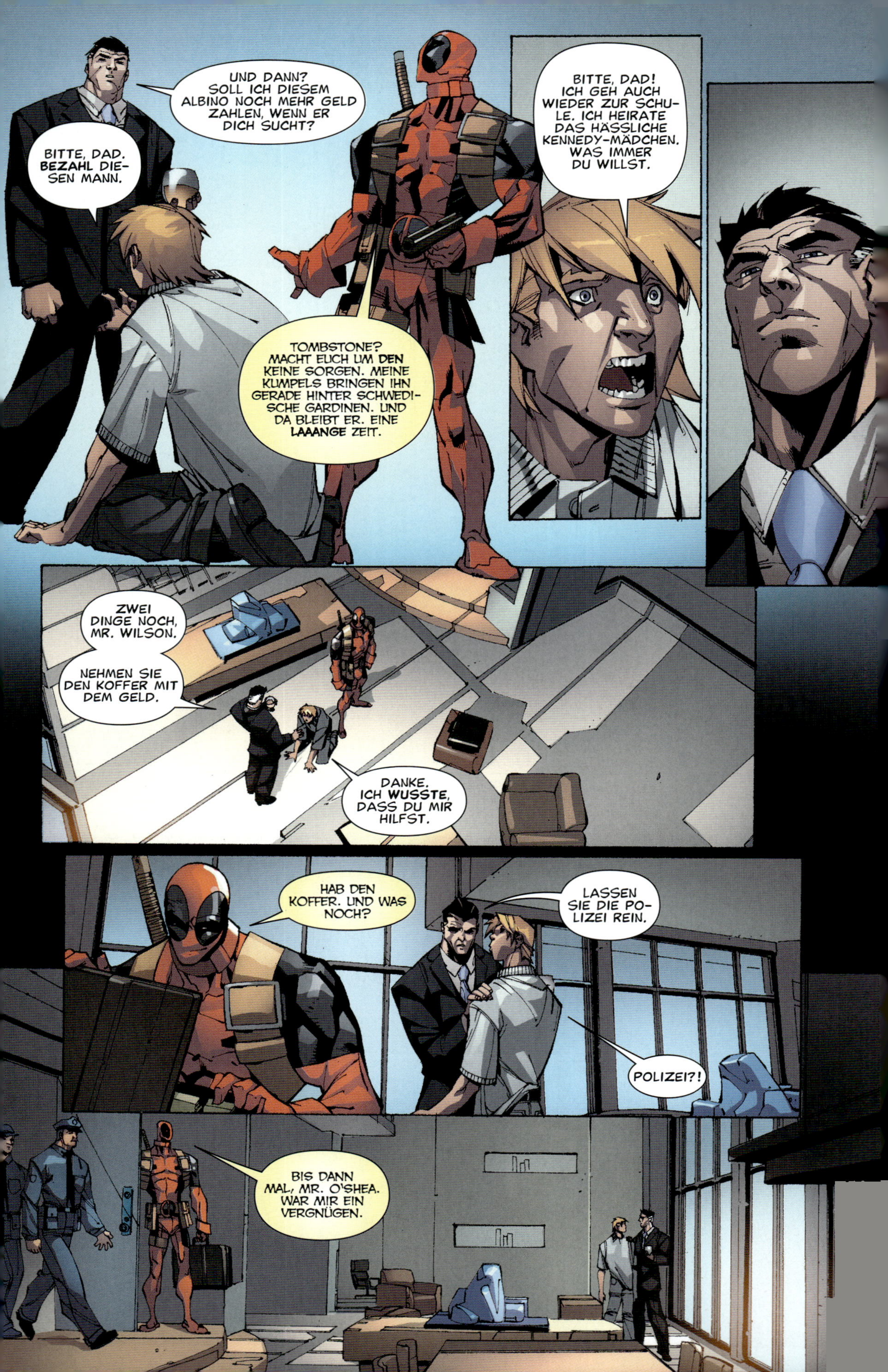
BITTE, DAD. BEZAHL DIESEN MANN.
UND DANN? SOLL ICH DIESEM ALBINO NOCH MEHR GELD ZAHLEN, WENN ER DICH SUCHT?
TOMBSTONE? MACHT EUCH UM DEN KEINE SORGEN. MEINE KUMPELS BRINGEN IHN GERADE HINTER SCHWEDISCHE GARDINEN. UND DA BLEIBT ER. EINE LAAANGE ZEIT.
BITTE, DAD! ICH GEH AUCH WIEDER ZUR SCHULE. ICH HEIRATE DAS HÄSSLICHE KENNEDY-MÄDCHEN. WAS IMMER DU WILLST.
ZWEI DINGE NOCH, MR. WILSON.
NEHMEN SIE DEN KOFFER MIT DEM GELD.
DANKE. ICH WUSSTE, DASS DU MIR HILFST.
HAB DEN KOFFER. UND WAS NOCH?
LASSEN SIE DIE POLIZEI REIN.
POLIZEI?!
BIS DANN MAL, MR. O'SHEA. WAR MIR EIN VERGNÜGEN.

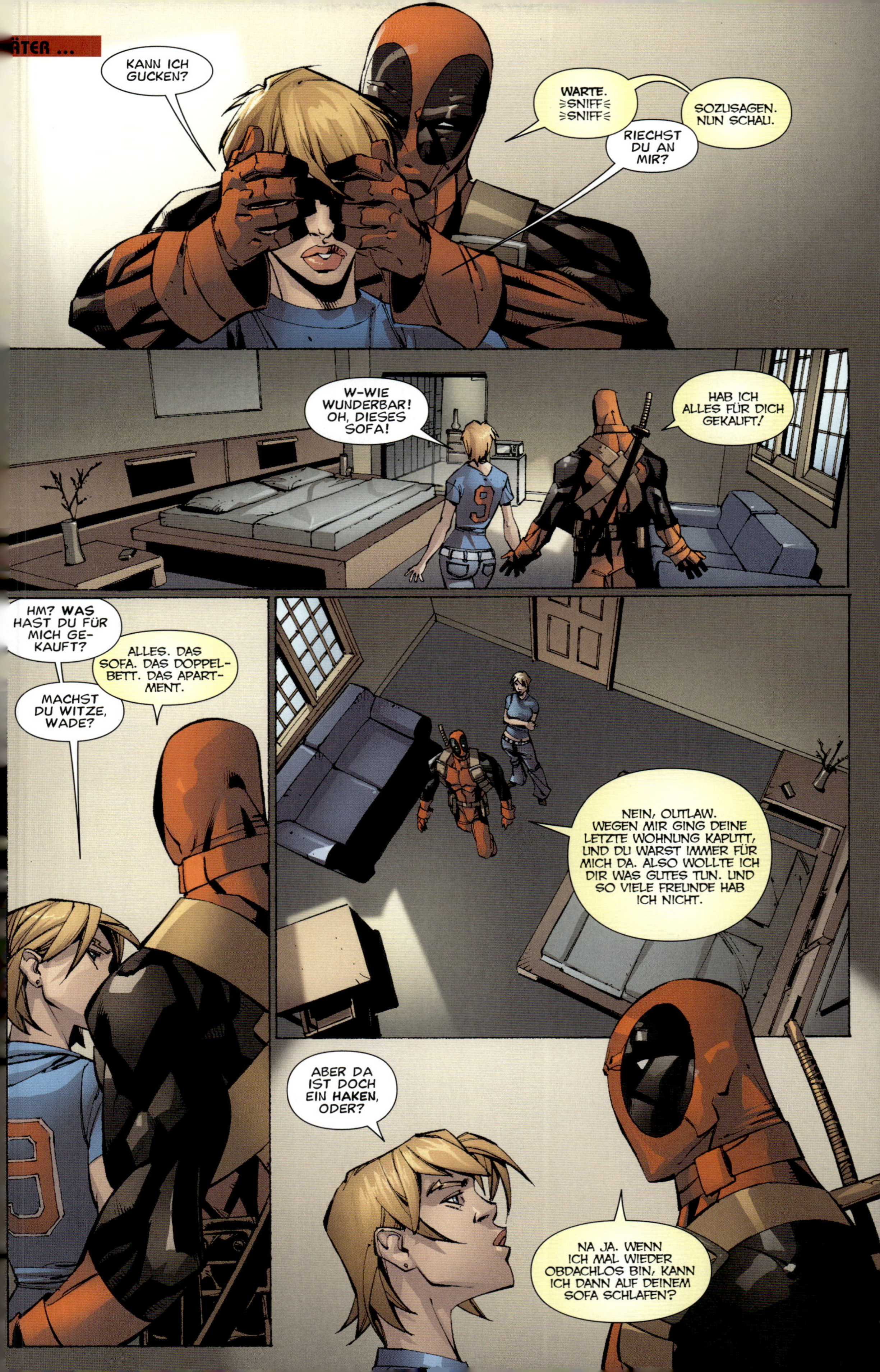

ÄTER ...
KANN ICH GUCKEN?
WARTE. ≋SNIFF≋ ≋SNIFF≋
RIECHST DU AN MIR?
SOZUSAGEN. NUN SCHAU.
W-WIE WUNDERBAR! OH, DIESES SOFA!
HAB ICH ALLES FÜR DICH GEKAUFT!
HM? WAS HAST DU FÜR MICH GEKAUFT?
ALLES. DAS SOFA. DAS DOPPELBETT. DAS APARTMENT.
MACHST DU WITZE, WADE?
NEIN, OUTLAW. WEGEN MIR GING DEINE LETZTE WOHNUNG KAPUTT, UND DU WARST IMMER FÜR MICH DA. ALSO WOLLTE ICH DIR WAS GUTES TUN. UND SO VIELE FREUNDE HAB ICH NICHT.
ABER DA IST DOCH EIN HAKEN, ODER?
NA JA. WENN ICH MAL WIEDER OBDACHLOS BIN, KANN ICH DANN AUF DEINEM SOFA SCHLAFEN?

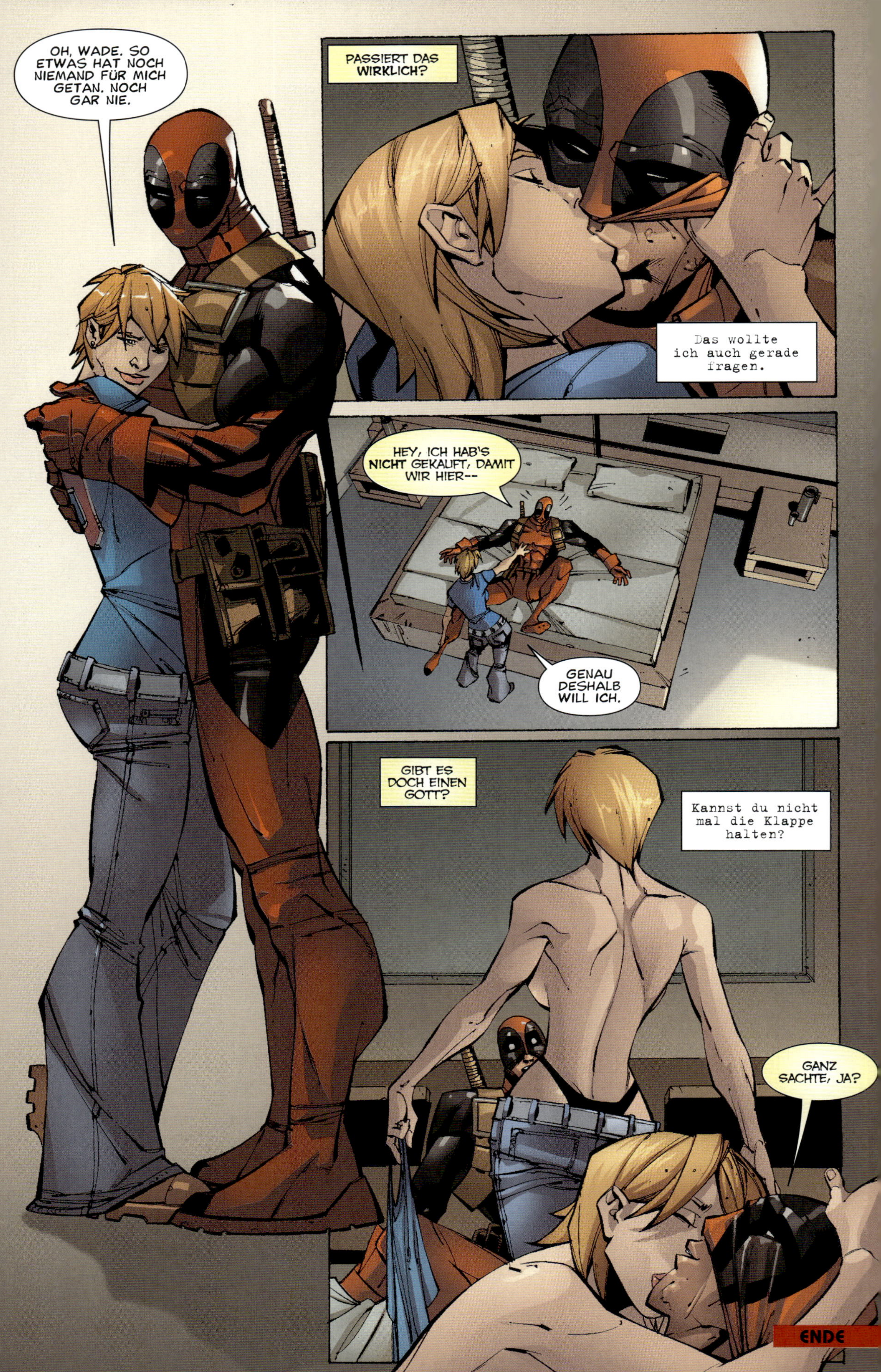
OH, WADE. SO ETWAS HAT NOCH NIEMAND FÜR MICH GETAN. NOCH GAR NIE.
PASSIERT DAS WIRKLICH?
Das wollte ich auch gerade fragen.
HEY, ICH HAB'S NICHT GEKAUFT, DAMIT WIR HIER--
GENAU DESHALB WILL ICH.
GIBT ES DOCH EINEN GOTT?
Kannst du nicht mal die Klappe halten?
GANZ SACHTE, JA?
ENDE

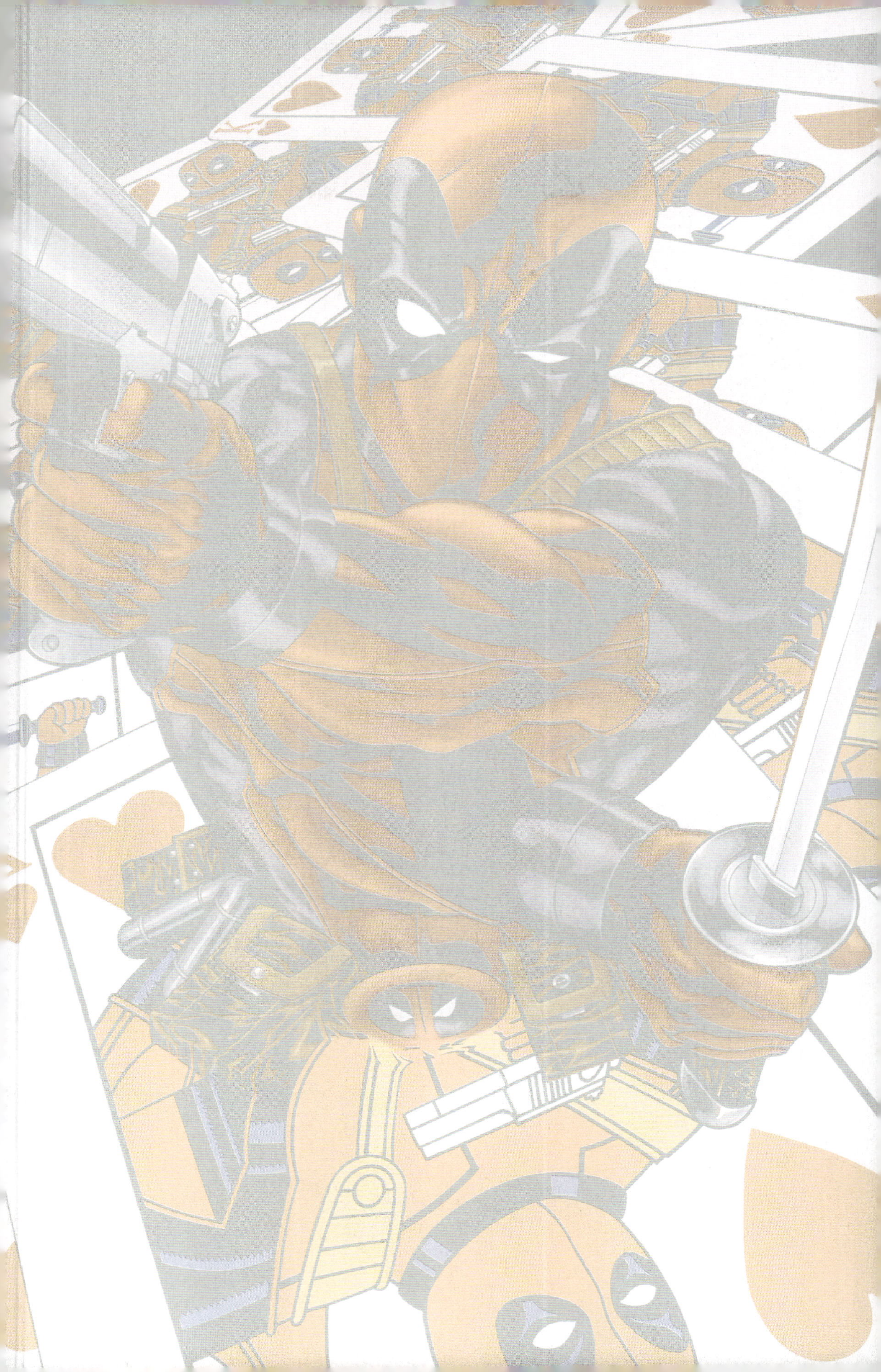

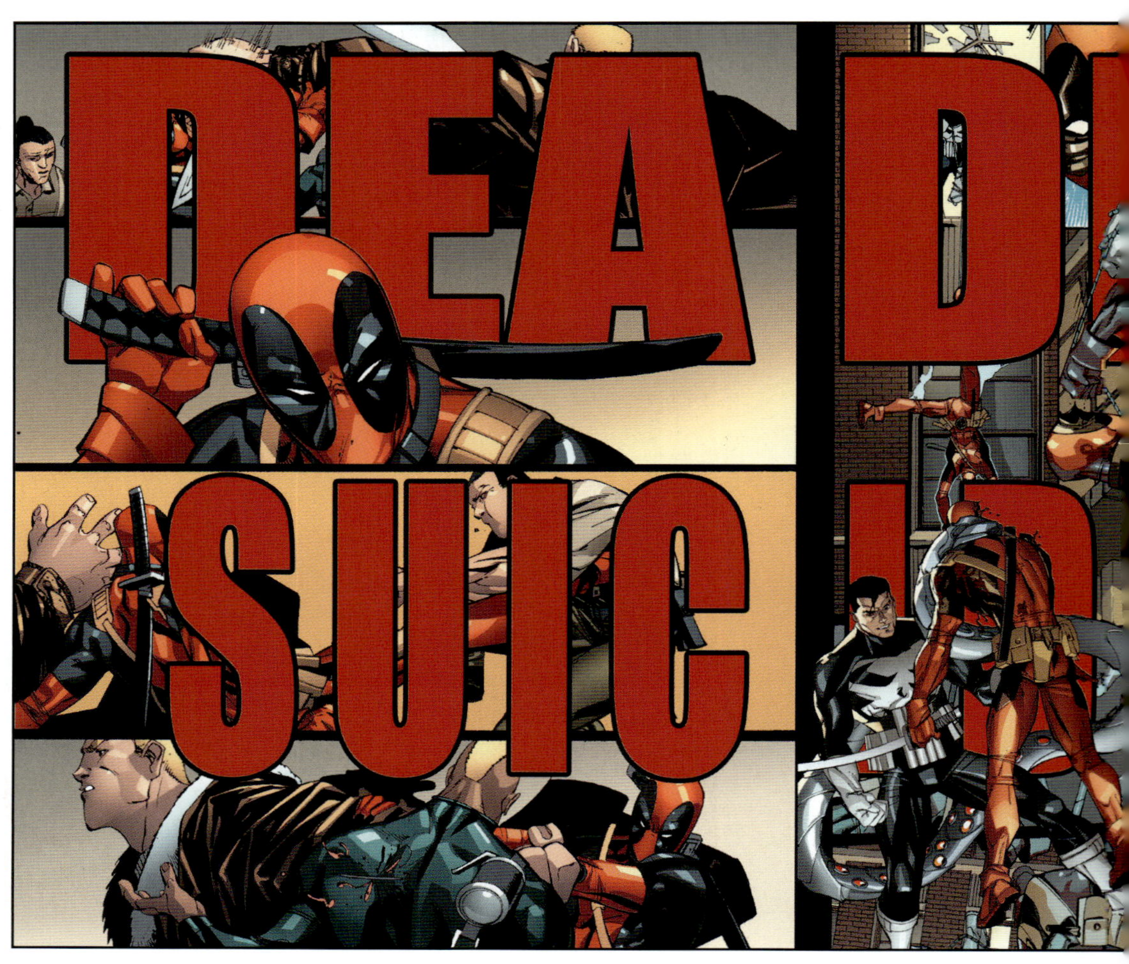
DEAD
SUIC

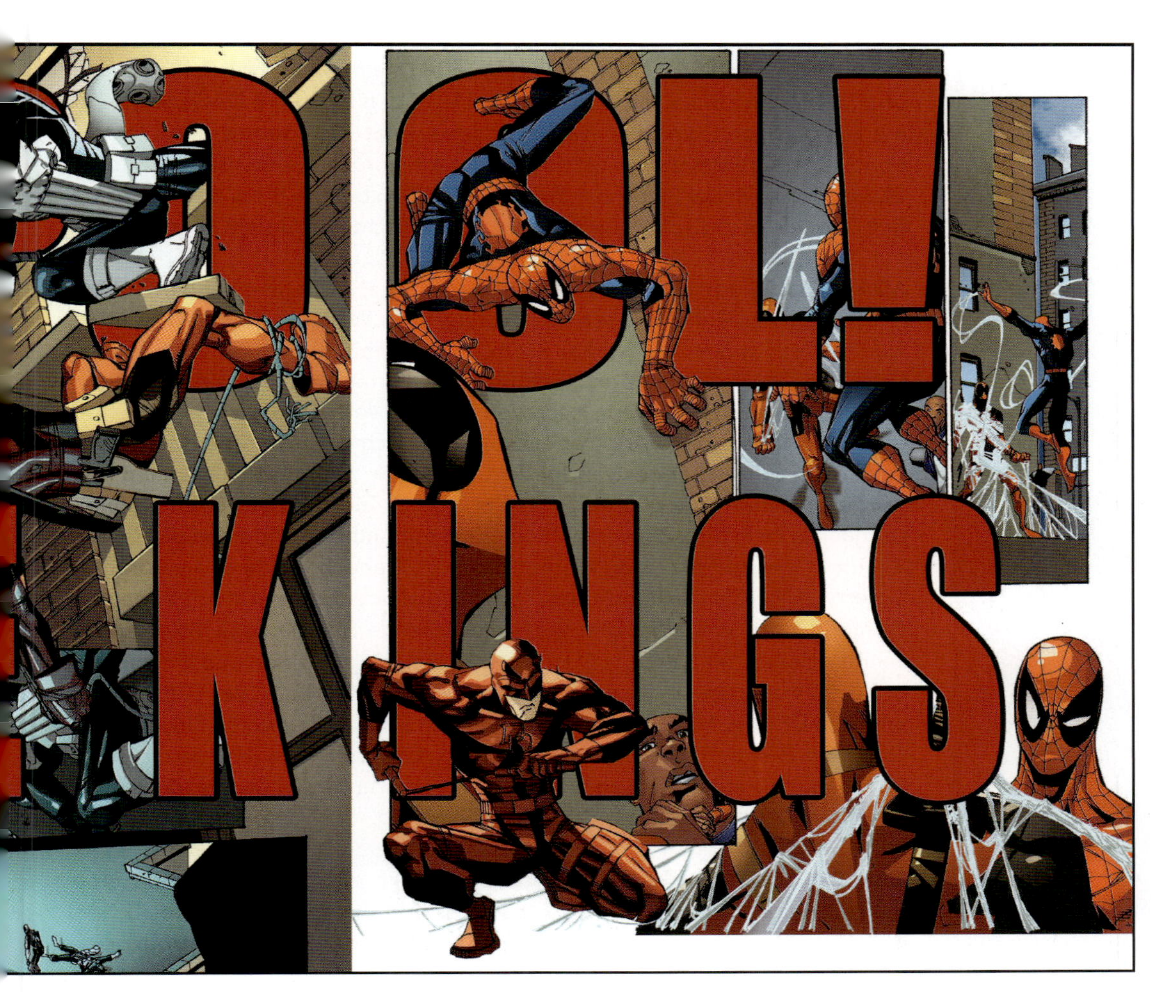

Deadpool: Suicide Kings (2009) 1-3
Variant-Cover von **CARLO BARBERI**

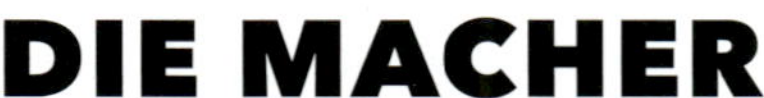

DIE MACHER

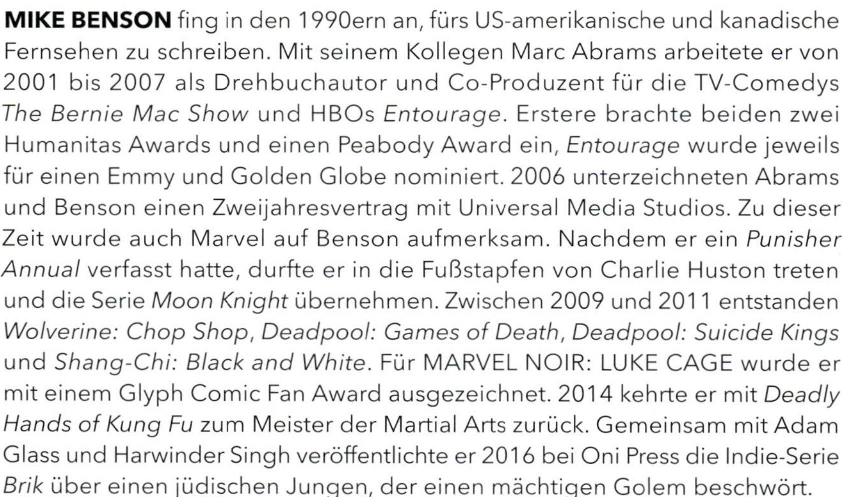

MIKE BENSON fing in den 1990ern an, fürs US-amerikanische und kanadische Fernsehen zu schreiben. Mit seinem Kollegen Marc Abrams arbeitete er von 2001 bis 2007 als Drehbuchautor und Co-Produzent für die TV-Comedys *The Bernie Mac Show* und HBOs *Entourage*. Erstere brachte beiden zwei Humanitas Awards und einen Peabody Award ein, *Entourage* wurde jeweils für einen Emmy und Golden Globe nominiert. 2006 unterzeichneten Abrams und Benson einen Zweijahresvertrag mit Universal Media Studios. Zu dieser Zeit wurde auch Marvel auf Benson aufmerksam. Nachdem er ein *Punisher Annual* verfasst hatte, durfte er in die Fußstapfen von Charlie Huston treten und die Serie *Moon Knight* übernehmen. Zwischen 2009 und 2011 entstanden *Wolverine: Chop Shop*, *Deadpool: Games of Death*, *Deadpool: Suicide Kings* und *Shang-Chi: Black and White*. Für MARVEL NOIR: LUKE CAGE wurde er mit einem Glyph Comic Fan Award ausgezeichnet. 2014 kehrte er mit *Deadly Hands of Kung Fu* zum Meister der Martial Arts zurück. Gemeinsam mit Adam Glass und Harwinder Singh veröffentlichte er 2016 bei Oni Press die Indie-Serie *Brik* über einen jüdischen Jungen, der einen mächtigen Golem beschwört.

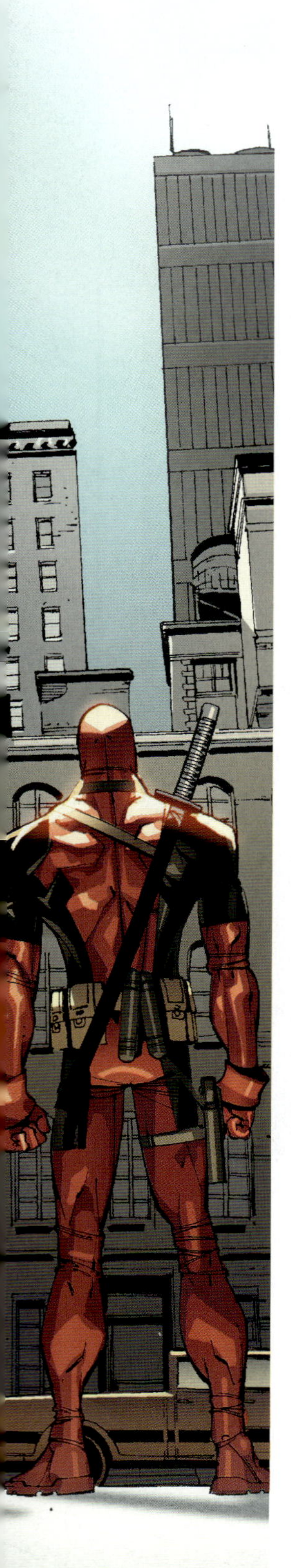

ADAM GLASS erblickte 1968 in Decatur, Georgia, als Sohn einer New Yorker Jüdin und eines Einheimischen das Licht der Welt. Weil sich die Eltern trennten, wuchs Glass in der New Yorker Bronx auf. Erst mit 14 Jahren lernte er den Vater kennen, der damals im Gefängnis saß. Fortan verbrachte Adam jeden Sommer bei den Großeltern. Nach dem College versuchte er sich in diversen Clubs und Bars von Los Angeles als Komiker. Doch das Experiment scheiterte an seinem wilden Lebenswandel. Zurück in New York studierte er Film und wurde mit einem Preis geehrt, der ihm in L. A. die Türen öffnete. Nach weiteren Lehrjahren im Filmmekka verkaufte er 2003 mit Anthony Anderson die Sitcom *All About the Andersons* an Warner Brothers. Danach wurde er als Autor für Serien wie *The Cleaner*, *Cold Case*, *Supernatural* oder *Criminal Minds* engagiert. Während eines Streiks der Drehbuchautoren lernte Glass Kollege Mike Benson kennen, der an der Miniserie *Deadpool: Suicide Kings* schrieb und ihn an Bord holte. Gemeinsam verfassten sie anschließend MARVEL NOIR: LUKE CAGE und DEADPOOL PULP. Bei DC holte Glass in *Suicide Squad* die Figur Harley Quinn ins Rampenlicht, bevor er 2016 bei AfterShock die *Alternate History*-Reihe *Rough Riders* herausbrachte. 2022 war er als Autor und Produzent für den Netflix-Agententhriller *In From the Cold* tätig.

CARLO BARBERI ist 1972 in Monterrey, Mexiko, zur Welt gekommen, eine Bundeshauptstadt im Nordosten des Landes, in der er bis heute lebt. Schon früh entdeckte er seine Affinität fürs Zeichnen. An der Seite von Farbexperte und Landsmann Edgar Delgado sammelte Barberi in der Heimat erste Erfahrungen im Bereich der sequenziellen Kunst durch Independent-Reihen wie *Valiant*. 1996 ermöglichte ihm Dark Horse den Einstieg in den US-Comic-Markt, wo er maßgeblich an der Kreation der Figur Saint Slayer beteiligt war. Nach zwei Jahren wechselte er zu DC, wo er unter anderem *Impulse*, aber vor allem Comics zu gleichnamigen TV-Serien wie *Batman: The Brave and the Bold* und *Justice League Unlimited* (Dt.: *Die Liga der Gerechten*) umsetzte. 2006 ernannte ihn WildStorm zum Hauptzeichner von *Gen*^{13}. Mehrere Jahre später übernahm er erstmals Jobs für Marvel, darunter *New Mutants* oder *Ororo: Before the Storm.* In der Folge glänzte Barberi in Titeln wie AMAZING X-MEN, DEADPOOL, SCARLET SPIDER, SPIDER-MAN, GUARDIANS OF INFINITY, *World War Hulk II* oder SUPER SONS von DC. Mittlerweile setzt er Todd McFarlanes SPAWN als Hauptzeichner in Szene.

DEADPOOL

DIE WETTE

BONUSTEIL

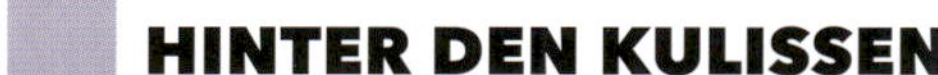

HINTER DEN KULISSEN

TIMELINE

WEITERE LEKTÜRE

ANMERKUNGEN

WEITERE MUST-HAVE-TITEL

Marvels „Straßenhelden" tun sich oft zusammen, wenn die New Yorker Gangster gegeneinander Krieg führen, denn sie wissen, dass Unschuldige unweigerlich ins Kreuzfeuer geraten werden. 2009 boten **Mike Benson**, **Adam Glass** und **Carlo Barberi** den Marvel-Lesern eines der verrücktesten Team-ups aller Zeiten, was vor allem an der Anwesenheit des verrücktesten Antihelden aller Zeiten lag – **Wade Wilson** …

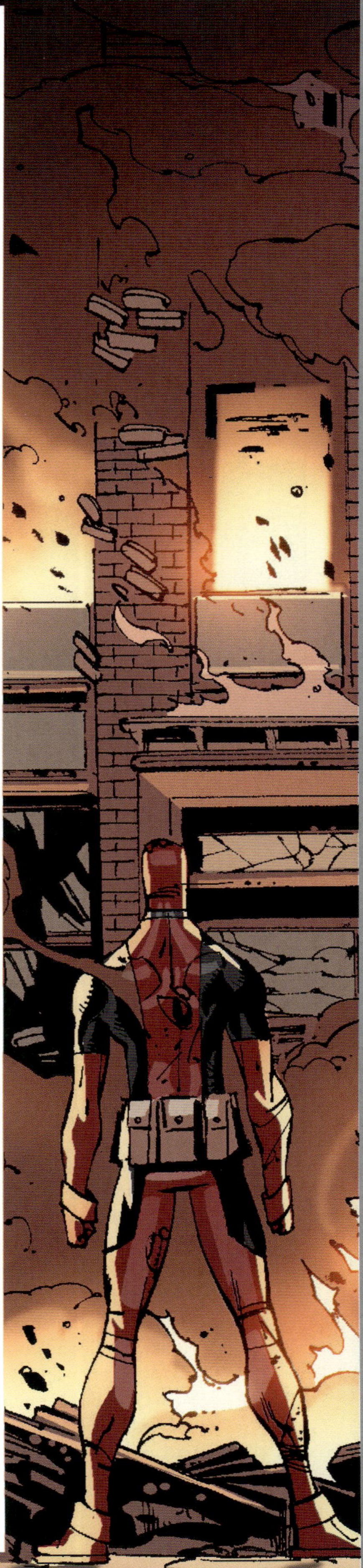

Zwei Helden, zwei Verbrecher

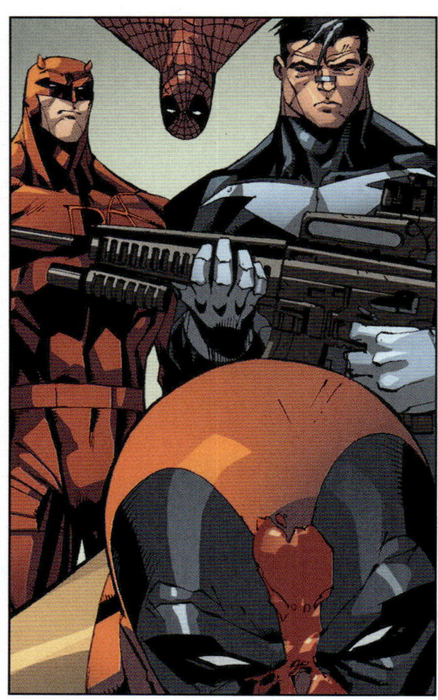

Die vier Stars der Geschichte. Zeichnung von Carlo Barberi, **Sandu Florea** und **Marte Gracia**.

Mike Benson schrieb vor der Arbeit an *Suicide Kings* das **Deadpool**-Special *Games of Death*. „Deadpool ist eine einzigartige Figur", erklärt der Autor. „Er ist eine interessante Mischung aus manischem Humor, rasanter Action und Chaos. Es ist eine Herausforderung, ihn zu schreiben, weil man sich nicht auf eins dieser Elemente verlassen kann. Man muss alles auf einmal einfangen – Deadpools Essenz. Außerdem ist Humor ziemlich subjektiv, also hoffen wir, dass die meisten Leute darauf abfahren."

Mit den vier Hauptfiguren – Deadpool, **Spider-Man**, **Daredevil** und **Punisher** – zu jonglieren, war für Benson eine angenehme, aber auch schwierige Aufgabe: „Es hat Spaß gemacht, mit diesen berühmten Helden, mit denen ich aufgewachsen bin, zu spielen, auch wenn man leicht ins Schwimmen gerät. Es ist so schwierig, weil man es mit berühmten Helden zu tun hat und man allen gerecht werden muss, nicht nur der Titelfigur." Er lobte den Illustrator in den höchsten Tönen: „Carlo ist ein unglaublich begabter Künstler – er erweckt die Figur wirklich zum Leben."

Carlo Barberi wurde in Mexiko geboren. Sein künstlerischer Drang zeigte sich schon in jungen Jahren: „Meine Mutter sagte, dass ich einfach den Tisch besetzt und daran gemalt habe." Barberi kann sich gut daran erinnern, wie er während eines Familienurlaubs in den USA in einen Laden ging und eine frühe Ausgabe von *Spawn* kaufte, dem Image-Comic, der vom kanadischen Zeichner **Todd McFarlane** geschrieben und illustriert wurde. „Als Kind entdeckte ich Todd McFarlane. Ich war einfach verrückt nach dieser Art von Comics", erinnert sich Barberi. „Ich erinnere mich an **John Romita** und **Jack Kirby**, und ich dachte, dass es eine bestimmte Art gibt, wie Comics aussehen müssen, und ich wollte Comics zeichnen. Aber als ich McFarlane sah, dachte ich nur: ‚Mein Gott, das kann man auf einer Comic-Seite machen?' Ich war hin und weg. Todd McFarlane zeigte

▶ **Adam Glass** war der Co-Autor von *Deadpool: Suicide Kings*. Er ist vor allem für seine Arbeit an mehreren Fernsehserien bekannt, darunter *Supernatural, Cold Case* und *Criminal Minds*. Als Comic-Autor hat er an Titeln wie *Deadpool* und *Luke Cage Noir* für Marvel gearbeitet. Außerdem schrieb er die „The New 52"-Phase von *Suicide Squad* für DC. Seine Serie *Rough Riders* mit dem Zeichner **Pat Olliffe** wurde 2016 von AfterShock veröffentlicht.

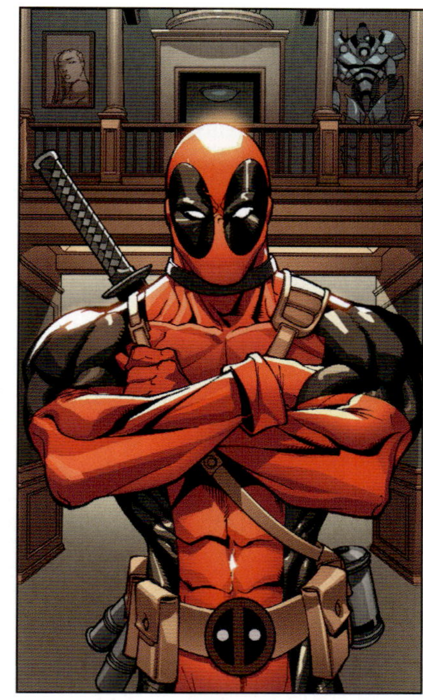
Das mittlerweile ikonische Bild von Deadpool war Carlo Barberis erste Studie der Figur. Zeichnung von Carlo Barberi, **Juan Vlasco** und Marte Gracia.

mir, wie man eine Seite gestaltet, er war mein größter Einfluss."

Barberis erster Kontakt mit Marvels „Söldner mit der großen Klappe" erfolgte 2008 in *Deadpool* 4. Er unterstützte seinen mexikanischen Freund und Künstlerkollegen **Paco Medina** und illustrierte die ersten 17 Seiten der Geschichte. Ironischerweise wurde das erste Bild, das er von Deadpool zeichnete, zu einem wichtigen Marketingmotiv der Figur, das auf T-Shirts, Postern, Aufklebern und vielen anderen Merchandise-Artikeln zu sehen ist. Es zeigt Deadpool, wie er den Leser gleich auf der ersten Seite mit verschränkten Armen direkt ansieht.

Während Medina weiterhin als Zeichner der regulären *Deadpool*-Serie fungierte, illustrierte Barberi die *Suicide Kings*-Miniserie. Ihm gefiel die Tatsache, dass Deadpool irgendwie versteht, dass er eine Comic-Figur ist und mit den Lesern kommunizieren kann: „Es ist großartig! Man fühlt sich mit der Figur verbunden. Man weiß, dass er einen sieht, also macht es doppelt Spaß. Ich bin wirklich glücklich darüber, diesen Aspekt zu betonen."

Barberi rückte etwas ab vom stark vernarbten Deadpool der frühen Tage. „Er ist bei mir nicht so deformiert", sagt der Künstler. „Vielleicht, weil ich die Figur mag. Ich zeichne eigentlich nur ein paar Narben und kleine Beulen hier und da, aber wenn ich ihn ohne Maske zeige, kann man sehen, dass er irgendwann einmal gut ausgesehen hat."

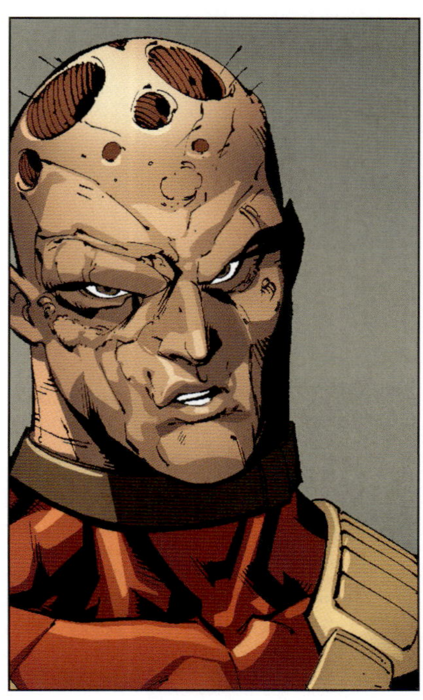
Wade Wilson war weniger vernarbt als in früheren Geschichten. Zeichnung von Carlo Barberi, Sandu Florea und Marte Gracia.

Barberis Liebe zu Superhelden ist in allen seinen Arbeiten spürbar, und Deadpool gehört zu seinen Lieblingsfiguren: „Ich mag Deadpool, **Superman**, **Batman** und Spider-Man sehr. Ich glaube, die Aufzählung könnte endlos sein. Es ist so ziemlich alles, was ich gerne zeichne (lacht)."

Barberi war die natürliche Wahl, um die Nachfolge von Paco Medina anzutreten, als dieser nach *Deadpool* 18 die fortlaufende *Deadpool*-Serie verließ. Barberis erste Geschichte handelte passenderweise von einer erneuten Begegnung zwischen Deadpool und Spider-Man. Er arbeitete dann mehrere Jahre lang mit dem Autor **Daniel Way** an der Reihe.

TIMELINE

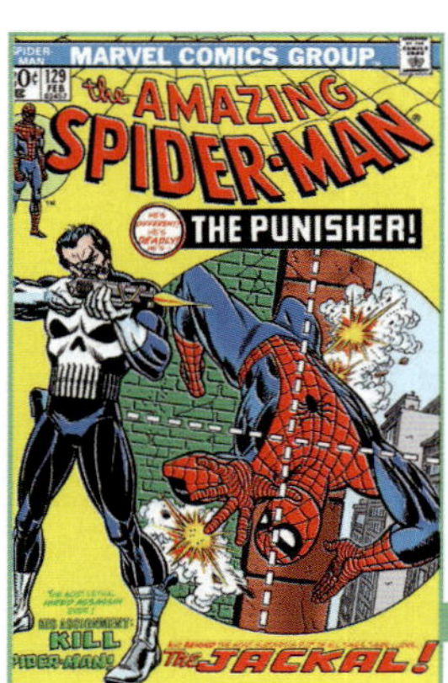

***Amazing Spider-Man* 129 (1974)**
GERRY CONWAY
ROSS ANDRU
*Der **Punisher** tritt zum ersten Mal auf. Er wird von **Jackal** ausgetrickst und versucht, Spider-Man zu töten.*

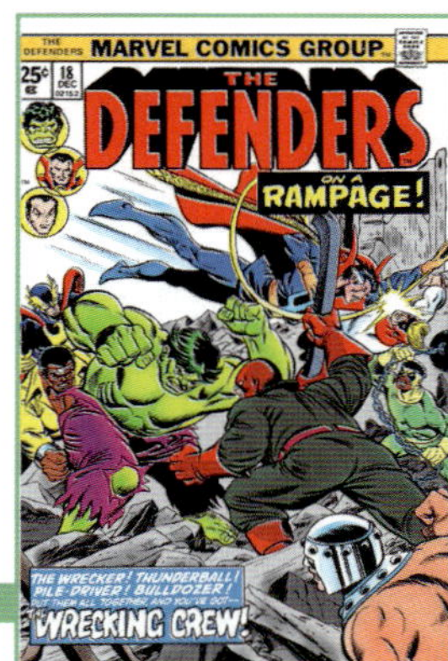

***The Defenders* 18 (1974)**
LEN WEIN
SAL BUSCEMA
*Das neue Team von **Wrecker**, die **Wrecking Crew**, hat ihren ersten Auftritt im Kampf gegen die **Defenders**.*

DEADPOOL
DIE WETTE

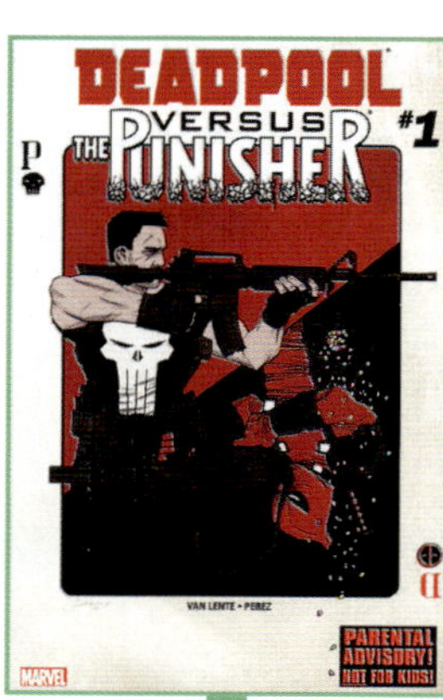

***Deadpool versus the Punisher* 1 (2017)**
FRED VAN LENTE
PERE PÉREZ
Deadpool will sich am Punisher rächen, weil er glaubt, dass er für den Tod einer Frau und ihres Sohnes verantwortlich ist.

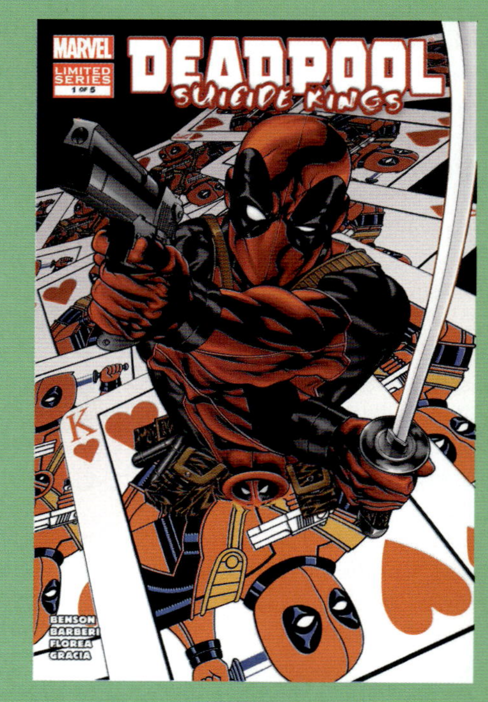

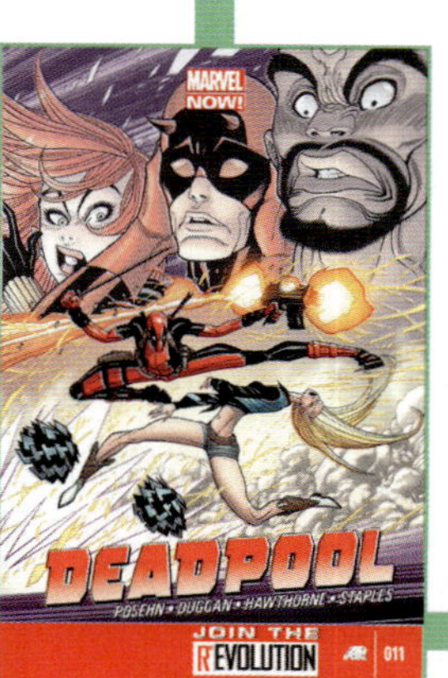

***Deadpool* 11 (2013)**
GERRY DUGGAN
BRIAN POSEHN
MIKE HAWTHORNE
Deadpool ist einem verbrecherischen Gestaltwandler auf der Spur und muss gegen Daredevil kämpfen.

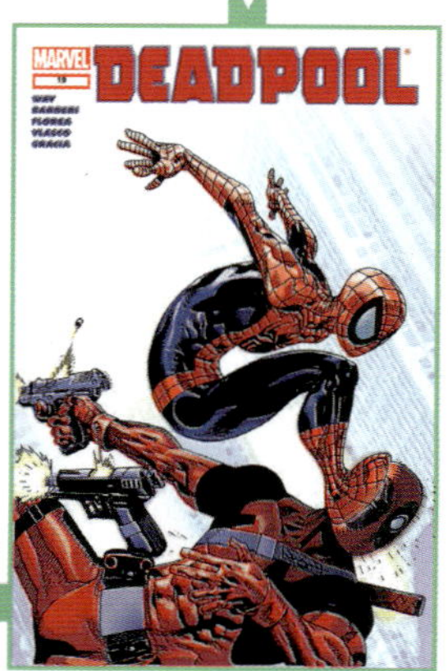

***Deadpool* 19 (2010)**
DANIEL WAY
CARLO BARBERI
Deadpool lässt sich von Spider-Man erklären, wie er ein Superheld werden kann. Das geht nicht gut aus.

TIMELINE

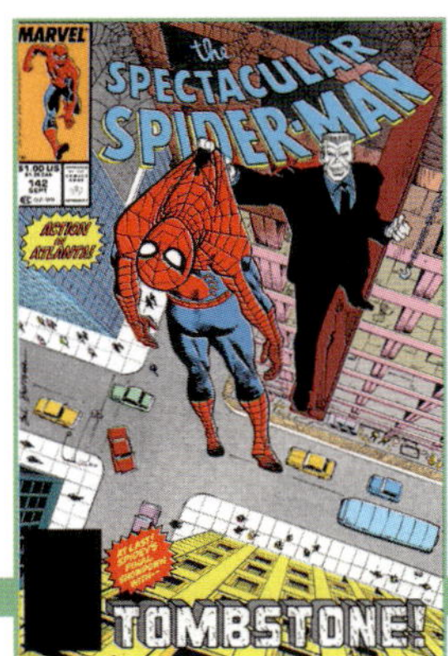

***Spectacular Spider-Man* 142 (1988)**
GERRY CONWAY
SAL BUSCEMA
Tombstone *bedroht* ***Mary Jane Watson*** *und kämpft zum ersten Mal gegen Spider-Man.*

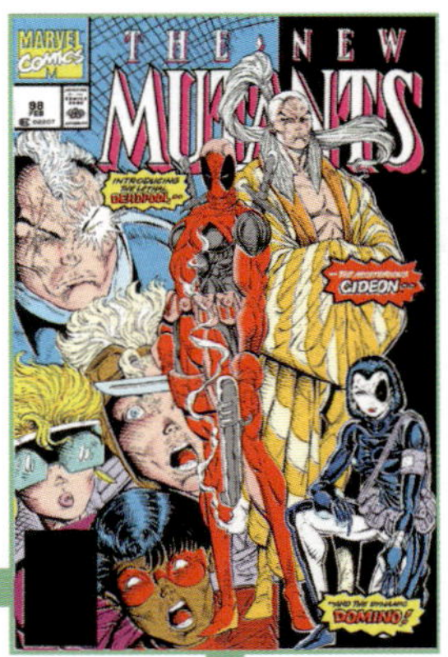

***New Mutants* 98 (1991)**
FABIAN NICIEZA
ROB LIEFELD
Deadpool *gibt sein Marvel-Debüt, als er engagiert wird, um* ***Cable*** *zu töten. Die beiden werden mit der Zeit zu Verbündeten.*

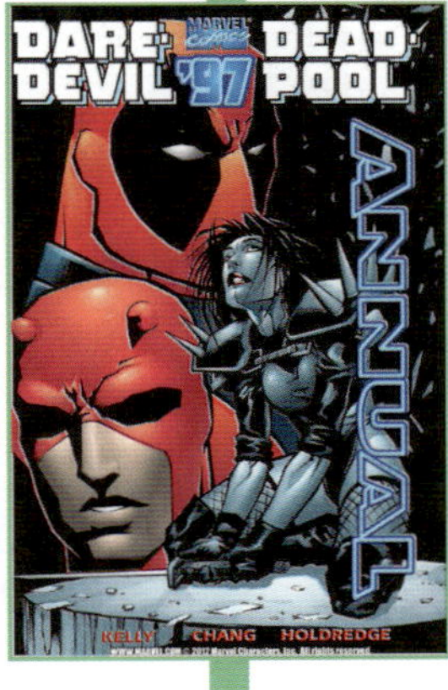

***Deadpool/Daredevil Annual* 1 (1997)**
JOE KELLY
BERNARD CHANG
Deadpool und Daredevil treffen in New York zum ersten Mal aufeinander, als ***Typhoid Mary*** *wieder in ihr Leben tritt.*

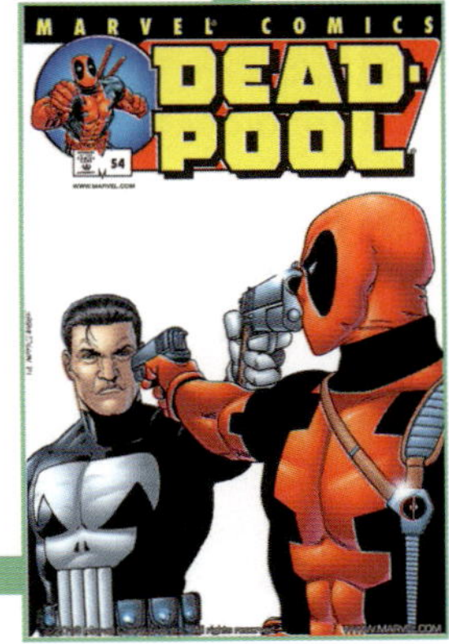

***Deadpool* 54 (2001)**
JIMMY PALMIOTTI
BUDDY SCALERA
GEORGES JEANTY
Deadpool und der Punisher tragen ihren ersten Konflikt aus, als Deadpool angeheuert wird, um ihn zu töten.

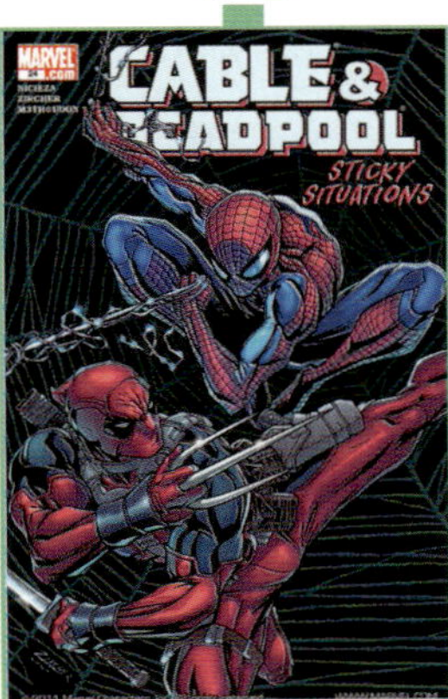

***Cable & Deadpool* 24 (2006)**
FABIAN NICIEZA
PATRICK ZIRCHER
Deadpool nimmt den Daily Bugle-Reporter ***Ken Ellis*** *ins Visier, was zu seinem ersten Kampf mit Spider-Man führt.*

Die reale „Straßenkriminalität" war von Anfang an ein Schlüsselelement des Marvel-Universums. Während die **Avengers** und die **Fantastic Four** in den 1960ern mit globalen Krisen und außerirdischen Invasionen beschäftigt waren, nahmen es **Spider-Man** und **Daredevil** genauso oft mit Gangstern und Dieben auf – den Kriminellen, die vielleicht direkt neben einem an der Straßenecke stehen – wie mit kostümierten Superschurken. *Suicide Kings* zeigt eine unterhaltsame Überschneidung zwischen realer und übernatürlicher Kriminalität.

Sehr feindselige Team-ups

Deadpools erste Begegnung mit **Daredevil** fand im *Deadpool/Daredevil Annual* von **Joe Kelly** und **Bernard Chang** statt. Die beiden Männer werden von **Typhoid Mary** zusammengebracht, einer Frau, mit der sie beide in der Vergangenheit eine Beziehung hatten. Mary ist eine skrupellose Killerin, die schwere psychische Probleme hat. Sie erzählt Deadpool, dass sie Daredevil töten will, weil sie ihn für all das Leid verantwortlich macht, das sie in ihrem Leben erlebt hat. Deadpool erklärt sich bereit, ihr zu helfen, ist aber entsetzt, als Mary auch andere Männer tötet, darunter den Richter, der sie für ihre Verbrechen zu lebenslanger Haft verurteilt hat. Dies verstößt gegen Deadpools Verhaltenskodex, und er rettet Daredevil vor Mary.

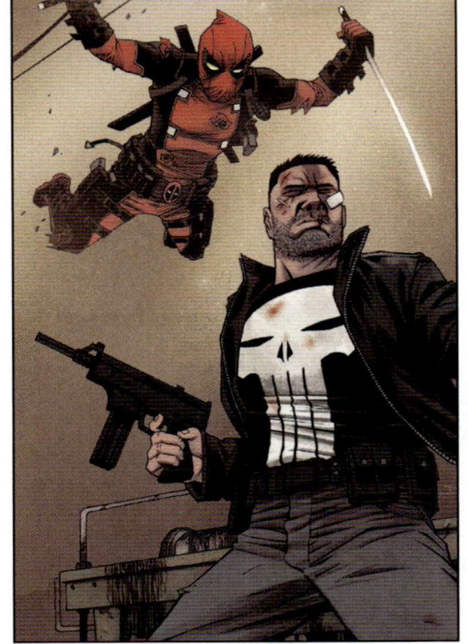

Deadpool und der Punisher prallten 2017 in einer Miniserie erneut aufeinander. Zeichnung von **Declan Shalvey** und **Jordie Bellaire**.

Deadpool und der **Punisher** wurden 2017 in der Miniserie *Deadpool versus the Punisher* von **Fred Van Lente** und **Pere Pérez** wiedervereint. Der Punisher spürt **Simon Noonan Banks** alias **The Bank** auf. Er ist der Geldwäscher für alle großen Verbrecher und Terrorgruppen der Welt. Der Punisher will ihn töten und damit die Finanzen aller großen kriminellen Organisationen lahmlegen. Deadpool ist ein Familienfreund von Banks, seiner Frau **Mariana** und seinem Sohn **Hudson**. Mariana und Hudson scheinen zu sterben, als der Punisher ihr Haus angreift, aber in Wirklichkeit hat sie ihren Tod nur vorgetäuscht, um ihrem Mann zu entkommen. Deadpool glaubt, dass der Punisher sie ermordet hat, und sinnt auf Rache. Der Söldner **Taskmaster** entführt Hudson, als er feststellt, dass er die Zugangsdaten der Bankkonten der Kriminellen auswendig kennt. Deadpool und der Punisher schließen eine Allianz, um Hudson zu retten, nachdem Taskmaster Mariana ermordet hat. Die beiden verfolgen Taskmaster bis zur „Offshore-Bank" von Banks – buchstäblich eine Bank auf einer Meeresplattform – und besiegen ihn. Deadpool will den Punisher davon abhalten, Banks vor den Augen seines Sohnes zu ermorden, aber als Banks versucht, sie beide zu töten, gibt er nach.

▶ Deadpool und **Spider-Man** trafen sich in *Cable & Deadpool* 24 (2006) von **Fabian Nicieza** und **Patrick Zircher**. Deadpool wurde von **Cable** engagiert, um seine Pläne geheim zu halten. Er fängt den Daily Bugle-Reporter **Ken Ellis** ab, während er über die Queensboro Bridge fährt, und wirft Ellis' Beifahrer, **Peter Parker**, von der Brücke. Spider-Man erscheint und behauptet, er habe Peter gerettet. Er und Deadpool kämpfen. Deadpool nimmt beinahe einen Zivilisten als Geisel, aber Cable gelingt es, die Situation zu beruhigen.

Tombstone

Alonzo „Lonnie" Lincoln wurde in Harlem, New York City, geboren und wuchs dort auf. Sein Albinismus und eine Störung der Stimmbänder, die ihn zwang, im Flüsterton zu sprechen, machten ihn unter seinen Mitschülern zu einem Außenseiter. Der einzige Schüler, der Lincoln nicht ausgrenzte, war **Joe Robertson**. Lincoln trainierte intensiv seinen Körper und wurde schließlich zum Highschool-Schläger, der den Spitznamen **„Tombstone"** erhielt. In der Abschlussklasse entdeckte Lincoln, dass Robertson für die Schülerzeitung einen Artikel über seine Aktivitäten schrieb. Er attackierte Robertson und zwang ihn, die Geschichte fallen zu lassen.

Acht Jahre später war Tombstone ein Killer für die organisierte Kriminalität in Philadelphia, wo Robertson als Reporter arbeitete. Lincoln tötete den Gangsterboss **Ozzy Montana**. Dessen Angestellter **Isadore Hipper** wurde Zeuge des Mordes und kontaktierte Robertson, aber als Robertson zu ihm ging, fand er Tombstone vor, der ihn mit Hippers Leiche verhöhnte. Tombstone erlaubte Robertson, mit seiner Frau nach New York zu fliehen, wo er Redakteur des *Daily Bugle* wurde.

Tombstone kehrte später nach New York zurück, wo er bald mit Robertsons Kollege **Peter Parker** alias **Spider-Man** aneinandergeriet. Tombstone hat bei den verschiedenen Gangs der New Yorker Unterwelt immer mehr an Macht gewonnen.

Tombstone hat übermenschliche Kräfte, mit denen er etwa sechs Tonnen heben kann. Seine Muskeln produzieren weniger Ermüdungstoxine als die eines normalen Menschen. Er kann mehrere Stunden lang Höchstleistungen vollbringen, bevor ihn Müdigkeit übermannt. Tombstones Körper ist sehr widerstandsfähig gegen die meisten Verletzungen. Er kann großkalibrige Kugeln, große Aufprallkräfte und Temperaturen von bis zu 650 Grad Celsius und bis zu -80 Grad überstehen, ohne Schaden zu nehmen. Nach eigenen Angaben ist seine Haut so hart wie Diamanten, seine Augen sind jedoch nicht so widerstandsfähig. Er ist geschickt im Nahkampf und im Umgang mit Schusswaffen.

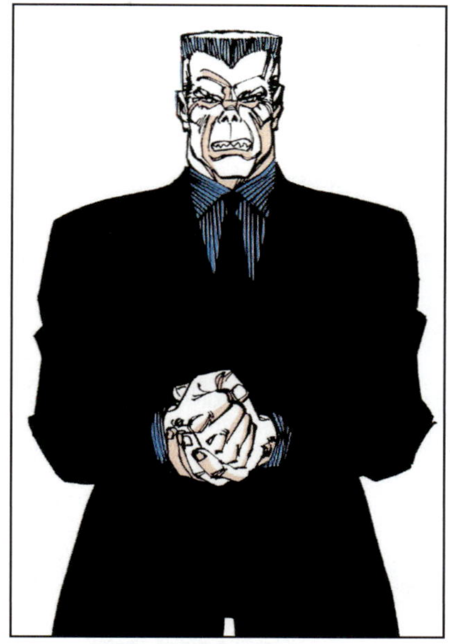

Tombstone ist gefürchtet bei den rivalisierenden New Yorker Banden. Zeichnung von **Sal Buscema**.

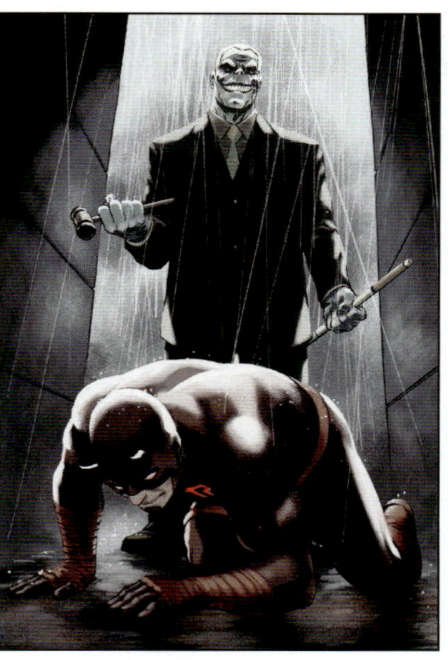

Daredevil ist Tombstone im New Yorker Stadtteil Hell's Kitchen mehrmals über den Weg gelaufen. Zeichnung von **David López**.

WEITERE MUST-HAVE-TITEL

BEREITS ERHÄLTLICH

CIVIL WAR
AVENGERS: HELDENFALL
SPIDER-MAN: SPIDER-VERSE
WOLVERINE: OLD MAN LOGAN
DEADPOOL KILLT DAS MARVEL-UNIVERSUM
THANOS: DIE GEBURT EINES MONSTERS
DAREDEVIL: DER MANN OHNE FURCHT
MILES MORALES: ULTIMATE SPIDER-MAN
MS. MARVEL: META-MORPHOSE
DER TOD VON WOLVERINE
INFINITY GAUNTLET: DIE EWIGE FEHDE
PLANET HULK
X-MEN: DIE DARK PHOENIX SAGA
VENOM: DARK ORIGIN
IRON MAN: EXTREMIS
FANTASTIC FOUR - 4
PUNISHER: FRANK IST ZURÜCK!
MARVEL KNIGHTS SPIDER-MAN
BLACK PANTHER: WER IST BLACK PANTHER?
X-MEN: EIN NEUER ANFANG
FANTASTIC FOUR: ALLES GELÖST?!
SPIDER-MAN: HEIMKEHR
CAPTAIN AMERICA: WINTER SOLDIER
ASTONISHING X-MEN: BEGABT

SPIDER-MAN: KRAVENS LETZTE JAGD
HOUSE OF M
DEADPOOL: WEIBER, WUMMEN UND WADE WILSON
AVENGERS: AUSBRUCH
ULTIMATE SPIDER-MAN: LEKTIONEN FÜRS LEBEN
DER TOD VON CAPTAIN AMERICA
ANNIHILATION
MARVELS
DAREDEVIL: AUFERSTEHUNG
GUARDIANS OF THE GALAXY: SPACE-AVENGERS
AVENGERS PRIME
WOLVERINE: STAATSFEIND
THE SIEGE - DIE BELAGERUNG
SPIDER-MAN/BLACK CAT
DAREDEVIL: IN DEN ARMEN DES TEUFELS
THOR: DIE RÜCKKEHR DES DONNERS
SECRET INVASION
UNCANNY AVENGERS: DER ROTE SCHATTEN
WOLVERINE: WAFFE X
MARVEL ZOMBIES
DOCTOR STRANGE: DER EID
SILVER SURFER: REQUIEM
X-MEN: BEDROHTE SPEZIES
FEAR ITSELF - NACKTE ANGST
THOR: AUF DER SUCHE NACH GÖTTERN

WORLD WAR HULK
SPIDER-MAN: QUALEN
WOLVERINE
NEW AVENGERS: ILLUMINATI
SECRET WAR
THANOS KEHRT ZURÜCK
GHOST RIDER: STRASSE ZUR VERDAMMNIS
AVENGERS: ULTRONS RACHE
DEADPOOL: DREI GLORREICHE HALUNKEN
SPIDER-MAN: ERSTAUNLICHER NEUSTART
AVENGERS FOREVER
X-MEN: SCHISMA - GETRENNTE WEGE
SUB-MARINER: DIE TIEFE
AGE OF ULTRON
SECRET WARS
HULK: GRAU
NEW MUTANTS: HÖLLENBIEST
X-MEN: MAGNETO - TESTAMENT
SILVER SURFER: PARABEL
IRON MAN: DIE FÜNF ALBTRÄUME
CAPTAIN AMERICA: NEUE GEGNER
THOR: GOTT DES DONNERS - GÖTTERSCHLÄCHTER
MARVEL SUPER HEROES SECRET WARS
GUARDIANS OF THE GALAXY: KRIEGER DES ALLS
HULK: DYSTOPIA

JETZT ERHÄLTLICH

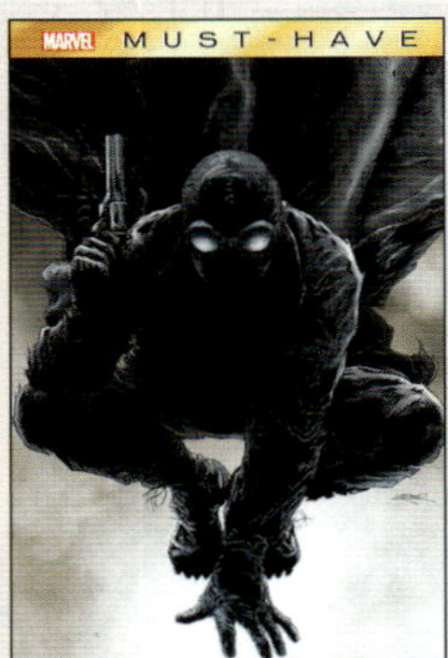

SPIDER-MAN NOIR

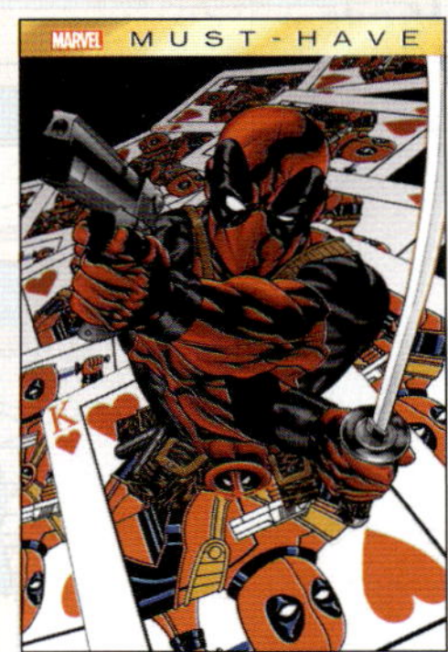

DEADPOOL: DIE WETTE

DEMNÄCHST

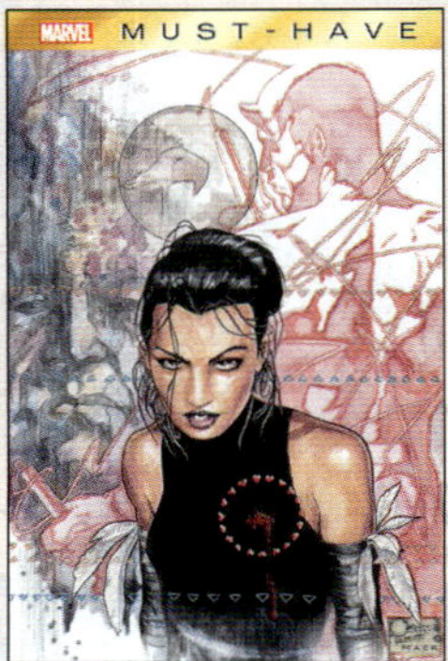

DAREDEVIL & ECHO: TEILE DER LEERE

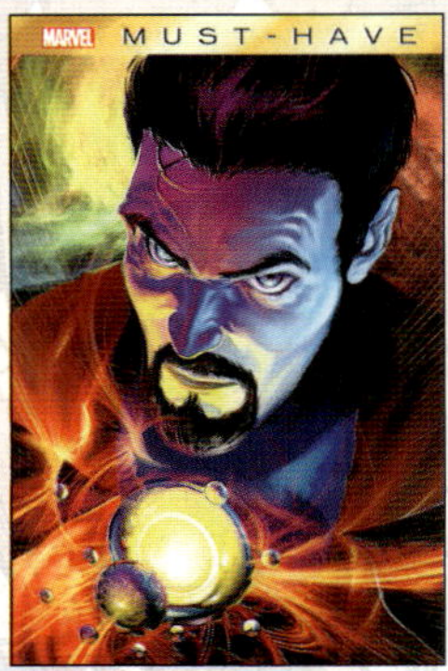

DOCTOR STRANGE: ANFANG UND ENDE